国家出版基金项目
NATIONAL PUBLICATION FOUNDATION

石鸥 主编

胡知凡 编著

百年中国教科书图文史

1840—1949

美术

SPM 南方传媒

全国优秀出版社
全国百佳图书出版单位　广东教育出版社
·广州·

图书在版编目（CIP）数据

百年中国教科书图文史 ：1840—1949. 美术 / 石鸥
主编 ；胡知凡编著. -- 广州：广东教育出版社，2024.
12. -- ISBN 978-7-5548-6877-5

Ⅰ. G423.3-092

中国国家版本馆CIP数据核字第20243ZQ693号

百年中国教科书图文史　1840—1949　美术

BAINIAN ZHONGGUO JIAOKESHU TUWENSHI　1840—1949　MEISHU

出　版　人：朱文清

丛书策划：李朝明　卞晓琰

项目负责人：林检妹　黄　倩

责任编辑：陈　烨

责任校对：黄　莹

责任技编：杨启承

装帧设计：邓君豪

出版发行：广东教育出版社

　　　　　（广州市环市东路472号12—15楼　邮政编码：510075）

销售热线：020-87615809

网　　址：http://www.gjs.cn

邮　　箱：gjs-quality@nfcb.com.cn

发　　行：广东新华发行集团股份有限公司

印　　刷：广州市岭美文化科技有限公司

　　　　　（广州市荔湾区花地大道南海南工商贸易区A幢）

规　　格：889 mm×1194 mm　1/16

印　　张：18

字　　数：360千

版　　次：2024年12月第1版
　　　　　2024年12月第1次印刷

定　　价：188.00元

如发现因印装质量问题影响阅读，请与本社联系调换（电话：020-87613102）

导　论

小课本，大启蒙，大学问，大政治。

需要构建中国特色的课本的学问——教科书学。

教科书学只能建立在多领域、多维度研究成果基础上，尤其是建立在教科书文本丰富、教科书发展史得到基本梳理、教科书理论研究成果突出、教科书使用研究取得明显进展等基础上。

很显然，教科书发展史的研究是重要维度。教科书发展史就是教师教什么、学生学什么的历史，就是教育教学内容的历史，就是一代又一代的先辈对后辈的期望的历史。这种历史的研究，要依赖过往人们的教育活动所保留下来的实物或遗存来进行。本套教科书图文史就是注重遗存的教科书实物的体现——聚焦于1840—1949年我国教科书文本实物。

——

19世纪中叶以来，中华大地风起云涌，巨大裂变在社会的各个领域发生。1862年京师同文馆的成立与大量洋务学堂的创办，标志着我国古代教育的开始退出和新式教育逐渐兴起。新式教育能否成功，很大程度上取决于能否提供适应时代的新式教科书。一代开眼看世界的知识分子行动起来，新式教科书如雨后春笋般涌现，新知识、新思想、新观念如开闸之水，轰然涌入古老的中国。中国传统的知识系统为西方以近代学科为分类标准构建起来的新知识系统所冲击，中华民族壮丽的启蒙大幕徐徐拉开，中国近现代教科书事业也走上了一条可圈可点之路。

教科书是时代的镜子。1840—1949年中国近现代教科书发展历程，折射出中国艰难曲折的变革之路、复兴之路。教科书的发展史，就是中华文明的进步史，是中国社会的变迁史，是中华民族的心灵史。

（一）西学教科书的引进时期

大约处于19世纪中至19世纪末这一时期。科举时代，没有近代意义的新式教育和新式学堂，只有启蒙教育和科举预备教育，学生初学"三百千千"，进而学"四书五经"，我们称之为"教材"，但不是现代意义上的教科书。现代意义的教科书是从19世纪后期开始，伴随着新式学堂而逐渐发展起来的。当时大量西学教科书被教会学校和洋务学堂引进，拉开了中国现代教科书发展的帷幕。这一过程表现出如下基本特征：

第一，现代教科书处于萌芽阶段。作为教科书，这些西式教材的基本要素不全，没有分年级编写，基本上还没有使用"教科书"一词，多用"读本""须知""入门""课本"等来命名。不仅"教科书"文本还未出现，即便现代意义的"科学"也没有找到恰当的名称，所以当时出现了不少类似于"格致""格物""火学""汽学""名学""计学"等教材。这些教材整体上处于前教科书阶段，或现代意义的教科书的萌芽阶段。

第二，教科书多从西学编译而来，且多出现在科学技术领域。这些西式教材主题多为洋务运动中最急迫需要的知识类型，如工兵、制造、天文、算学等，同时也适应了当时洋务学堂的教学需要。教材的编译和出版多与教会的印刷机构以及洋务运动的教育与出版机构相关，如墨海书馆、美华书局、京师同文馆、江南制造局翻译馆等。西式教材的编译者主要由中国学者和欧美传教士共同组成。

第三，教科书与一般科技类西学书籍没有明显界限，广泛流布于社会和学堂。19世纪中晚期的中国，从国外译介的西学著作和教材几乎是相同的，没有本质区别。它们既是开明知识分子了解西学的门径，也被充作教会学校和早期新式学堂的教学用书，甚至中国一些地方的书院也多以它们为教材。

（二）自编教科书的兴起与蓬勃发展时期

这一阶段起始于19世纪末南洋公学自编教科书，止于清朝终结。这是教科书的引进与自编自创结合、引进逐渐为自编自创所取代的阶段，是教科书涉及学科基本齐全的阶段，也是教科书要素日益完整的阶段。这一时期产生的教科书，我们一般称为"新式教科书"，以区别于前一阶段的以翻译为主的"西式"或"西学"教科书。有学者认为，"西学"与"新学"二词意义相仿，但新学在1894年后方见盛行。西学更重在引进之学[1]，新学则已经有国人自动、主动建设，用本国语言消化的味道了[2]。这很能够说明近代西式和新式教科书的微妙区别。这一时期的标志性事件是我国第一个近代学制的颁布，延续1300多年的科举制度的废除，以及第一套现代意义的教科书产生。这一时期教科书发展的主要特征是：

第一，学堂自编教科书不断涌现。伴随着科举制的取消，新式学堂迅猛出现，对新式教科书的需求激增，以南洋公学、上海澄衷蒙学堂、无锡三等公学堂等为代表的学堂自主编写的教科书影响大、使用范围广，逐渐打破了编译的西学教科书垄断的格局。

第二，我国最早的现代意义的教科书产生。适应1904年《奏定学堂章程》的正式实施，中国第

[1] 王尔敏. 中国近代思想史论[M]. 北京：社会科学文献出版社，2003：18.
[2] 孙青. 晚清之"两政"东渐及本土回应[M]. 上海：上海书店出版社，2009：12.

一套现代意义的教科书——《最新教科书》（商务印书馆1904年版）出版发行，紧接着由清学部编撰的第一套国定本教科书也开始陆续出版发行。这些教科书首先是以"教科书"命名，其次要素基本齐全，分册、分年级、分学科编写，有配套教授书发行，已经是很完整的现代意义的教科书了。[1]

第三，教科书编写主体发生变化。这一阶段的教科书作者大多是中国学人，以留日学生群体为主，部分教科书原型也来自日本教科书。以商务印书馆和文明书局等为代表的中国本土民间书坊开始加入教科书编写与出版队伍。

（三）教科书的兴盛与规范化时期

时间大致定位在中华民国成立到壬戌学制颁布及其相应的教科书编写出版使用[2]。中华民国的建立，把教科书推向了重要的发展阶段。清末到民国早期，各种思潮纷至沓来，形成了中国历史上教科书受各种新思潮、新主义影响，发展最开放、最活跃的时期之一。新教育思潮下多样化的教科书不断涌现，为民国共和思想的传播和民国教育的发展作出了重要贡献。这一阶段的主要特点有：

第一，清末旧教科书全部退出，民国新政体要求下的新教科书迅速登场。为适应1922年新学制需要，成套而完整的教科书逐渐实现对学校教学的全覆盖，零散的、单本单科的、小型出版机构的教科书逐渐被挤出学校、挤出市场，新教科书编写与出版机构以商务印书馆、中华书局以及后起的世界书局为突出代表。

第二，教科书编写主体再次发生变化。1922年新学制的出台，以适应该学制的教科书的编写出版，把留欧美学生推上了教育的前台。留欧美学生逐渐取代留日学生成为教科书的主要编撰队伍，大批崭露头角的学者参与到教科书的编写中。

第三，以白话文编写的教科书逐渐取代文言文教科书，横排教科书逐渐取代竖排教科书，教科书外在形式基本定型。从表面来看，白话文只是一种语言形式，它与教育内容的新旧无必然的关系。但白话文具有平民性和大众性，对国民文化的普及，对塑造国民全新的世界观、价值观都意义重大，可以说，白话文是传播新文化、新思想的有效载体。民初白话文的使用，使得现代教科书以摧枯拉朽之势普及。同理，没有海量的教科书，任胡适等知识分子如何呼号呐喊，白话文的普及都可能非常缓慢。

（四）多种政治制度并存下的教科书发展时期

这一阶段大致从1927年开始，一直持续到1949年。前期是教科书稳定、制度化并略显沉闷时期；中后期是教科书全面服务抗战、服务尖锐的阶级对抗的时期，是一个统整和分化并行的时期。

---

[1] 在我们看来，现代意义的教科书要符合如下基本条件：分册、分开级编写，按学科编写，有配套的教授书或教授法。

[2] 因为根据新学制编写的教科书全面投入使用总会滞后于新学制实施几年，所以此阶段约到1927年前后。

抗日战争的爆发致使中国政治格局发生新的变化，由土地革命战争时期中国共产党领导的革命根据地和国民党统治区域，到解放战争时期逐渐分割成解放区、国统区、沦陷区的不同政治气候，形成了不同政治语境下的教科书新格局。

第一，国民党的党化教育、三民主义教育在教科书中强势出现。国统区教科书的编写与出版逐渐往国定本集中，教科书逐渐进入相对平稳甚至沉闷的发展时期，日益规范化、标准化，但也少了开放的生气，少了创新的锐气，教科书发展的兴盛时期结束了。

第二，中国共产党领导的抗日根据地及解放区的教科书呈现出服务抗战、服务党的宣传的鲜明特征。它们为共产党的事业发展和壮大作出了重要贡献，为新中国教科书建设铺垫了基石。

第三，抗战时期，沦陷区教科书的奴化教育色彩浓厚，尤以伪满洲国的教科书为甚。

总体而言，抗战期间的地缘政治导致教科书分化发展，教科书的社会动员与政治宣传功能发挥到极致。

二

尼采说过：重要的不是怀念过去，而是认识到它潜在的力量。而要认识教科书的潜在力量，恰恰又需要认清楚教科书的过去或过去的教科书。这是我们编撰这套教科书图文史的初衷之一。

首先，早期教科书对于我国现代科学具有重要的启迪、导引甚至定型价值。著名学者托马斯·库恩（Thomas kuhn）认为"任何一门科学中第一个范式兴起的附带现象，就是对于教科书的依赖"[1]。中国一些学科的早期发展与定型，几乎都离不开早期教科书。比如，有研究认为张相文《初等地理教科书》和《中等本国地理教科书》的出版，标志着中国民族的新地理学的产生[2][3]。台湾学者王汎森认为，在近代中国建立新知的过程中，新教科书的编撰具有关键的作用，很多学科的第一代或前几代教科书，定义了我们后来对许多事物的看法，史学就是其中的一个[4]。傅斯年在20世纪30年代写了《闲谈历史教科书》一文，称编历史教科书"大体上等于修史"，可见其对教科书的"充分看重"[5]。

其次，早期教科书是传播新思想、新伦理的最适切的工具，是新教育得以成功的最重要的保障。在漫长的传统教育里，"三百千千""四书五经"等都是不可撼动的经典教材，但是当新学校创办、新课程实施以后，这种不分科、不分年级，不顾教与学，只重灌输的旧教材日益暴露出它的不适应性。旧教材是可以"修之于己"，但不易"传之于人"的文本。旧学堂先生大多是凭经验和

[1] 托马斯·库恩. 科学革命的结构[M]. 金吾伦，胡新和，译. 北京：北京大学出版社，2003：85.

[2] 杨吾扬. 地理学思想史纲要[M]. 开封：河南大学地理系，1984：98.

[3] 林崇德，姜璐，王德胜. 中国成人教育百科全书：地理·环境[M]. 海南：南海出版公司，1994：192.

[4] 王汎森. 执拗的低音：一些历史思考方式的反思[M]. 北京：生活·读书·新知三联书店，2014：33.

[5] 傅斯年. 傅斯年集[M]. 广州：花城出版社，2010：401.

理解来教的，学童大多是凭禀赋和努力来学的，大多的结局是"人人能读经而能经学者无几，人人能识字而能小学者无几，人人能作文而能词章学者无几"[1]。所以，在西学知识大量涌入中国、新式教科书逐渐进入新学堂的时代，理论上旧教材就已经失去了作为新学堂教材继续存在的基础。尤其是废科举、兴学堂之际，旧教材被取代已经是大势所趋。传统旧教材不敌按照现代教育学理论构建的、关注教也关注学的新教科书。当时的士人事实上已经意识到旧教材与新教科书之间的巨大差距，甚至认为，即便教旧内容，也应该用新形式。许之衡1905年就指出，经学乃孔子之教科书，今人能够完全理解者极少，这因为旧教材与今天的新教科书不同，"使易以今日教科书之体例，则六经可读，而国学永不废"[2]。这实际上等于已经承认旧教材不如新教科书效果好。张之洞更是明确表示，中学之"存"不能不靠西学之"讲"。[3]可见，现代意义的教科书闪亮登场完全是时代所需，是应运而生，而且一出现，就以摧枯拉朽之势取代了旧教材，新式教科书地位得以确立。到《最新教科书》出现时，教材的性质发生了巨大的变化，在文本意义上真正实现了教与学的统一，以"教科书"命名的现代新式教科书全面登场，完成了由纯粹的教本、读本向教学结合文本的转型。

再次，早期教科书为我国的现代化进程培养与输送了大批新式人才。到第二次鸦片战争之后，洋务派及当时的先进知识分子基本上已经认识到中国落后于西方，主要是人才的培养落后，是科学技术落后。因此，中国要改变落后挨打的局面，就必须发展新式教育，大力培养人才。而新式教育的成功，依赖于新式教科书。19世纪末20世纪初，中国历史的进程到了一个极具转折意义的时刻，新式学堂如雨后春笋般涌现，一批最不能遗忘的教科书诞生了，演绎了一幕思想大启蒙、科学大传播的历史教育剧，它们为启民智、新民德，培养大批现代社会的呐喊者和建设者，作出了重要的知识贡献和人才储备。

章开沅先生曾经为戊戌变法的失败找原因："百日维新是幸逢其时而不得其人。"[4]这是非常有道理的。不过，戊戌变法的失败也许还与新教育即开而未开，新教科书即出而未出，即将找到但还没有大规模实践传播改革思想的媒介或工具有关。在这一意义上，确实是"不得其人"。即便在士大夫精英中，有新思想、新知识者也寥寥无几，更不要说普通民众了。这个时候，任变法者颁布的维新诏令雪花般飞舞，也只能看作主观愿望，一厢情愿。社会还没有准备好，心态、舆论、思想、观念都还没有准备好迎接这场变法。所以，不管是谁，都无法完成这场不能完成的变法，它失败得如此迅速也就在情理之中了。谭嗣同曾经自责性急而导致事情不成。其实，性急也就意味着时候还不到，之所以时候不到，是因为新思想之星火还未成燎原之势，人才还没有储备到基本够用。

几年后情况变了。维新变法以后十余年，几乎是新思想、新观念如火如荼的燎原时期，其中新教育、新式教科书教材起了重要作用，它把新思想、新观念传播到千家万户，由此推动了近代中国

[1] 罗志田. 裂变中的传承：20世纪前期的中国文化与学术[M]. 北京：中华书局，2003：143.
[2] 许之衡. 读国粹学报感言[J]. 国粹学报，1905（6）：4.
[3] 罗志田. 裂变中的传承：20世纪前期的中国文化与学术[M]. 北京：中华书局，2003：143.
[4] 章开沅. 改革也需要策略[J]. 开放时代，1998（3）：12-13.

启蒙高潮的形成。严格地说，辛亥革命的成功一定程度上与当时的变革舆论的传播和革命思想的宣传有密切关系。当时初步的民主自由的思想、宪政共和的观念随着海量新式教科书铺天盖地而来。以《最新教科书》为例，1904年一经出版便势不可挡，在那毫无现代化营销渠道的时候，"未及数月，行销10余万册"[1]。1907年有传教士惊叹，商务印书馆"所编印的优良教科书，散布全国"[2]。民智为之而开，民德为之而新，武昌的枪炮声尚未完全平息，许多地方已经插上了革命的旗帜。读书声辅佐枪炮声，革命的成功乃成必然。没有教科书的普及，就不会有民众思想与观点的前期储备，就不会有辛亥革命的一呼百应。某种意义上，教科书的出现比康有为等人深邃的著作，对普通民众的影响更大。

最后，早期教科书是中国课程与教学论的重要研究领域，它对今天的教科书建设仍具有难得的参考价值。早期教科书的内容结构与形式呈现，选文的经典性与时代性、稳定性与变迁性，作业设计与活动安排等，都是今天课程教学论需要研究的，都是教科书编写值得参考的。课程教学历史不是一个个文本，可离了文本，历史难以企及。今天看来，几乎教科书的所有要素、结构与类型，都发生并完成在19世纪后期至20世纪20年代，以后只是在这些基础上的漫长提质过程。我们完全可以从今天的教科书中看到百年前教科书的样子。遗憾的是，总体上我们对这一时期的教科书研究还不够，这是一个学术开拓空间非常广阔的研究领域。教科书是一个跨学科、综合性的资料库和研究域，种类繁多的教科书，对政治、经济、文化、教育有全方位的反映和描述，是研究该时期社会思潮、观念认识、语言形态、乡风民俗、价值观、人生观等领域的鲜活而宝贵的历史材料。大部分学科可以从中获取本学科需要的早期研究史料及发展素材。这是一个没有断裂的、连续的而又变化的学科发展史的活资料库。难怪不同学科的科学史专家对现代科学引入、发展与定型的研究几乎都要盯着早期教科书。[3]

三

几乎没有教科书可以溢出教科书史的范畴，也几乎没有一个教科书文本能够挣脱教科书史的发展谱系而天然地、孤立地获得价值。教科书一定是继承的，也是创新的；一定是独立的文本，也是系列文本。站在教科书的历史延长线上，摆在我们面前可资借鉴的精神遗产既广阔又复杂。系统梳

[1] 王建军. 中国近代教科书发展研究[M]. 广州：广东教育出版社，1996：111.

[2] 林治平. 近代中国与基督教论文集[C]. 台北：宇宙光出版社，1981：219.

[3] 比如郭双林著《西潮激荡下的晚清地理学》（北京大学出版社2000年版）、邹振环《晚清西方地理学在中国：以1815至1911年西方地理学译著的传播与影响为中心》（上海古籍出版社2000年版）、杨丽娟《地质学在中国的传播与发展：以地质学教科书为中心（1853—1937）》（浙江古籍出版社2022年版）、张仲民等《近代中国的知识生产与文化政治：以教科书为中心》（复旦大学出版社2014年版）等，甚至本杰明·艾尔曼《中国近代科学的文化史》（上海古籍出版社2009年版）等，都把早期教科书与早期科学的发展紧密关联起来。

理其实很难，厘清它们的背景与意义更难。本套书涉及的教科书覆盖1840—1949年晚清民国中小学主要学科。而在清中晚期，学堂课程并未定型，很多学科边界也不明晰，教科书本身也未定型，诸如格致教科书、博物教科书、蒙学课本、蒙学读本等均属于这种情况，均有综合类教材的色彩。一些教科书按今天的课程命名不好归类，一些教科书更是随着课程的选取而昙花一现，这都给我们今天的梳理带来了困难。所以，有些早期教科书也许出现在不同分卷上，比如格致教科书，有可能出现在物理卷，也可能出现在化学卷、生物卷。同理，也有些早期教科书因为分类不明晰，所以各卷都可能忽视、遗漏了它。也有些教科书实在不好命名，比如早期的修身、后来的公民一段时期也出现过"党义""三民主义"等等，都和今日之课程名称不能完全对应。

教科书发展史的梳理需要依赖过去师生用过的文本，这是历史上的课堂教学活动仅存下来的几种遗存之一。本套书的一个特点就是看重教科书实物，这遵循了我们的研究原则：不见课本不动笔，不见课本慎动笔。我们很难想象离开教科书实物的教科书脉络的梳理。无文本，不研究，慎研究。就好像中国的小说史、诗歌史、电影史研究，甚至任何文本研究，离开文本，一切都是浮云。特别是教科书，它和其他任何文本不一样，因为其他文本都有独一无二的名称，独一无二的作家，一提起某某人的某某书，大家就有明确的指向性，绝不会混淆犯晕，研究者和读者可以在同一文本上展开对话。比如曹雪芹的《红楼梦》，茅盾的《子夜》。唯有教科书是名称高度雷同的文本，我们说"历史"，说"数学"，几十年上百年一直这么说，成百上千的、完全不一样的文本都是这个名称，因此让研究者和读者很难迅速在同一文本上展开对话的命名，如果不展示文本的实物图像，很容易让人云里雾里一时半会进不了主题。如何让读者明白我们是在讨论这本《历史》，而不是那本《历史》？

由此，本套书特别关注图文结合，简称"图文史"。适时展示教科书实物照片，让读者能够比较清晰地知道我们在讨论哪一种教科书。而且，以图证史、以图佐文也是我们的重要追求（沿袭了《新中国中小学教科书图文史》的风格）。南宋史学家郑樵曾在《通志·图谱略》中谈到图文结合的价值是"左图右史""索象于图，索理于书"。足见图像对学理呈现的重要性。确实，有时图像比文字包含更多的东西。英国著名史学家彼得·伯克（Peter Burke）在《作为证据的图像：十七世纪欧洲》（*Images as Evidence in Seventeenth-Century Europe*）一文中提出，图像是相当重要的历史证据，要把图像视为"遗迹"或"记录"，纳入史料范围来处理。他著有《图像证史》（北京大学出版社2008年版）一书，专门研究怎么让图像说话。在他看来，现在的学界已经出现了一个"图像学转向"（Pictorial Turn）。

本套书以时间为经，以学科为纬，以文领图，以图辅文，由语文（国语、语文）、数学（含珠算）、外语（英语、日语、法语）、科学、物理（含格致等）、化学、生物、德育（修身、公民、政治）、历史、地理（含地文学、地质学等）、音乐、体育、美术共13册组成。这套书与《新中国中小学教科书图文史》（广东教育出版社2015年版）衔接贯通，比较系统地呈现出一个多世纪以来中国近现代中小学教科书的发展历史，也算了却我们一个心愿。

这套书的编写非常艰难。一是作者的组织不易。从事教育史、学科史研究的学者相对较多，即便是学科课程史也有不少研究者，但长期研究教材史（像内蒙古师范大学的代钦教授之于数学教材史、上海师范大学的胡知凡教授之于美术教材史）的学者还是相当少的，长期研究教材史而又有暇能够参与本套书编写的人更少，能够集中一段精力主动参与本项目的研究者更是少之又少。二是虽然我们最后组织了一个小集体，但这些作者多是高校的忙人，有的还是大学的校级领导，尽管他们已经尽力了，但让他们完全静下心来如期而高质量地完成任务还是很难。三是项目进行期间遭遇三年新冠疫情，而要较好地完成这套书，需要翻阅大量教科书文本实物，疫情使得我们几乎没有办法走进首都师范大学教科书博物馆，更不要说将书中文本与实物一一对应，而有些文本的照片及其清晰度又几乎是必不可少的。这一切因素都直接影响了本套书的进展，也影响了书中一些照片的品质，加之受限于作者和主编的水平导致各卷质量多少有些不均衡，难免遗憾。还有方方面面不必一一言说的困难。说实在的，我这个主编有时候很有挫败感，也很难受。不仅我难受，有些作者也被我逼得很难受，逼得他们害怕收到我的微信，逼得他们害怕回复我的要求。对不起这些作者！感谢之余，希望得到他们的谅解。

主编难，作者难，责任编辑也很难。

难为广东教育出版社的卞晓琰、林检妹、黄倩及其团队成员了。他们要面对作者，面对主编，面对多级领导，面对一而再再而三进行的审读与检查，面对有时候模糊不清的照片和让人提不起神的文字。他们要一一解决，一一突破。他们做到了，只是多耗了一杯又一杯的猫屎咖啡，多熬了一个又一个的漫漫长夜。面对他们的执着与认真，我们还能松懈、还敢松懈吗？我们的水平不易提高，态度还是可以端正的。感谢他们！

感谢广东教育出版社社领导多年来的支持与看重。曾经有学界朋友对我说：你们的成果要是在北京的国家级出版社出版就好了！我笑笑。我以前说过：我看重认真做我们的书的人和出版社。今天我还是这么说，我依然把郑重对待一个学者的学术成果作为选择出版社最重要的标准，这就是我们选择广东教育出版社的原因。感谢他们！感谢广东教育出版社几任社领导及其具体操持者对我们作品的看重！

感谢时任教育部教材局局长、现在是我的同事的田慧生教授长期对我们的关心！感谢首都师范大学孟繁华教授对我们研究成果的支持！感谢首都师范大学教育学部、教育学院及首都师范大学教科书博物馆提供的各种帮助与便利！感谢我的同事和我们可爱的博士、硕士团队！感谢给我们直接、间接引用了其研究成果或给我们以启发的所有专家学者！感谢在心，感激在心，感恩在心。

2024年7月20日于北京学堂书斋

（石鸥，首都师范大学教育学部教授、博士生导师）

本卷导语

我国古代把绘画称作"画缋""绘事""图画""丹青""图绘"等。春秋战国时期手工业技术文献《考工记》中，将当时官营手工业和家庭小手工业分为"攻木之工""攻金之工""攻皮之工""设色之工""刮摩之工""搏埴之工"，即木工、金工、皮革工、染色工、玉工、陶工等六大类。

0—0—1

图 0—0—1 福建福州船政绘事院，初名"绘事楼"画馆，1867 年建，是法国式两层砖木结构建筑。上层为绘事楼（绘事院），绘制船身构造图样、绘制机器图样以及测算、设计，下层为合拢厂（安装车间），占地 1689 平方米。绘事院现为马尾造船厂厂史陈列馆

清末，随着新式学堂的兴起，日本中小学图画科、手工科教学模式和教学方法传入我国。

1872 年 8 月，日本文部省颁布的《学制》中规定，小学和中学设罫画科和画学科，这被认为是日本中小学图画教学的开端。1881 年 5 月，日本文部省颁布《小学校教则纲领》，将"罫画"科和"画学"科统称"图画"科。[1]

1904 年 1 月，清政府颁布《奏定学堂章程》，史称"癸卯学制"，其中"图画"科也开始在我国

[1] 海后宗臣.日本教科书大系　近代编　第 26 卷　图画[M].东京：讲谈社，1977：433-441.

中小学中开设。1905年秋，李叔同[1]在日本东京撰写《图画修得法》，还专门对"图画"一词作了介绍，他认为"图"与"画"有两种，"假器械补助而成之"皆谓之"图"，而"不以器械补助为主"皆谓之"画"。[2]可见，当时"图"与"画"，是两种不同表现方式的统称。

1886年，日本文部省颁布《小学校令》，在"小学校学科及其程度"第3条中首次出现"手工"一词，"手工"科成为日本的小学课程之一。

1901年，由商务印书馆刊印、董瑞椿翻译、日本樋口勘次郎编著的《统合教授法》一书，其中有"手工教授论"一章，"手工"一词也开始在我国出现。1904年颁布的《奏定学堂章程》中"手工"成为我国初等小学和高等小学的课程之一。

"美术"一词，据考证也源于近代日本。1871年，日本明治政府译员在翻译奥地利主办的万国博览会邀请文书时，首次将德语"KUNST"译为"美术"。当时的"美术"涵括"音乐、图画以及诗学等内容"。[3]

1902年，王国维出版译著《伦理学》，书后所附的术语表上有"fine art"（美术）这一词，这被认为是译词"美术"首次在汉语出版物中出现。[4]

"美术"这一舶来词进入中国后，较长一段时间都是诸多艺术门类的总称，如1913年鲁迅发表的《拟播布美术意见书》中将"雕塑、绘画、文章、建筑、音乐"皆归为"美术"。20世纪20年代起，"美术"一词有了广义和狭义之分。如1920年蔡元培在《美术的起原》一文中提出了"美术"的定义："美术有狭义的，广义的。狭义的，是专指建筑、造像（雕刻）、图画与工艺美术（包括装饰品等）。广义的，是于上列各种美术外，又包含文学、音乐、舞蹈等。"[5]

由此可见，清末传入的"图画""手工""美术"等名词，与我们现在对其内涵的理解有所不同。

民国时期，中小学图画科和手工科的名称经历了数次易名。1923年6月，民国教育部颁布《新学制课程纲要》，将小学"图画"易名为"形象艺术"科，中学仍称"图画"科；小学"手工"易名为"工用艺术"，归属于艺术科，兼属社会科；初中手工与图画、音乐归属艺术科。至于为什么要易名，据当时起草《小学形象艺术课程纲要》的宗亮寰解释："……从前的分科方法不甚精密，图画、手工两科的性质不同，而材料往往划分错误。——如剪纸贴纸，并不含工艺性质，却归入手工科中；工作画与工艺品有直接关系，却归入图画科中。如果这两科由一个教师担任，固然没有大妨碍；如果不是一个教师，就有互相隔膜的弊病。——于是参照美国小学方法，依材料的性质划分为'美术''工艺'两科，内容也比从前扩充了许多。到民十一（民国十一年）新学制课程起草委员

[1] 李叔同（1880—1942），中国艺术教育家、戏剧家、文学家、书画家。

[2] 李叔同. 李叔同谈艺[M]. 西安：陕西师范大学出版社，2007：20.

[3] 陈振濂. "美术"语源考："美术"译语引进史研究[J]. 美术研究，2003（4）：62.

[4] 吕澎. 20世纪中国艺术史[M]. 北京：北京大学出版社，2006：98.

[5] 刘琅. 精读蔡元培[M]. 厦门：鹭江出版社，2007：244.

会成立，经过许多人的讨论，觉得'美术'这个名称，范围太大，就把它改称'形象艺术'，同时把'工艺'也改称'工用艺术'。"[1]

1929年8月，民国教育部颁布中小学课程暂行标准，将小学"形象艺术"易名为"美术"科，中学仍称"图画"科；小学"工用艺术"易名为"工作"科，初级中学的"手工"改称"工艺"科。

1932年10月，民国教育部颁布各学科课程标准，其中小学"工作"易名为"劳作"科，初中"工艺"易名为"劳作"科。关于"劳作"一词，陆崧安在《革新的劳作教学法》一书中作了这样的解释："'劳作'原来译自德语'Arbeit'，含有'劳役'的意味。所以只使用于'劳役'或是'赋役'用的。以后渐渐地延用到一般勤劳工作方面来，即普通所谓劳动或劳动者，但这不外是身体的劳动，筋肉的劳动，或技术的劳动而已。……后来又有诗人勒新（Lessing 1729—1781）和哲学家康得（Kant 1724—1804）将此语使用于精神工作之上，有所谓'头脑的劳作''书籍的劳作''学者的劳作'，以及'精神的劳作'等语。从此'Arbeit'一语，无论对于身体的劳作或精神的劳作，都可以通用了。"[2]

1936年7月，民国教育部修订各学科课程标准，将小学低年级的美术、劳作科，归并为工作科；中学劳作科将农业、工业并为一种，女生劳作科以"家事"（即学习处理家庭中各种工作和儿童养育方面的理论与实践）为主。

1942年10月，民国教育部颁布的课程标准中，将小学"美术"又易名为"图画"科，并删除了手工科内容，强调"绘画"的学习；并将低年级"工作"易名为"劳作"科，劳作科与美术科分别教学。

1947年2月，民国教育部召集修订中学课程讨论会议。会上有人提议要倡设"实用技艺"科，即将中学图画、劳作在"生活实用"的目标下冶为一炉，"期能解决现代国民日常生活应用技术之困难"。[3]这一提议引起了教育界的两种疑虑：第一种疑虑是"实用技艺"课程在目前中学的师资与设备下很难实施；第二种疑虑是中学取消了图画科便失去了美育的陶冶。当时，民国教育部为了免滋纠纷，便取消设置"实用技艺"的原议，恢复劳作科，并将"图画"科改称"美术"科。

1948年9至12月，民国教育部修订各年级、各学段的课程标准，其中初中和高中的课程标准都将"图画"改称"美术"科，小学低年级的美术科与劳作科又合并为以混合教学为原则的工作科。

总之，在中国近代美术教育史上图画、手工两门学科自清末从日本引进之后，一方面受外来教育思潮影响，另一方面，我国一些美术教育家根据国情对图画科、手工科教学内容的不断改革，这两个学科的名称也不断地易名变化。

本卷之所以称为"美术卷"，是从以下三方面考虑的：首先，图画、手工虽属两门学科，但它

[1] 宗亮寰. 小学形象艺术科教学法[M]. 上海：商务印书馆，1930：6-7.
[2] 陆崧安. 革新的劳作教学法[M]. 上海：商务印书馆，1948：7
[3] 黄桂祥. 中学倡设"实用技艺"科的旨趣[J]. 教育杂志，1948，33（3）：28.

们"非但与美的陶冶之有关系，且能养成实用之能力"[1]，因此，在中国近代美术教育史上这两门学科都属于"美术"范畴。其次，民国时期图画科、手工科的教科书常常将图画、手工的内容混编在一起供学生学习，如中华书局出版的《新式毛笔习画帖》、商务印书馆出版的《手工图画联络教材》、世界书局出版的《美术工艺混合课本》等，就是采用这样的编写方式。再次，小学低年级的美术科与劳作科，曾归并为工作科。基于以上原因，将图画、手工、美术、劳作等学科的教科书资料合编为一卷，作为"美术卷"出版，旨在为学者们研究中国近代中小学美术教育和教材史提供帮助与便利。

---

[1] 李桂林、戚名琇、钱曼倩. 中国近代教育史资料汇编：普通教育[G]. 上海：上海教育出版社，1995：475.

目　　录

1912 1927

第一章

近代图画、手工教育的滥觞
（1840—1904）

1840

1840年的鸦片战争，英国侵略者用大炮轰开了中国的大门，促使一些爱国知识分子从"天朝大国"的幻想中惊醒。面对突兀的社会变革潮流，一些有识之士开始抛弃虚骄自大的陈腐观念，萌发了"向西方学习"的新思想。他们放眼世界，探求新知，寻找强国御侮之道，也正是在这一过程中，中国近代的图画、手工教育课程伴随着国家培养工业和军事人才的需要而出现了。

1—0—1

图 1—0—1　广东人民抗英斗争烈士纪念碑

第一节
近代图画、手工教育的孕育

中国近代意义的图画、手工教育，萌发于19世纪中叶的洋务运动时期。在19世纪60年代至90年代中期，洋务派在上海、福建、天津、广东、湖北等地陆续创办一批培养军事、造船、电报、航海、铁路、炼钢等技术人才的实业学堂。在这些学堂中，大都开设有绘图等课程。当时所开设的绘图课，虽然主要教授工程测量和制图之类的内容，为的是培养实用人才，具有明显的实用性和工具性特点，但它开启了我国近代图画、手工教育的先河。

一、洋务教育中的几何与制图课程

1861年起，清政府内的洋务派在全国各地掀起以"中体西用"为指导的改良运动——洋务运动。在洋务运动期间，随着清政府与各国间的外交事务的日益增多，洋务派官僚深感语言不通造成的巨大困难，正如恭亲王奕䜣所说："查与外国交涉事件，必先识其性情。今语言不通，文字难辨，一切隔膜，安望其能妥协！"[1]培养大批能精通外国语言文字的人才便成为清政府的当务之急。

1862年7月11日，京师同文馆正式开学。最初开设英文馆，次年增设法文馆、俄文馆。1872年又增设德文馆。1876年起，同文馆规定除英、法、俄、德等外语科目外，各馆学生要兼习数学、天文、化学、物理、万国公法、世界历史、世界地理等西方近代文化课程。京师同文馆是我国近代最早的学习"西文"的新式学堂，在中国教育近代化的历程中发挥了重要的导向作用。

洋务派官僚通过在各地开办工厂，制造轮船和枪炮，逐渐认识到培养工业和军事人才的重要性。1866年福建船政学堂（初名为求是堂艺局）成立，是我国最早的工业技术学堂，分前堂、后堂两部。前堂学法文，专攻造船技术，后堂学英文，专攻驾驶技术。两个学堂又各设置若干专业，其中前堂设有造船专业、设计专业（绘事院）和学徒班（艺圃），后堂设有驾驶专业和轮机专业。前堂的造船专业和设计专业均开设画法几何等课程，设计专业还开设透视原理等课程；后堂的轮机专业开设制图、发动机绘制等课程。此外，学堂各专业还非常注重培养学生的动手实践能力，如造船

[1] 朱有瓛. 中国近代学制史料：第一辑上册[G]. 上海：华东师范大学出版社，1983：5.

专业"为了使学生能把学到的理论知识运用到实际工作中去，还设置了蒸汽机制造的实习课和船体建造实习课"；设计专业则要求学生"每天花若干小时在工厂同工人打交道，熟悉种种轮机和工具的实际细节"；轮机专业"实习课程是分别在岸上和船上安装蒸汽机"。[1]之后洋务派在上海、福建、天津、广东、湖北等地陆续创办的一批培养军事、造船、电报、航海、铁路、炼钢等各类工业和军事人才的学堂，也大都开设有测量、制图、绘图等课程。

总之，洋务派开设的这些学堂，虽然是为了培养造船、军事和工业方面的人才，但学堂中开设的画法几何、制图、透视原理等课程，成为以后图画科中用器画的学习内容之一，其教学中强调动手实践的做法，也正是之后手工教育所强调的精神。因此，洋务派教育中的测量、制图、绘图等课程，从某种意义上来说，正是近代中国图画、手工教育的开端。

图1-1-1 〔美〕温特沃斯著《平面和球体三角学》，美国波士顿吉恩公司，1903年，中国船政文化博物馆藏

二、教会学校的图画、手工教育

鸦片战争之后，西方传教士在华的活动越来越频繁。西方传教士认识到创办学堂是传播福音的最佳途径，于是新的教会学校在广州、厦门、福州、宁波、上海等五个通商口岸和香港纷纷设立。据统计，至1860年，各国教会在上述六个地区开设的教会学校约有50所，学生有1 000余人。[2]19世纪60年代以后，"教会学校由沿海到内地，由通商五口到遍布全国，由初等教育到中等教育、高等教育，都获得了迅速发展。对传统教育的冲击和影响亦由微而著，终至形成一个独立于传统封建教育体系之外的教会学校体系"。[3]教会学校的课程设置"均本以和平传播基督教及东方一般文化之原则，冀以达致有效影响为目的"。[4]教会学校除开设宗教、数学、天文、生理、历史、地理等科目外，也开设图画和手工科目。

如1839年11月，在澳门创立的我国近代第一所教会学校——马礼逊学堂。该学堂是在英国传教士古特拉富的夫人创办的一所女塾的基础上建立的，为三至四年学制，其开设的课程除英语、汉

[1] 陈学恂，田正平. 中国教育史研究·近代分卷[M]. 上海：华东师范大学出版社，2001：42-44.
[2] 陈学恂，田正平. 中国教育史研究·近代分卷[M]. 上海：华东师范大学出版社，2001：9.
[3] 陈学恂，田正平. 中国教育史研究·近代分卷[M]. 上海：华东师范大学出版社，2001：11.
[4] 熊月之. 西学东渐与晚清社会[M]. 上海：上海人民出版社，1994：123.

语、算术、代数、几何、物理、化学、地理等科目外，还设有音乐和图画科目。

1844年英国"东方女子教育协进会"派遣女传教士爱尔德赛在宁波开办的女塾，是西方传教士在中国开办的第一所女子学堂，课程内容包括圣经、国文、算术等，并学习缝纫、刺绣等知识和技术。[1]

1850年由法国天主教传教士南格禄创办的上海徐汇公学（今上海市徐汇中学），是近代上海最早按照西方办学模式创立的学校之一。1850年至1900年，徐汇公学在教育体制上以法国、意大利的教育制度为蓝本，进行严格的天主教教育；其教学内容以传统中学为主，讲授"四书五经"，在此基础上对学有余力的学生辅以法文、音乐、图画等部分西学知识。[2]

1867年法国耶稣会传教士在上海徐家汇创办经言学校（今上海市第四中学），聘请法国拯亡会修女圣心和保禄来华任教。经言学校专收教内女学生，主科有"四书"、书法，另附医科，此外，还开设了刺绣等手工课程。[3]

1-1-2

图1-1-2　在上海长老会学校学刺绣的中国女孩，詹姆斯·利卡尔顿摄，1900年

总之，这时期西方传教士创办的一些教会学校课程中已开设有图画和手工等科目。

三、教会学校的图画教科书

随着教会学校办学规模迅速扩大，学校对教科书的需求也开始出现。1877年5月，第一次在华新教传教士第一届大会通过成立全国性的"学校教科书委员会"（School and Textbook Series Committee），中文名称为"益智书会"，负责为当时各教会学校统一编撰教科书。[4]据1890年傅兰雅报告该会历年来的成就，14年时间自行编辑出版的审定合乎学校使用的书籍有48种、112册。1902年，清政府颁行新的学制，各地学校纷纷采用新式教科书，其中有相当一部分，尤其是自然科

[1] 陈学恂. 中国近代教育大事记[M]. 上海：上海教育出版社，1981：4.
[2] 庄小凤，马学强. 西学东渐第一校：从徐汇公学到徐汇中学[M]. 上海：上海辞书出版社，2010：112.
[3] 陈学恂. 中国近代教育大事记[M]. 上海：上海教育出版社，1981：27.
[4] 学校教科书委员会委员有丁韪良（W. A. P. Martin）、韦廉臣（A. Williamson）、狄考文（C. W. Mateer）、林乐知（Y. J. Allen）、利启勒（R. Lecher）及傅兰雅（J. Fryer）等人。

学课程，仍直接采用益智书会所编的教科书。[1]

除益智书会外，土山湾印书馆也是清末著名的教会出版机构。土山湾印书馆的前身是由法国天主教会传教士爱桑于1859年在上海董家渡创办的印刷所。印刷所于1869年迁入徐家汇土山湾，正式成为印书馆。土山湾印书馆是最先把石印、珂罗版印刷、照相铜锌版设备引入中国的印刷出版机构，在当时影响很大。土山湾印书馆最初印制天主教的宣传品，之后开始大量印刷字典、地图、乐谱、学术著作、宗教书籍和教科书等。

目前，上海市徐汇中学图书馆还收藏着清末民初该校使用的土山湾印书馆出版的图画教科书实物，以及当时自行印制的图画教科书实物。

（一）土山湾印书馆编辑出版的图画教科书

（1）《绘事浅说》

1—1—3

图1—1—3　《绘事浅说》，上海土山湾印书馆，1907年

《绘事浅说》于1907年（光绪三十三年）4月[2]初版，共2册，16开，线装，供学生学习铅笔素描画之用。

土山湾画馆成立于19世纪60年代。1851年，西班牙传教士范廷佐将个人画室迁到徐家汇。画室招收中国学生，主要传授素描、雕塑技艺。范廷佐邀请意大利神父马义谷来教授油画，这是外国人第一次在上海向中国人传授油画技法。1856年，范廷佐去世后，中国修士陆伯都继承了其衣钵，继续收徒传艺，并成为土山湾画馆正式成立后的第一任主任。1880年，陆伯都因病去世，其学生兼助手中国修士刘必振接管画馆至1912年，这30余年正是土山湾画馆发展最辉煌的时期。[3]《绘事浅

---

[1] 石鸥，吴小鸥. 百年中国教科书图说：1897—1949[M]. 长沙：湖南教育出版社，2009："清末民国教科书发展概述"第2页.

[2] 指阴历月份。

[3] 周秀芬，宋浩杰，刘敏，等. 历史上的徐家汇[M]. 上海：上海文化出版社，2005：110.

说》一书，是刘必振接管土山湾画馆时组织编写的教科书，也是中国较早介绍西方素描画法的教科书。

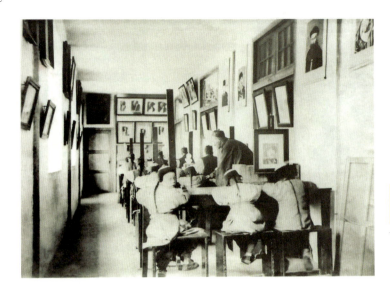

1-1-4

图 1-1-4　1903 年，上海徐家汇土山湾画馆学生在作画

此书上册介绍了绘画的入门法：

　　绘事入门法，有三要。一练手，二练眼，三练心。不练手，则不能取所见者，更不能取所想者。形诸纸上，形者物之体，体为面之积，面为线之积。故学画者，先练画线，如学书者，先练点画。线有纵横曲直，先学横学竖，后学曲线。练至倚斜粗细，疏密匀称，曲折自如，方为入毅。练眼之法，在善于估量比较，而审其体势。譬如纸窗花影，其轮廓或方或圆，或椭方椭圆，或三角五角；其瓣或多或少，其叶或大或小，阴阳向背，交互错综，一一由简而繁，收入眼藏，自成画本。练心之法，在知所注重。注重者，于所专注，又知所专也。物形各有界线段落，曲直之分寸，同中有异，异中有同，得其要领，不害频上添毫，栩栩欲活矣。

此书下册"写生须知"写道：

　　画者，以平面仿立体，而不失其上下四旁凹凸之神情也。……本卷人物，以写生为造极，以临仿塑像为造端，而罗玛金石[1]尤足为典型，欧美多仿塑之，以备揣摩。头面手足，大小等于人身，置放光暗得宜之处，高下令像目与人目等，远近视目力，大率离画者二三步为常。

　　凡画人物，须知人身骨节部位，及阴阳向背之理。盖人身外相，胎于骨骼。光线视线，浅深远近，各自不同，写生名家无不知此者。

此书上册主要教授的内容[2]：把笔法、正位法、画线法、分色相、练眼力、画方圆、求五等边捷法、绘图设问、花卉起手法、用炭条式、采用纸笔法、削铅笔法等。

　　下册主要教授的内容：头面式、眼鼻耳、临全头、手足腿、临全身、临古像、求垂线验偏倚法、绘事比例法、用笔卷法、描写性情、体格法等。

[1] 指古希腊、古罗马的青铜和大理石雕像。
[2] 本卷所收录的教科书主要内容引自该教科书目录。

（2）《铅笔习画帖》

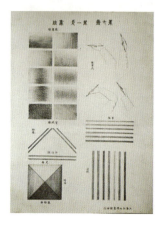

1-1-5

图 1-1-5　《铅笔习画帖》，上海土山湾印书馆，1917年

《铅笔习画帖》初版时间不详，共3册，大8开，活页，供学生临摹、学习之用。

此帖第一册主要教授花纹，包括：画各种线，如疏密线、质纹线、斜线、平行线、立线等；画各种花纹，如十字星、五角花、四角花、三角叶、五角叶等；画各种花卉，如山楂花、百合花、蔷薇花、月季花等。

第二册主要教授人物，包括：画人物的耳、目、口、鼻、手、足等；画人物的正侧面、俯仰面等。

第三册主要教授人物，包括：画带有表情的人物，如安静貌、困苦貌、俯思貌、注意貌、惊奇貌、哭泣貌、忧愁貌、欣喜貌、忿恨貌；画不同年龄的人物，如童年貌、少年貌、壮年貌、老年貌、老妇像、少妇像等。

《铅笔习画帖》是为配合《绘事浅说》教科书的教学而编写的，供土山湾画馆学员临摹、学习的画帖。为了便于学生临摹时"可架竖案上，用资摹仿"，每页都裱在硬板纸上，按照由浅入深、循序渐进的方式编排，是中国近代美术教育史上最早的习画帖之一。

（3）《透视学撮要》

1-1-6

图 1-1-6　沈良能著《透视学撮要》，上海土山湾印书馆，1917年

《透视学撮要》于1917年（民国六年）9月初版，1928年再版，共1册，32开，供高等小学学生学习绘画之用。

沈良能，生卒年不详，江苏青浦（今属上海）人，曾翻译《透视学》一书。

时任震旦大学副校长兼哲学系教授的潘谷声[1]曾为此书作序。他在"序"中写道：

> 透视学，一名注视学，为意国Leonard de Vinci蓝哇那尔特温茜君[2]所发明。透视学与图解学Descriptive不同，图解重实测，即将实测物体之形状大小尺寸比例，绘于画纸上。透视重目击，即将目击物体之远近大小高下广狭，描于画幅上焉。上古时，希腊美术为最著名。图画乃其一门，厥后经界轮画光线及影组织图解（又名解剖图画）诸法，相继发明。于是画学发达，美术进步，大有一日千里之势。特惜透视之玄理未获，譬诸拾级登山，尚未造至极峰也。及透视学理发明，而画学之能事斯尽矣。我中国画学，则以六法六要六长三病十二忌，为入手门径，远不如西法之说理精详。历代相承，不特未见改良，抑且有退无进。不佞前于沪北书画展览会，见唐吴道子画，亦以透视法描绘。骤视之，几疑为西画。由以知我国古画家，非不讲求透视者，第已失传于世耳。同里沈子良能与民国四年，既译印透视学一书，以饷有志专究绘素者。复另译简本，以应初习绘图学童之要需。译笔简洁，插图明显。按规练习，自能升堂入室。洵为初学善本，不佞于绘画一门。原为门外汉，而酷嗜赏玩中西名画。今读沈子斯编，不禁见猎心喜，动跃跃欲习绘素之兴矣。

此书"绪言"写道：

> 当今学校昌盛，实业振兴。图画一门，亦为各校艺术中之关键。良能前译《透视学》一书，令习绘者，细阅研究之下，有所指南。藉知欧美绘术之法则，按法演习，便成画家，无暗中摸索之苦。对于华式习绘法，有事半功倍之别。第译书初志，特为专门及师范生应用。故叙述不厌周详求备，以饷有志习绘者。设将前书，用于高小普通学校，反觉冗长。回溯数载前，徐汇所出之科学杂志，将戴买尔格克罗（Demarquet-Crauk）透视摘要一书，译登报端，惟译笔参以己意，大抵由于臆度，与原著不合。良能不揣谫陋，从同志教育家之请，公馀之暇，重行校正，译以俚言，俾人人有普通绘画学识。谅亦为高小学习绘画生，不可少之课本也，颜之曰《透视学撮要》。

此书主要教授的内容：透视学释名，包括画幅、地线、视平线、圆锥视线、测量底稿、透视底稿、灭点、主点、距点；透视之线，包括竖线、横线、四十五角度之横线、横线与画幅非并行者、并行上升下降直线、上升路径、下降路径、均分渐灭线、棱锥体形屋顶、灭线阶级、透视圆形、正方形用透视法绘、论影；反影；绘景捷法；天空透视、应备器具、习绘风景等。

---

[1] 潘谷声（1867—1921），字秋麓，原籍江苏青浦，后迁居上海董家渡。1879年就读于徐汇公学．1884年入江南修院。1888年入耶稣会，凡科学、哲学、神学等，无不悉心研究。1898年晋升司铎。历任徐汇公学院院长，震旦大学副校长等职。1911年继李问渔之后任《圣心报》主编，编辑各种国文教科书。

[2] 今译作列奥纳多·达·芬奇（Leonardo da Vinci）。下文"蓝君"同义。

（二）徐汇中学编辑出版的图画教科书

徐汇中学是上海最早开办的新式教会学校。1850年由法国天主教耶稣会传教士南格禄创办，初名"圣依纳爵公学"，主要吸收中国贫家子弟入学。1912年后，该校按新学制分为中学和小学，1930年增设高中部。1932年改名徐汇公学，亦称徐汇中学。

徐汇中学在课程设置上以宗教课和法文课为主。除国文课外，其他课程均采用法文教材，用法文教学。徐汇中学是我国近代最早实行西洋艺术教育的学校之一，开创之初就有图画教学，后列为正式课程，与法文、英文、国文、代数、历史、地理一样，每学月都有考试。以1911年上半学期为例，美术月考题为铅笔乡景画一幅，期终考题为铅笔水牛牵车图一幅。虽只是素描写生，但在当时西洋美术教育还未起步的中国，这不啻为先进之举。

《美术课本》（钢笔画）

图 1—1—7 《美术课本》（钢笔画），徐汇中学，出版年不详

图中书的封面上用法语写"COURS DE DESSIN— DESSIN A LA PLUME"，翻译为中文即"美术课本（钢笔画）"。此书出版年代不详，共1册，有30幅图，16开，活页，供学生用钢笔临摹之用。此书封面上还印有"COLLÊGE St-IGNACE ZI-KA-WEI"，即"圣依纳爵公学 徐家汇"。

此书主要教授的内容：花卉、猫、鸽子、老鼠、麋鹿、孔雀、麻雀、鸭子、椅子、木桶、帆船、风景等。

第二节
新式学堂中的图画、手工教育

1895年中日甲午战争清政府战败后，民族危亡迫在眉睫。当时，举国激愤，万民沸腾，以康有为、梁启超为代表的维新派为了挽救民族危亡，发动了维新变法运动（即戊戌变法）。在维新变法的诸多倡议中，教育改革占有突出的位置。维新变法运动最后以失败告终，但维新变法在教育上反对八股取士的科举制度，主张向西方资本主义国家学习，设立新式学堂，这些都对中国近代教育产生了很大影响。

从中日甲午战争到维新变法，短短的几年间，中国的教育发生巨大变革，全国各地新式学堂纷纷兴起，图画、手工教育也随之出现。

一、近代新式学堂图画、手工教育的出现

1895年中日甲午战争失败和《马关条约》的签订，标志着洋务运动的彻底失败，救亡图存成了中国社会的急迫需求。日本明治维新的成效与中国洋务运动挫折的对照，让中国知识分子深刻认识到必须从政治制度入手来解决中国的社会问题，由此维新派的思想有了进一步发展。

这时期，维新派要求变法的诸多倡议中，教育改革占有突出的位置。康有为曾指出："泰西之所以富强，不在炮械军兵，而在穷理劝学。"并认为："才智之民多则国强，才智之士少则国弱。"因此，教育落后，是中国衰弱的根本原因。康有为还认为："今变法之道万千，而莫急于得人才；得才之道多端，而莫先于改科举。"[1] 梁启超也把兴学校作为立国之本，他认为要国家富强，条理万端，但一切"皆归本于学校"："盖中国今日之大患，苦于人才不足；而人才所以不足，由学校不兴也。"[2] 并指出："欲兴学校，养人才，以强中国，惟变科举为第一义。大变则大效，小变则小效。"[3]

1898年6月11日，光绪帝接受维新派的建议，下诏"明定国是"，锐意改革，除旧布新。其中"除旧"的部分就有废除科举中的八股取士制，一律改试策论，借以选拔"体用兼备""通经济

[1] 璩鑫圭，童富勇. 中国近代教育史资料汇编：教育思想[G]. 上海：上海教育出版社，2007：143-144.

[2] 陈景磐. 中国近代教育史[M]. 北京：人民教育出版社，1979：138.

[3] 璩鑫圭，童富勇. 中国近代教育史资料汇编：教育思想[G]. 上海：上海教育出版社，2007：205.

变"的人才；"布新"的部分就有"参用泰西学规"，设立京师大学堂。随后，又令各地督抚，将各省府厅州县之大小书院，一律改为兼习中西学的新式学堂。省会的大书院改为高等学堂，府郡书院改为中等学堂，州、县书院改为小学堂。民间的祠庙一律改为学堂。在维新派思想的影响下，全国各地带有普通中小学性质的新式学堂纷纷成立。据粗略估计，1894年至1898年百日维新之前的四年间，全国各地创办的较有影响的新学堂有近30所，超出此前30年创办学堂的总数。[1]

当时，在维新派思想活跃的南方，一些新式学堂仿照日本的教育模式开设了图画和手工科目。如1897年盛宣怀在上海创办的南洋公学附属小学，课程中设有图画和唱歌等科目。[2]1898年由上海电报局局长经元善发起创办的经正女塾，学校课程中设有女红、图画、体操、琴学等科目。[3]1901年实业家叶澄衷在上海创办的澄衷中学，课程中设有图画科目。[4]1903年由龙绂瑞、俞蕃同创立的湖南民立第一女学，其学校必修科目中有美术（如图画、刺绣）科目。[5]另据早期美术教育家吴梦非回忆，1903年他就读的家乡浙江东阳巍山镇的唯一一所"洋学堂"——官立高等小学堂，就设有西画科目，课程照搬日本 "图画手工课"的教学方法。[6]

这时期，供新式学堂使用的图画教科书也应运而生。如1902年夏季，俞复、廉泉等在上海创办的文明书局，曾出版《新习画帖》五本、《铅笔新习画帖》四本，以及丁宝书编《高小铅笔习画帖》三本、张景良译《几何画》一本等。1902年，商务印书馆出版了《平面几何》《立体几何》《三角用器透视画》《投影画》，以及徐咏青编《铅笔习画帖》八册等。[7]

总之，虽然维新变法运动仅历时103天而以失败告终，但对中国近代教育产生了重大影响。这时期，一些新式学堂开始开设图画和手工课程，图画教科书得到进一步发展。

二、近代图画、手工科教授法的引进

中国传统的私塾和书院多采用"师授学承"的个别教学制，反映在图画教学上，一般是从临摹前人画谱入手，师徒相传。19世纪末20世纪初，随着新式学堂在全国不断涌现，班级授课制在各级学校中普遍推行。包括图画、手工科在内的各科教师在教学中迫切需要一种新的教学观念和教学方法，因此，翻译和借鉴国外的教学观念和教学方法成为当务之急。

[1] 陈学恂，田正平. 中国教育史研究·近代分卷[M]. 上海：华东师范大学出版社，2001：102.

[2] 陈科美，金林祥. 上海近代教育史[M]. 上海：上海教育出版社，2003：112.

[3] 陈学恂. 中国近代教育大事记[M]. 上海：上海教育出版社，1981：88.

[4] 陈科美，金林祥. 上海近代教育史[M]. 上海：上海教育出版社，2003：156.

[5] 陈学恂. 中国近代教育大事记[M]. 上海：上海教育出版社，1981：131.

[6] 潘耀昌. 二十世纪中国美术教育[M]. 上海：上海书画出版社，1999：11.

[7] 李桂林，戚名琇，钱曼倩. 中国近代教育史资料汇编：普通教育[G]. 上海教育出版社，1995：170-172.

（1）《统合教授法》

1-2-1

图 1-2-1　〔日〕樋口勘次郎著，董瑞椿译《统合教授法》，上海会文堂书局，1901 年

《统合教授法》于1901年（光绪二十七年）11月初版，1908年已发行第5版，共2卷，供小学各科教师使用。

此书原作于1899年。据此书介绍，当时日本国内的教授法均出自德国教育家爱培脱氏（今译作赫尔巴特）所创的五段教授法，但教师往往"过于泥形迹，致害童子活泼之性"，而书中指出："此书颇辨其失，以统合为题者，厥有数义。一者，谓小学诸学科互有关系，教者当统合联络，不宜志节割裂。二者，欲生徒依赖一己活泼之能力，而寓学习于游戏之中，由随时观察所得之知识，而应之于实用也。"

此书上卷主要内容：释义、师弟情谊、联络家庭、管理、活泼主义、游戏教授、统合教授、发表智识、勇敢气象、教授分际和教授法活用等。

下卷主要内容：修身、读书、作文、习字、算术、理科、音乐、体操及游戏、画学（即图画）、地理历史、手工等科的教授法。

此书中有关画学和手工教授法，是目前所知最早供小学美术教师学习使用的教授法。

此书第九章"画学教授法"中对教授画学的目的做了阐述：

教授画学之旨，在以儿童所有种种蓄念，令练习其筋肉，而得表著于形状。顾发表形状蓄念之要端，及机会，不问学校内外，屡可遭遇。以诸学科所与形状之蓄念，既见精确，则宜令达于图画。犹为整顿种种思想，而令达于语言也。成长以后，日常生活，必需达以图画者殊多。故在小学校教授画学，断非可忽。

欲究画学教授法，宜先取毛笔画与铅笔画。一为比较，虽其发表蓄念之功，殆无轩轾，而练习筋肉之方便，则显有差异。前者以柔软笔端，光滑纸面，运转自在，适于微细筋肉，练其运动。后者以硬笔糙纸，强为摩擦，令费无益之筋力，而有妨微妙运动者不少。夫宜于微细筋肉运动上下者，特毛笔画为易，而铅笔画为难。……故主发长筋肉而言，毛笔画胜于铅笔画明甚。……故小学校，当以课毛笔画为合。

"画学教授法"还强调了要根据儿童的心理与绘画特点来进行教学：

凡学问书，依序编纂，虽合于成人之思想，以之强责儿童，则大有弊害。儿童心理，断非发长于科学者。设自直线而曲线，自器具而草木动物山水，自白描而著色，区划井然，难有进境。试与儿童以笔墨纸，任其所好，则彼等尤喜画者，非裸体之人物，即犬猫马牛雀等之动物。更与以颜料，则益喜作种种著色画。最初即用颜料，且可许之，况可拘泥次序，必令练习直线，而后移作曲线乎？

最初于学校教授图画，宜研究其在家庭自然之图画，令与继续在家庭所画之图画，断非直线或曲线而已。无身之人物，儿童之写生画也，二足之马，亦儿童之写生物也。其画之不完全，其对于人或马之蓄念不精密也，无怪也。

凡有真正意义之图画，不外自写生画，或由结合分离而成之想象画。临画者，俾以此等预备，练达蓄念之资，尤为要端。试证以喻，临画如读书科，写生画如作文科。读书科，学达意义之符号。临画，练达形状蓄念之笔意。作文科，据学于读书科之符号，达己之意义。写生画，用练于临画笔意，达己蓄念。故临画虽为图画之阶梯，若以真正图画，达己蓄念，即必为写生画。如读书科，以意义为重。临画亦先令蓄念充满，而后乃宜习之。不然如读不解旨趣之书，不审其读法之句节语调，唯成肖形之死画而已。

此章还提出了关于教授图画的想法：

亦同习字科，先订正儿童之蓄念，后必示其形状，例如画二足马者，儿童与马之蓄念，但有二足，亦未可知。宜先就马之实物，令识有四足，次乃使自改，或由教师经加二足。此外，可与习字图画科之教授法，可交互应用者多，不可不知。

此书第十一章"手工教授论"中对教授手工的目的做了阐述：

夫手工者，令强健筋肉，且发长于精密者也，其课以令习于发表萌念也。其强健筋肉之效，等于体操科，精密其筋肉运动之力，不让于习字、图画等。则虽谓手工科教育之效，兼体操习字图画等而有之，非过言也。如以世之日趋文明，精巧制造，益多需用。

此章还指出了学习手工的意义：

手工科，以有形之物，生徒即其顽愚，亦易感其兴念。其所便利，以有形者，循序造极，易于领解。陆续渐趋，得步进步，成效显然。……制成一有用器之时，则深生快感。此快感，以与有形物共起，与其努力，共易记忆。乃令永从事于手工，得养成其逐渐注意，及勤励之风无疑。且对于努力自造之物，而知己所有权。知己所有权，为尊重他人所有权之基。

（2）《小学各科教授法》

图1-2-2 〔日〕寺内颖、〔日〕儿崎为槌著，白作霖译《小学各科教授法》，上海文明书局，1903年

《小学各科教授法》于1903年（光绪二十九年）10月初版，1907年已发行第4版，共2册，供小学各科教师使用。

此书主要内容：教授之性质、教授之区别、教授之材料、教授之作用，以及修身、国文、地理、历史、理科、算术、图画、体操、唱歌等学科的教授法。

此书认为，图画科教学目的有两个点：

描写之能。儿童天性，触目即思描写，然想象无理，描写多不成形。渐至理性发舒，又苦于技术未习。故宜及早就其所见之物象，练其描写之能，是熟习手眼之所以必要也。于目之图画，于耳之音乐，皆极有关系者。故临画可先与黑板上涂示，令看准形体，然后描写之。

美感之养成。养成者，谓鼓其感情，明其辨晰，二者相合而生趣味。趣味者，生于自然物并人工物二者之中，故有二种。高等感觉（视与听），声乐之音调，图画之彩色是也。五色之丽，不特儿童悦之，即野蛮人亦具此性。特其发达之趣，则须有智能与其想象之作用矣。

此书还将图画科学习内容分为三类：

一类为看取画，其中包括：临摹，以成画临写之；写生，以实物或模型，示而照绘之。一类为工夫画，其中包括：结合分解、结合线角等，又令分解诸形；图案，令用纹形模样等工夫；意匠（即想象画），因儿童意中所有，以描写诸形。一类为几何画，即用器画，用定规等器，习几何初步之画法。

此书还对图画科如何教授用笔、用墨和着色做了阐述：

执笔法。依双拗之法（拇指与第二、第三指挟笔管，四指轻松），握笔管之中，宜悬腕直笔。虽小处不拘此法，而使笔宜直，不可偏于左右，但着色之时，则可相便施之。

下笔次序。一图必有主眼，即以近我目处为始。运笔横者自左与右，纵者自上至下。逆笔虽不拘此，然惟于画草木之叶或山石之皴及翎毛等，时用之。

使用木炭。画繁复之形体，必先以木炭定其位置。画准后，乃以羽扫拂去其炭，止留微痕，再描以墨笔。若细密等处，及线之粗细浓淡，概以此施之，便不相宜。

浓淡之法。浓淡者，所以分物体凹凸、阴阳、向背及其远近之差。法之巧拙，足以验画之呆活，故须留意。其中：①淡墨平染。此浓淡法之初步也。于所画圈内，止以一色之汁匀染。

法以淡墨入小皿，洗清笔头，而涂之，勿令滞于一处。②渲晕法。此教于淡墨平染习熟之后，豫以墨笔一，晕笔一。其法从先晕之一隅涂墨，即以晕笔含水少许，由其处引墨外出，使墨从晕笔流去，如此再三，便得晕痕。

着色法。宜在高等第三四年为之，色贵淡，勿浓。画图先用墨描，后着采色，不可同时交用。

配色法。不知配色，不能着色，譬如红叶，先以淡墨描之，俟其干，以浓墨作叶线；笋则画轮廓后，以淡墨晕之，次着棕色；樱花则先加淡红，干乃以浓红色点之；菊之茎叶，则加墨后，晕以淡墨，待干，更涂绿色其上。

此书还提示了图画科取材及教授上需注意的要点：

图画为使用其手眼与美感，由记忆画出时，则用其记忆力，由想象画出时，则用其想象力。

①初步之教授。横线、纵线、曲线。

②临画教授。说明画题，或示以实物，涂以黑板，令识其位置、次第、用笔繁密等。

③写生画教授。置实物于适当处，令观之。以木炭描其大概，加墨，订正之。再令写真于他纸。凡画此类者，置物宜令其多面，譬如有一立方体，须见其三面，人目与物体相距，要在三十度内外。

④订正。临画，则审其形状、笔力、墨色、位置。写生画考眼与物之位置。工夫画则观其意匠。

⑤用具。画笔、晕笔、色笔、纸（用矾）、墨、砚、笔洗、皿、木炭、羽扫。

总之，随着新式学堂在全国不断涌现，这些由日本著作翻译而来的美术教授法，客观上对当时图画、手工科教学方法的革新起到了启蒙的作用。

鸦片战争以后，中国社会开始转向半殖民地半封建的社会形态。鸦片战争所带来的国耻民辱，促使国人反省。有志之士逐渐认识到，相较于西方列强"船坚炮利"，中国"技不如人"。于是一批稍有远见、试图挽救败局的封建官僚群体掀起了探求"过渡之道"、追求自强求富的洋务运动。洋务派认识到，欲改变中国积贫积弱的现状，则要兴办"西学"，提倡"新教育"，培养出新式人才是中国自强之本。洋务时期各地兴办的船政、军事以及工业类学堂，虽然是以培养造船、军事和工业方面的人才为目的，但这些学堂开设的画法几何、制图、透视原理等课程，可看作是近代中国美术教育的开端。

鸦片战争之后，西方传教士纷纷来华，加速了教会学校在通商口岸城市乃至全国各地的设立。这时期，在西方传教士创办的一些教会学校课程中，已开设有图画和手工等科目。随着教会学校办学规模迅速发展，相关教科书的需求开始出现，"益智书会"由此而成立，负责当时各教会学校教科书的编纂工作。

中日甲午战争清政府战败之后，我国的资产阶级维新派对教育改革提出了许多中肯的建议。与此同时，新式学堂接二连三地在全国各地建立起来，一些受维新派思想影响的新式学堂仿照日本的教育模式开设图画和手工科课程。当时，为满足新式学堂的教学需要，上海文明书局和商务印书馆开始编写教科书，其中就包括了美术类的教科书。同时，国外的美术教授法被引进。这些都表明我国的美术教学模式开始由传统向西方近代转变，开创了我国近代中小学美术教育的先河。

第二章

晚清图画、手工教科书的兴起阶段
（1904—1912）

1904

19世纪末，戊戌变法虽然以失败告终，但在这场运动中所提出的教育改革措施，并未因此而全部夭折。1901年，清政府为了缓和社会矛盾，维持其岌岌可危的统治，开始在政治、军事、经济、文化教育方面推行"新政"。

晚清"新政"在教育方面的改革主要有四项内容，即废除封建科举制度、建立新学制、厘订教育宗旨、改革教育行政机构。其中，壬寅学制和癸卯学制的建立，是清末"新政"中教育变革的重要内容之一。

当时颁布的《奏定学堂章程》，第一次将图画和手工科列入中小学的课程之中。随着普通中小学校图画和手工科的相继开设，一些出版社开始组织人员编写中小学的图画和手工教科书。

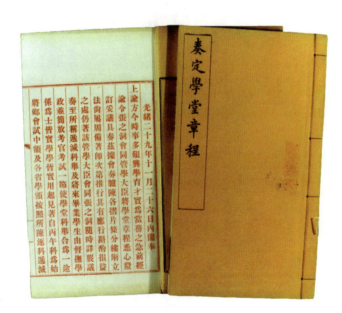

2—0—1

图 2—0—1 1904 年清政府颁布的
《奏定学堂章程》

第一节
晚清《奏定学堂章程》的颁布

1901年，清政府为扭转当时岌岌可危的政治局势，连续颁布了一系列"新政"上谕，改革教育制度是其中的一个主要内容。

1902年，管学大臣张百熙以吴汝纶等人到日本的考察报告为基础，草拟了一套从小学到大学的学堂章程，该章程于同年8月15日奏准颁布，称《钦定学堂章程》，也称"壬寅学制"。这是我国第一个由国家颁布的近代学校系统文件，虽经公布，但并未实施，成为新学制的先声。

后来，张百熙、张之洞、荣庆对《钦定学堂章程》进行反复修订，1904年1月（农历癸卯年底）清政府颁布《奏定学堂章程》（以下简称《章程》），史称"癸卯学制"。《章程》是我国第一个以教育法令正式公布并在全国实行的完整的近代学校体系文件，它对整个国家的学校教育系统构成、课程设置、教育行政及学校管理等都做了详细的规定。《章程》的颁布标志着中国教育踏入了近代化的门槛。

《章程》第一次规定在普通中小学中开设图画、手工科。其中有关初等小学堂、高等小学堂和中等学堂的图画科要义，分别表述如下：

初等小学堂：其要义在练习手眼，以养成其见物留心，记其实像之性情。[1]

高等小学堂：其要义在使知观察实物形体及临本，由教员指授画之，练成可应实用之技能，并令其心思习于精细，助其愉悦。[2]

中等学堂：习图画者，当就实物模型图谱，教自在画，俾得练习意匠，兼讲用器画之大要，以备他日绘画地图、机器图，及讲求各项实业之初基。[3]

《章程》还规定图画科所教授的内容：

初等小学堂：第一年授单形；第二年授简易之形。

---

[1] 课程教材研究所. 20世纪中国中小学课程标准·教学大纲汇编：音乐·美术·劳技卷[G]. 北京：人民教育出版社，2001：180.

[2] 课程教材研究所. 20世纪中国中小学课程标准·教学大纲汇编：音乐·美术·劳技卷[G]. 北京：人民教育出版社，2001：181.

[3] 课程教材研究所. 20世纪中国中小学课程标准·教学大纲汇编：音乐·美术·劳技卷[G]. 北京：人民教育出版社，2001：182.

　　　　高等小学堂：第一年授简易之形；第二年授各种形体；第三年授简易之形体；第四年授各种形体、简易之几何画。

　　　　中等学堂：第一年至第四年授自在画、用器画。

　　《章程》有关初等小学堂、高等小学堂的手工科要义，分别表述如下：

　　　　初等小学堂：其要义在使练习手眼，使能制作简易之物品，以养成好勤耐劳之习。[1]

　　　　高等小学堂：其要义在使能制作简易之物品，养成其用心思耐劳烦之习。[2]

　　《章程》还规定手工科所教授的内容：

　　　　初等小学堂：第一至第五学年授简易之细工，即纸制、丝制、泥土制之手工。

　　　　高等小学堂：第一至第四学年授简易之细工，即竹制、木制、金属制等手工。

　　由此可见，当时图画、手工科的教学目的，受洋务时期"实业教育"影响很深，但从"实象之性情""助其愉悦"等词汇的表述上来看，《章程》对图画科已隐隐透出审美层面的要求，实为一大进步。

　　总之，《章程》的颁布在中国教育史上具有里程碑意义，自此，中国教育开始全面摆脱自我封闭，融入世界教育发展的大潮流之中。《章程》第一次规定在普通中小学中开设图画和手工科，开启了我国中小学美术教育的新篇章。

[1] 课程教材研究所. 20世纪中国中小学课程标准·教学大纲汇编：音乐·美术·劳技卷[G]. 北京：人民教育出版社，2001：311.

[2] 课程教材研究所. 20世纪中国中小学课程标准·教学大纲汇编：音乐·美术·劳技卷[G]. 北京：人民教育出版社，2001：312.

第二节
晚清时期的图画、手工教科书

清末，为满足新式学堂对教科书的需求，许多出版社加入了编纂和翻译国外教科书的热潮。创办于1897年的上海商务印书馆是我国教科书出版的先驱之一。1902年，商务印书馆还专门设立了编译所，特邀两名日本专家担任顾问，倾注全力到翻译和编印教科书的工作中。

1905年12月，清政府成立中央教育行政机关——学部，统辖全国教育事宜。1906年7月，学部设立了编译图书局，其中编译教科书的工作由留日学生担任。同年，学部公布的《第一次审定初等小学教科书凡例》提出："本部为全国教育今始萌芽，学制不可不一，宗旨不可不正。故注重于教科书。凡本部所编教科书未出以前均采用各家著述先行审定以备各学堂之用。""因初等小学急用，故先审定初等小学教科书，高等以后续出。"[1]由此可见，当时清政府对教科书的出版和使用已有了审查规定。

2-2-1

图 2-2-1　清学部遗址，位于北京西城区教育街1号。1898年，康有为在《请开学校折》中建议清政府设立学部，统一管理全国教育，1905年，清学部正式落成于敬谨亲王府

一、中小学图画教科书

清末出版的中小学图画教科书，有的由我国学者自行编绘，有的翻译或编译自日本的教科书。按照当时学制规定的中小学图画科教授的内容，可分为绘画类与用器画类教科书两大类。

（一）绘画类教科书

绘画类教科书受日本明治时期的图画教科书影响很大，主要有毛笔画帖和铅笔画帖两种，编写的内容"当取诸日常闻见之自然物或人工物"，并按照"自易入难，自简入繁，即始自直线曲线简

[1] 李桂林，戚名琇，钱曼倩. 中国近代教育史资料汇编：普通教育[G]. 上海：上海教育出版社，1995：37.

易之纹线，以次及于几何形体器具屋宇草木花鸟等"的顺序编写。[1]这时期，较有代表性的绘画类教科书如下。

（1）《绘图蒙学习画实在易》

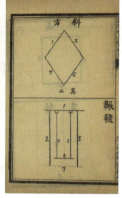

图 2-2-2　施崇恩编《绘图蒙学习画实在易》，上海彪蒙书室，1905 年

《绘图蒙学习画实在易》于1905年（光绪三十一年）5月初版，共2册，32开，线装，属于用铅笔学习作画的习画帖。

彪蒙书室由施崇恩1903年创办于杭州，1905年前后迁至上海。后因用白话文译经书，触怒了清政府，被下令禁止流通相关经书，书室经此打击，不久就停业了。彪蒙书室虽规模不大，却是中国最早大量编印出版小学白话教科书的出版机构之一。

施崇恩，生卒年不详，字锡轩，钱塘（今浙江杭州）人，清末举人。

此书是我国最早用白话文编写的图画教科书。戊戌变法时期，维新派为了宣传变法维新，开发民智，开始有意识地提倡使用白话文。

此书"序"写道：

> 幼童性质，往往喜以极简易之笔，作裸体之人，两足之马，形形色色，多所禁遏，殊失儿童欢心，且于思想界之发达，亦大生阻力。吾国近来小学林立，亦有以图画一科添入课程者，然各种习画帖，非失之复杂，难资模仿，即失之单简，毫无兴会。鄙人有见于此，爰将平日教授初等生之画稿，辑为一帙，付诸石印，颜曰铅笔习画帖，每图少不过三四笔，多亦不过十三四笔，虽不敢质诸法家，亦当受我国学堂中一般小兄弟之欢迎也。

书中有《蒙学习铅笔画帖歌》：

> 铅笔硬纸出西洋，蓝本仿扶桑。这画学，早改良，实在胜中邦。……你看那动物植物，画得来活的真的像。你学生，快把那别样工夫做停当。笔一支，纸一张，再把个图画班来上。耐着心儿，先把那线儿挂，格儿界，尺儿画。好把那新世界，新人物，大家画出了新时样。

可见，对当时习惯用毛笔、宣纸写字和绘画的学生来说，用铅笔画画还是件新鲜事。书中上册

还有关于"捏铅笔""画线路""看部位""定点""运铅色""用橡皮""去尘扫""画虚线"等要诀，供学生学习掌握。

此书上册主要教授的内容：横线、横虚线、垂线、垂线虚线、正方、正方虚线、三角、三角虚线、尖旗、铁杆、漏斗、方旗、长方、斜方、秋千、椭圆、虚线斜方、平圆、立方、套三角、正方套斜方、斜方套正方等。

下册主要教授的内容：茶碗、茶壶、煤头筒、团扇、哑铃、眼镜、折扇、帽架、日本海军病院旗、英国大将旗、石板同石笔、凿、课堂铃、漱口杯、斗笔、英文笔、英文水、叫人铃、茶钟、玻璃杯、洋装书、三角板、部箱同尺、去尘笔同鸡毛、橡皮、铅笔、画、尖劈、自来火、墨床、古鼎、月、日、铜壶、风炉、方式镜、洋枪同帽、铁锁、铜锁、墨斗、牙粉同牙刷、圆镜、剪刀、墨水瓶同英文笔、英文书、唐装书、笔筒、咖啡杯、酒壶同酒杯、地球仪、面盆、日本舰艇旗、徽章、瓦片鹞、蝴蝶鹞等。

（2）《小学分类简单画》

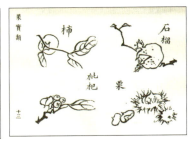

2-2-3

图2-2-3　丁宝书编《小学分类简单画》，上海文明书局，1905年

《小学分类简单画》于1905年（光绪三十一年）11月初版，共1册，32开，属于毛笔线描画谱。

文明书局是由廉泉（号南湖）、俞复（字仲还）、丁宝书等1902年集股创办于上海的一家民营出版机构，因其出版了大量的新式教科书，在清末出版界和教育界都享有较高的声誉。《小学分类简单画》是清末"癸卯学制"颁布之后，由国人自行编写的供小学堂学生使用的图画教科书，也是1906年4月学部公布的《学部第一次审定初等小学暂用书目》中的一种。

丁宝书（1866—1936），字云轩，别署芸轩，江苏无锡人。早年从习翎毛、花卉。后到沪，1902年与廉泉、俞复创办文明书局。晚年精研华喦。作设色花鸟，运笔凝练，神态栩栩，色彩明艳雅逸。著有《芸轩画萃》等。

此书将所画内容分为十五类：

①草本禾本海藻类。包括樱粟、蓟、蒲公英、薇、紫蕨、百合、水仙、芭蕉、牵牛花、虎耳草、菜花、牡丹、桔梗、鸡冠、秋海棠、粟、稻、豌豆、野菊、木贼、烟草、兰、麻、蕟、莲、甘草、菖蒲、紫云英、泽泻等。

②野菜豆荚类。包括红豆、蚕豆、荚豆、玉蜀黍、菌、甜瓜、南瓜、茄子、慈姑、生姜、土当归、白菜、芋、欸冬、丝瓜、胡瓜、笋、藕、百合、芜、萝卜、胡萝卜、蒜、葱等。

③果实类。包括桃、李、枣、橙子、蜜柑、梨、葡萄、林檎、石榴、栗、柿、枇杷、樱子、松叶、银杏、佛手、荔枝等。

④树木类。包括椿、木莲、桐、桑、茶、天竺子、樱花、桃、松、柳、枫、椰子、橄榄、枷榪、枯林、槙、棕榈、老梅、笋、竹等。

⑤器械器具玩具装饰品类。包括国旗球灯、茶瓶、香炉、壶、茶杯、茶碗、茶盘、墨壶、洋笔、茶器、风炉、扇、炭篓、书、眼镜、炉、麦酒、罐、假面、铳、洋刀、弓、矢、刀、兜、枪、锹、镰、笼、锚、鱼篮、钓竿、浆、绘具、绘卷、印、印色缸、笔筒、砚、书、机、桌、椅子、钟、寒暑表、抽气机、电池、望远镜、显微镜、酒精灯、地球仪、琴、月琴、笛、地黄牛、喇叭、大鼓、独立人、鼓、竹马、铙钵、弹猿、球竿、棍棒、木环、洋灯、洋书、电气灯、玻璃球、水盆、花盆、伞、洋伞、笠、帽子、提灯、靴、汽车、轻气球等。

⑥船舶类。包括帆船、钓船、轻舸、园池、湖上、汽船、军舰、帆前船、西洋形小钓舟、西洋形小帆船、西洋送别、舰队等。

⑦桥梁家屋类。包括猿桥、钓桥、村落、石门、城门、城楼、炮台、西洋田家、官省、社祠、制造厂、水车小屋等。

⑧山水风景类。包括纳凉亭、月下梅、镫塔、商埠、大洋、内海、渡口、板桥、湖边春色、日暮、樵歌、牧场、沙漠、晚鸦、瀑布、电镫等。

⑨兽类。包括犬、猫、狸、狐、兔、鼠、猿、牛、熊、虎、野猪、豹、猪、狮、象、羊、山羊、骆驼、袋鼠、狼、猿猴、蝙蝠、海鹿、鲸、腊虎、海豹、麒麟、驯鹿、马、跳马、鹿、鼯鼠、鼹鼠等。

⑩鸟类。包括鸡、鸳鸯、鸭、鹜、鹅、鹭、鹈、杜鹃、红雀、鹑、鹬、翡翠、水鸟、燕、乌、雀、鹡鸰、鸠、雁、孔雀、鹤、枭、告天子、雉、百舌鸟、鹭、鹰、鹬、鹏、山鸟、鹦鹉、桑扈、鸵鸟、小鸟翔集之姿势等。

⑪鱼介及各种海产。包括鲤、金鱼、嘉鱼、鳅、鳗、鲇鱼、乌贼、河豚、飞鱼、岛鲷、鲟、鲷、鲻、大口鱼、鲑、鳟、鲥、鲱、蟹、海盘、赤鱼、章鱼、鲈、针鱼、白沙鱼、沙鱼、橦木鲛、蚬、虾、白鲞、舵木、海栗、乌贝、蛎、蛏、文蛤、寄生虫、白鱼、海酸枣、鲍、长螺、田螺、石龟、玳瑁、海龟、海松、珊瑚、水母等。

⑫虫类。包括蜻蛉、蛾、茧、蚕、黄金虫、芋虫、蚁、毛虫、衣鱼、蜷虫、萤、蝗、铃虫、蟋蟀、马逐、蝉、螳螂、蜗牛、天牛、虻、玉虫、蜂、兜虫、蜘蛛、蛙、蝦蟆、蜉蝣、蜈蚣、蚰蜒、蝶、蛇、鳄鱼等。

⑬人物类。包括器械体操、游戏、水夫、游戏、操铳、渔夫、游泳、行商、农夫、木工、圬工、拔草、驱牛、割草、拖马、拖车、农家、牛车、击球、自由车、人力车、马车、西洋人、日本人、中国人、朝鲜人、西洋医院、小学校学生、插花、弈棋、教授习字、画工、结发、洗涤、抱

儿、望海、炮兵、水兵、收获、邮政送信人、步兵、骑兵、制茶、制盐等。

⑭地舆类。包括东西两半球、中国、直隶、江苏、安徽、江西、河南、山东、山西、浙江、福建、湖北、湖南、陕西、甘肃、贵州、四川、广东、广西、云南等。

⑮历史类。包括黄帝战蚩尤、大禹治水、成汤放桀、武王伐纣、孔子杏坛设教、商鞅变法、秦始皇长城、项羽烧阿房宫、刘项鸿门宴、项羽乌江之败、孙叔通定朝仪、张骞开通西域、班超威服西域、赤壁之战、诸葛亮七擒孟获、五胡乱晋、晋怀帝青衣行酒、淝水之战、唐太宗朝颉利、宋王安石变法、宋徽宗钦宗北狩、韩世宗大破金人于黄天荡、岳飞大破金人于朱仙镇、文天祥殉难、陆秀夫抱帝沉崖山、元世祖混一欧亚、明太祖逐蒙古、东南倭寇、我大清入关、英人鸦片之战、曾国荃破长发贼于金陵、法越之役等。

（3）《初等小学习画帖》（学生用）

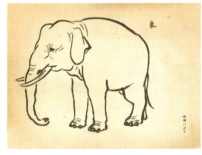

图 2-2-4　金石编绘《初等小学习画帖》（学生用），上海商务印书馆，1905 年

《初等小学习画帖》（学生用）于1905年（光绪三十一年）正月初版，共8册，每册有10幅图，16开，属于用毛笔临摹作画的习画帖，供初等小学堂第二年至第五年学生使用。

上海商务印书馆创办于1897年，创办人是夏瑞芳、鲍咸恩、鲍咸昌及高凤池等。上海商务印书馆开办之初，主营业务是印刷商业簿册和报表。当时戊戌变法运动蓬勃发展，新教育运动已呈萌芽之势。随着新式学堂的兴起，上海商务印书馆抓住学堂急需教科书的机遇，在1898年出版了该馆第一本教科书——《华英初阶》。此后，上海商务印书馆成为清末及民国时期教科书出版的大户，为中国近代教育做出了重大贡献。

《初等小学习画帖》在清末曾多次再版。民国成立后，教育部通电全国：凡民间通行之教科书，其中有尊崇清朝廷，及旧时官制、军制等课，并避讳、抬头字样，应由各书局自行修改。1912年5月，此书印行的第8版改名为《（订正）初等小学习画贴学生用》，经民国教育部审定，未见违碍内容，继续使用。

金石，生卒年不详，原名伯严，字夔伯，山阴（今浙江绍兴）人。工诗古文词，有晋唐人风格。善篆隶，直追秦汉。晚年写山水、花卉，风格秀逸古雅，惜不多作，故流传甚少。

此书"例言"指出：

> 试观童龀，略知搦管，虽不知画，即漫喜涂抹，此美术脑力之自然发达也。东西各国列图画于小学课程，与文字并重，盖所以养成其天赋之智识，俾童子以时从事练目光使准，习手腕

使灵，以成象物之实用，与诸学科具有关系。……毛笔、铅笔、钢笔随宜用之，然铅笔、钢笔中国儿童运用未惯，惟毛笔为作字时所习用，画法与书法理本相通，故本帖概用毛笔，以期初学心手易协。

本帖为初等小学堂学生之用，杂采器具、花果、屋舍、禽兽，皆儿童平日所常见习知者，触目了然，临摹时较易领悟。首列横线、纵线、十字及方圆等物，皆笔画极简，入手极易，然后渐及其稍繁者，俾循序而进，不至困窒。

初等小学儿童年齿尚幼，运腕未熟，是以本帖所收皆取笔画之易于摹仿者，不必进论气韵，不必深求精工，其用笔用墨及设色诸法姑阙如，以待后年。

此书主要教授的内容如下。

甲编一：横线纵线、十字、井字架、万字、茶叶瓶、升、水盂、风炉、陀螺、屋等。

甲编二：旗、住室、书本、文具、牌坊、秋千、圆形、扇面形、鱼、文蛤等。

甲编三：团扇、葫芦、鼠、茶碗、桥、花瓶、玻璃杯、裁纸刀、飞鸟、山等。

甲编四：笔、梯子、梨、柿、斧、眼镜、书案、雏鸡、熨斗、瓷壶等。

甲编五：纸、镰、画幅、伞、剪刀、折扇、喇叭、茶壶、菜花、水鸟等。

甲编六：甜瓜、西瓜、刷、提包、萝卜、砚、鼓、镜台、小犬、鸠等。

甲编七：猫、鹭、笋、蝙蝠、蜗牛、牛、蔷薇、桑蚕、丝瓜、桃等。

甲编八：莲蓬、葡萄、蝶、羊、雁、兔、小船、鹿、茅屋、象等。

为方便学生学习，了解下笔先后，编者另编有供教师教习用教授书1册，每图皆旁注落笔顺序，使学生"涂径自明"，"审明条理，无颠倒之失"。

（4）《初等小学校习画帖》（教员用）

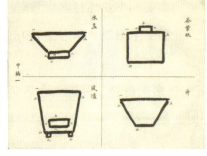

2-2-5

图2-2-5 金石编绘《初等小学校习画帖》（教员用），上海商务印书馆，1905年

《初等小学校习画帖》（教员用）于1905年（光绪三十一年）正月初版，1912年（民国元年）5月经民国教育部审定发行第8版，共1册，16开，是与《初等小学习画帖》（学生用）配套使用的教师参考用书。

此书中示范图例按照学生用书一至八册的内容，对每一幅图画标示落笔顺序。教学时，教师根据每图旁记一二三四等字，让学生依次下笔，并"巡视纠误，评论优劣"。

此书的"教授法"对学生初习画作时的姿态、用具、方法均详加指点：

习画时宜收敛心神，注念专至，首正身直，毋稍倾倚，庶腕力得以运行弥满。

画有阴阳向背，着墨宜分浓淡，然不能责之儿童。初学本帖，可纯用焦墨临仿，俾先练习笔力。

习画所用毛笔，狼毫过刚，羊毫过柔，惟兼毫最合初学之用，用时笔毫务须开足。

起草或用炭笔，削柳枝长五六寸，粗如箸者，烧之成炭，用作画笔，杇于纸上，随时可拂去更改。杇定则以墨笔就杇处绘之。

生纸能见笔力，然质松易渗，非幼童所能用，当以矾纸或坚滑竹纸为之；画纸宜与临本大小相同。

习一图若有错误处，亦须令画毕全体，不得中止另易他纸。

研墨时，砚先涤洁，画毕余沈洗去，不宜留用，笔即以清水净之。

初学有用影绘法者，系以白油纸蒙画帖上影写，然意识受拘，恐浸至非影不能下笔，不如对帖摹效，或先用炭笔，后再濡毫，自较善于影绘。

（5）《铅笔习画帖》

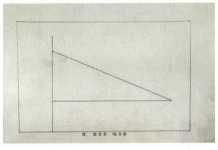

2-2-6

图 2-2-6 〔日〕尾竹竹坡、徐永清编著《铅笔习画帖》，上海商务印书馆，1905 年

《铅笔习画帖》于1905年（光绪三十一年）9月初版，1907年（光绪三十三年）6月发行14版，共8册，每册有10幅图，大32开，属于用铅笔临摹作画的画帖，供高等小学堂学生使用。

尾竹竹坡（1878—1936），本名染吉，日本新潟县人。以画人物、动物、山水、花鸟见长。晚年定居中国大连旅顺，与李鸿章长子李经芳（驻日公使和朝鲜李朝时期公使）为邻，并成为生死之交。1936年病逝于旅顺，享年58岁。

徐永清（1880—1953），又名徐咏青，上海松江泗泾人，近现代画家。本姓范，自幼失去父母，9岁入上海土山湾孤儿院工艺院。13岁进入土山湾画馆，师从刘必振（字德斋）学习素描、水彩和油画。1898年毕业后在土山湾画馆工作。1905年进入商务印书馆，从事美术工作。1913年起主持上海商务印书馆图画部大小事宜。1915年曾在上海福州路开设"水彩画馆"，同时受聘于上海美术专科学校，教授水彩画和素描。1937年上海沦陷，举家搬迁，一路辗转四川、贵州、广西、广东等地，落脚香港。1946年定居青岛，开设水彩画培训班，同时受聘于业余美术学校。1953年在青岛病逝。曾与尾竹竹坡合作编写《铅笔习画帖》（8册）、《高等小学铅笔习画帖》（8册）、《高等小学毛笔习画帖》（8册）；参与编绘1906年由商务印书馆出版的《中学铅笔习画帖》。

此书"例言"介绍：

> 绘画之事，不一概而言之曰毛笔画，曰铅笔画，曰钢笔画，曰油画。毛笔画为我国古来所通行者，其他皆西洋法。而铅笔画为最简易，其用甚广，故宜于小学堂图画科之用。

此书在"习画法"中提出铅笔画需用洋制厚纸和硬软两种铅笔，"硬者备作虚线，犹毛笔画之用炭笔；软者备作实线，其用与毛笔同"。关于绘画技巧，此书指出：

> 临摹之法，先以硬笔作虚线，略具全形布置已同本帖，即以树胶轻抹全面，然后再以软笔作实线。……画直线，必先标点于两端，作虚线以定其位置，再作实线。……画曲线难于直线，先作纵横直线，略定标准，而后画之。……作阴影，宜由淡而及浓。

此书第四编内容不详，其他编主要教授的内容如下。

第一编（册）：旗、卵、花瓶、洋灯、草帽藤杖、水桶、书桌、木叶、笔筒、树干等。

第二编（册）：衣箱、团扇、杯匙、小刀铅笔、方桌、鞋、砚、电杆、水仙天竹叶、剪刀等。

第三编（册）：茶壶、刀俎、笔洗、锅、书、芜菁、蝴蝶、鳜鱼、墨水壶钢笔、孤舟等。

第五编（册）：香炉、睡猫、鸡、笋锄、树枝、鸭、牡丹、革囊洋伞、玉蜀黍、芦渚飞鹭等。

第六编（册）：老树、葡萄、猪、栗、蔷薇、野航、渔翁、寺门、野屋、海天远眺等。

第七编（册）：驴、鲤鱼、童子、妇人、雉、男子、桃花、卖花女、海船、水亭等。

第八编（册）：芭蕉、狮、农妇、水牛、鹤、挽舟、村舍、江桥等。

（6）《高等毛笔习画帖》

 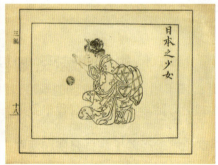

2-2-7

图2-2-7 丁宝书编辑《高等毛笔习画帖》，上海文明书局，1906年

《高等毛笔习画帖》于1906年（光绪三十二年）3月初版，1908年（光绪三十四年）5月再版，原书共3册，现只见第三册，有28幅图，16开，属于用毛笔临摹作画的画帖，供高等小学堂学生使用。

此书以日本教科书为蓝本编纂，所绘多为日本景物，主要教授的内容有：煤气灯、牡丹、日本之提灯、樱、书斋、山水一、山水二、日本之城楼、鲤鱼、鲫鱼、鼠、猿、山水三、狸、鹿、虎、日本之村童、日本之少女一、中国现时之武员、日本之武员、中国古代之武员一、中国古代之武员二、日本古代之武人、日本女学校之生徒、日本之少女二、中国古代之舞女、中国古代之蛮酋、中国古代之帝皇等。

（7）《毛笔习画范本》（初等小学校学生用）

2-2-8

图 2-2-8 商务印书馆编译所编绘《毛笔习画范本》（初等小学校学生用），上海商务印书馆，1906 年

　　《毛笔习画范本》（初等小学校学生用）于1906年（光绪三十二年）11月初版，1913年（民国二年）4月经民国教育部审查后再版发行，共8册，每册有10幅图，16开，属于用毛笔临摹作画的画帖，供初等小学堂学生使用。

　　此书"例言"指出："本书以习熟描线为目的""每二星期教授一图，以一学期用一册""画笔须学生各备一枝，惟取足适用""画纸宜用施过矾水者，或用洋纸"。为了使学生了解学画要旨，书中还附有"学画三则"，其一"学画者宜先练熟技术"；其二"至技术渐进，宜养成思想，以使意匠高逸"；其三"凡毛笔画宜一气呵成，一落笔后，决不可补笔，庶画有生气"。此书主要教授的内容如下。

　　第一编（册）：横线、纵线、十字、井字架、万字、茶叶瓶、升、水盂、风炉、陀螺、亭等。

　　第二编（册）：旗、屋、书、文具书案、书、秋千、圆形、扇面形、鱼、雁等。

　　第三编（册）：板桥、梯、折扇、团扇、茶碗、花瓶、玻璃杯、葫芦、梨、鼠等。

　　第四编（册）：厨刀、笔、斧、铲、眼镜、案桌、砚、伞、小鸟等。

　　第五编（册）：镰、剪刀、喇叭、茶杯、茶壶、鼓、提包、石油灯、毛刷、芙蜀葵、茄等。

　　第六编（册）：柿、甜瓜、菜花、萝卜、桔梗、雏鸡、鹭、小犬、远树、旭日等。

　　第七编（册）：山茶、蔷薇、笋、桑蚕、桃、玉蜀黍、丝瓜、鸠、蜗牛、蝙蝠等。

　　第八编（册）：松石、蕨、山家、虾、鲤、鳜、燕、兔、鹿、象等。

　　此书另编有供教师教习用教授书一册，每图皆旁注有数字，"为示运笔顺序之符号"。

（8）《毛笔习画范本》（初等小学校教员用）

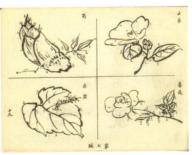

2-2-9

图 2-2-9 商务印书馆编译所编绘《毛笔习画范本》（初等小学校教员用），上海商务印书馆，1906 年

《毛笔习画范本》（初等小学校教员用）于1906年（光绪三十二年）11月初版，1913年（民国二年）6月经民国教育部审查后发行第4版，共1册，16开，是与《毛笔习画范本》（初等小学校学生用）配套使用的教师参考用书，供初等小学校图画科教员教授使用。

此书前附有提示教师教学的"教授上注意"：

　　学生习画时，务宜注意腕悬笔直，身体劲竖，右腕开张，左手押纸，不宜屈背附几有妨运笔。

此外，此书还附有让学生了解的"学画要旨"：

　　画本无法，特为初学者设方法，立顺序，以为学画之先导；学画者，宜先练熟技术；至技术渐进，宜养成思想，以使意匠高逸；凡毛笔画，宜一气呵成，一落笔后，决不可补笔，庶画有生气。

此书教学内容按照学生用书中由横线、纵线、十字等简单的形状开始，进而教授日用品和器具、植物和动物等复杂形状的画法。教学时，教师根据每图旁记一二三四等字，让学生依次下笔。

（9）《初等小学图画范本》

图 2-2-10 张在恭编辑《初等小学图画范本》，上海中国图书公司，1907年

《初等小学图画范本》于1907年（光绪三十三年）9月初版，共10册，其中首册内容为教授法，供教师使用；其余8册和末附的彩色画1册，每册有多幅图，16开，供初等小学校学生临摹使用。

此书所选的图画都是儿童习见之物，形式简单，便于儿童模仿学习。书中的图画按照用笔的次序和运笔方向用序号作了标注，儿童可依序号作画。有些较为复杂的图画，要求儿童先分绘各形体，待练习纯熟后，再结合起来画。

此书"图画教授总论"指出：

　　图画者，所以描写万物之状态，而与语言文字并立，为人世切要之科学也。且与普通各科学，莫不有密切之关系。尤足以涵养儿童之德性，开发其高尚之智识，故于教育界上，处于优等之地位。

此书还指出，图画的作用，既能表达思想感情，弥补语言文字的不足，又能为美术和工艺服务；而且，图画对于培养学生的精神周密、意趣活泼、观察力、记忆力、想象力、判断力，以及养成审美高尚的品性，"使有正当之嗜好""矫正卑陋庸俗之习惯""使有雅洁之情操"都具有重要的作用。

此书最大特点是介绍了西方的色彩法、远近（透视）法、浓淡（明暗）法，以及美观之要素等方面的绘画知识，这是目前所知最早将这些知识引入到小学图画科中的教科书。

此书还附有"教授上之注意"，要求教师在教学时让学生"心目与手宜同时并进"，提醒教师"奖励须适宜""图画与手工宜互相联络""忌临摹"等；在"管理及训练上"，要注意"教室宜整顿清洁""教室宜寂静""几上安放器具须有条理""安置画纸宜平正""坐时姿势最宜留意"，在训练执笔时，"当随所画之线，以变其执笔之方法"等。

（10）《铅笔习画帖》（初等小学堂用）

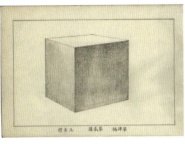

2-2-11

图 2-2-11　商务印书馆编译所编辑《铅笔习画帖》（初等小学堂用），上海商务印书馆，1908 年

《铅笔习画帖》（初等小学堂用）于1908年（光绪三十四年）11月初版，1911年（宣统三年）6月发行第3版，共4册，每册有20幅图，16开，属于用铅笔临摹作画的画帖，供初等小学堂学生使用。

此书每编前都有"教授之注意"：

作方形，先画横线，就其两端，画两垂直线，以目测定其长短，再画横线，以连接两垂直线之下端；作三角形，先以目测定三顶点之位置，而后以直线连接之；作棱角，与合两三角形同；作圆形，不宜随手以一笔描成，务宜细心改正，俾成正圆；作扇面，其上下两边为同心圆周之一部，故于下方先定圆之中心，用作圆形之法，画上下二边，更画左右二边，使其方向会集于中心；作六角形，宜以三角形或圆形为本；作椭圆形，先以长短两线作十字形，其长线之两端与短线之两端，务相连接而作棱角，再就其周边加曲线画之等。

此书是我国较早提到西方美术中透视和明暗画法的教科书。如"立方体前部与画者相距近，故其角比后部较大。其后部与画者相距远，故其角比前部较小"；"圆柱上下之椭圆大小之度，亦与前同理"；"凡物体因日光向背，而生浓淡"，因此画立方体、圆柱体时，要注意表现"物体向背、明暗之别"；等等。此书还认为："既习数图之后，可取类似或常见简易之物，实地写生，则笔端更能灵活，尤裨实用。"可见，此书已注意到在临摹画帖的基础上，再进行写生的教学方法。此书主要教授的内容如下。

第一编（册）：直线、等分直线、牌坊、十字、电杆、正方形、长方形、书、三角形、棱角、水勺、山、圆形、扇形、哑铃、六角形、雨伞、风炉、陀螺、街灯、蛤、雪塑佛等。

第二编（册）：椭圆形、折扇、时表、亭、酒瓶、樽、喇叭、玩具、团扇、厨刀、抽屉面、星形、苹果、洋伞、悬鼓、葫芦、玻璃杯、红十字旗、眠牛、马等。

第三编（册）：立方体、箱、墨砚、时钟、邮政柜、圆柱形、灯塔、鞋、木叶、桶、煤油灯、茄、胡瓜、茶壶、茶杯、卷、勿求人、水禽、雁、僧、犬、水车等。

第四编（册）：铅笔用法、立方体、圆柱、地球仪、洋铁筒、陀螺、双钩竹、蝶、山茶花、桃实、鼓槌、玉蜀黍、瓷墩、槿花、柿实、帽、笋、铜盘鱼、竹笊、蝉、蝶、蜻蜓等。

（11）《铅笔习画帖》

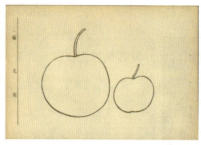

2—2—12

图 2—2—12　〔日〕广田藤治绘画，丁宝书编辑《铅笔习画帖》，上海文明书局，1904 年

《铅笔习画帖》版权页题名为"蒙学铅笔新习画帖"。此书1904年（光绪三十年）9月初版，1910年（宣统二年）6月经清学部审定发行第10版，共4册，每册有15幅图，16开，属于用铅笔临摹作画的画帖。

1902年文明书局创办后，1903年开始编写各科蒙学教科书。此书是文明书局蒙学教科书中的一种，也是"癸卯学制"颁布之后，最早编写出版供初等小学堂学生使用的美术教科书。此书主要教授的内容如下。

第一册：垂线、并行线、直角线、曲线、斜线、等边线、交角线、山、扇、壶、梨、瓶、箱、茶碗、汤杯、铃、勺等。

第二册：掇壶、叶、眼镜、玻璃杯、咖啡杯、枫叶、洋烛台、洋书、红萝卜、菖蒲、笔、柿、白萝卜、书本等。

第三册：画轴、镰刀、钵、胡瓜、伞、蛤蜊、蛙、笋、蝶、树、砚、樱花、面等。

第四册：龙旗、鱼、提瓶、书包、石竹、大鼓、兔、鸡、羊、小儿、手、石、足、学生、小船等。

（12）《初等小学图画教科书》

2—2—13

图 2—2—13　学部编译图书局编纂《初等小学图画教科书》，南京两江南洋官书局，1910 年

第二章　晚清图画、手工教科书的兴起阶段（1904—1912）

《初等小学图画教科书》于1910年（宣统二年）12月初版，1911年（宣统三年）1月重印，共3册，每册有40幅图，16开，属于用毛笔临摹作画的画帖。

随着《奏定学堂章程》的颁行，大批新式学堂在全国各地兴办，教育行政管理事务日趋繁多，因而建立统筹全国学务的中央教育行政机关，势在必行。

1905年12月，清政府成立学部，专管全国教育。次年6月，学部设立编译图书局，负责编纂和审定教科书。编译图书局制定《编译章程》，规定："编纂教科书，宜恪守忠君、尊孔、尚公、尚武、尚实之宗旨。"[1]

此书是学部编译图书局成立之后，第一次编纂供初等小学堂学生使用的美术教科书，也是我国最早的统编美术教科书之一。此书主要教授的内容如下。

第一册：横线、镇纸、纵线、方形、斜线、三等边形、直角三角、斗、伞、秋千、斜方形、屋、梯、六角形、十字形、六等边形、八等边形、箱、弧线、圆线、团扇、扇、小球、球杆、抛物线、蛋形、椭圆形、椅、茶壶、半圆线、双弧线、环形、古镂钱形、云影线、水纹线、甜瓜、山形、新月、萝卜、葫芦、猫、莺、玻璃杯、小刀等。

第二册：笔筒、信封、桌、花瓶、雁、笔、马、柿、眼镜、斧、鹰、僧、电灯、椅、牝鸡、军衣、茶壶、蝶、笠、犬、风景、蜗牛、琴、萝卜、帆船、玉兰、剑、渔人、篮、兔、竹、鸽、山城、不倒翁、胡瓜、茄、野菊、剪、国旗、中国地图略形等。

第三册：海鸥、风景、伞、书囊、万年青、百合花、长城、桃花、茶壶、柳莺、手、侧视面形、正视面形、小儿、军人、石榴、桑蚕、鼠、果实、蜻蜓、莲、象、雉、猫、蝶、葡萄、骆驼、牡丹、雀、梅、金鱼、鹅、卧牛、花篮、雄鸡、京师正阳门、蛤蟆、马、虎、枪、人力车、炮车、火车出山洞等。

（13）《高等小学图画教科书》

2-2-14

图 2-2-14　学部编译图书局编纂《高等小学图画教科书》，南京两江南洋官书局，1909年

《高等小学图画教科书》于1909年（宣统元年）5月初版，1911年（宣统三年）5月重印，共4册，每册有20幅图，16开，属于供高等小学用毛笔临摹作画的画帖。

此书是学部编译图书局成立之后，第一次编纂供高等小学堂学生使用的美术教科书，也是我国最早的统编图画教科书之一。

[1] 李华兴. 民国教育史 [M]. 上海：上海教育出版社，1997：483.

第二节　晚清时期的图画、手工教科书

此书"凡例"介绍：

是书分为四册，每册二十课，每二星期教授一课。可供高等小学四年之用。

是书第一册纯用浓墨，与初等课本程度相接，惟运笔稍放灵活，姿态较胜。二册浓淡兼施渲染之法，即由此入手。至三四册，则均用彩色绘之法，略备于此。

绘事古无专书，画法不传多矣。迩来坊本丛出，每由东瀛画帖剿窃而成，千篇一律，数见不鲜，间有非我国之物品，依样绘之，取以充数，殊无意味，殆作者不能独运匠心，自输新意，惟蓝本是依耳，为矫此弊，使学者知绘事为旧有之技术，且知我国物产可绘者甚多，无事他求，以启其爱国之观念。

此书"前二册风景各图均系想象之作，三册以下均临摹我国真迹，或古称险要或素著名胜"，其中包括剑阁、洞庭湖、小姑山、居庸关、巫山十二峰、西湖、葱岭、灞桥等名胜，使形式和内容更贴近中国的实际，同时也"使学者阅之益增兴趣"。

此书"凡例"还附有"习画要旨"，主要针对毛笔、颜料、画纸的选择与使用，以及用笔、勾线、运色、临摹时应注意的事项和方法提出建议。此书主要教授的内容如下。

第一册以浓墨勾线学习为主，与初等小学堂课本程度相接，主要教授的内容有：书、山家、童子、壶、杯、燕、牵牛、蜻蜓、松、岩、月季、马、蝉、伞、笠、菱、藕、芙蓉、野寺、猫、鸡、僧、桌、梅、岭等。

第二册以浓淡兼施的渲染之法为主，主要教授的内容有：笔洗、笔、樵夫、莱菔、荸荠、柳堤、藤花、水田、水鸭、书囊、墨瓶、蝶、牛、鱼、渔翁、柿、芦洲、菊、鸽、山羊、操帽、带、山寺、竹箱等。

第三册以彩绘学习为主，主要教授的内容有：枪、子袋、骆驼、剑阁、杏花、洞庭湖、啄木、蚕、学生、胡瓜、豆、书架、蛙、藤椅、小姑山、竞走、鹦鹉、军鼓、喇叭、菘椒、居庸关、蜡梅、鹿等。

第四册也是以彩绘学习为主，主要教授的内容有：风琴、虎、牧童、蛇、牡丹、炮车、巫山十二峰、鹤、万年青、西湖、狮、骑兵、葡萄、鹰、草虫、战舰、葱岭、水仙、汽车、灞桥等。

（14）《中学铅笔习画帖》

2-2-15

图 2-2-15 商务印书馆编译所编辑《中学铅笔习画帖》，上海商务印书馆，1906 年

《中学铅笔习画帖》于1906年（光绪三十二年）正月初版，1910年（宣统二年）6月经学部审定

发行第8版，民国成立后经教育部审定发行第12版，共6册，每册有10幅图，32开，供中学生使用，属于用铅笔临摹作画的画帖。

从目前上海辞书出版社图书馆所藏的第二编来看，画帖主要学习各种树的画法，内容有：画树点叶式、树干、岩石杂草、杂树、松树、松林、高树、柳树、老树等。

（15）《新撰中学画学临本》

图 2-2-16　商务印书馆编译所编绘《新撰中学画学临本》，上海商务印书馆，1907 年

《新撰中学画学临本》1907年（光绪三十三年）2月初版，民国成立后经教育部审查后再版，1923年（民国十二年）3月已发行第12版，共8册，16开，供中学校、师范学校、女学校学生使用，属于用铅笔、水彩临摹作画的画帖。

此书"绪言"介绍：

本编分为八册，第一册至第六册为铅笔画。每一学年用二册至第三年止。第七、第八两册为水彩画，备第四学年之用。

本编所集材料，由简而繁，由易而难，以便学者循序渐进。其中器物、花果、鸟兽、虫鱼、山水、小景，皆参互错综具备诸法，用以助兴趣而免畸偏。

本编皆依实在景物，摹写逼真，用笔设色纯主清新，绝不蹈袭旧本。

此书第八编内容不详，其他编主要教授的内容如下。

第一编（册）：几何形体、砚笔、梅、水仙、皮箱、木案墨壶、燕子花、黄蜀葵、时钟、柿等。

第二编（册）：书扇、枇杷、瓶杯、锅莱菔、洋帽洋书、玉兰、茶壶茶杯、莺、煤油灯、山茶等。

第三编（册）：洋伞、蒲扇团扇、海螺、竹椅、猪、月琴、雀、鼎、梅花、戬等。

第四编（册）：桔槔、屋宇、蝴蝶、竹筐、旅囊、鳜鱼、斧木材、蔷薇、藤椅、鹰等。

第五编（册）：野航、鲤、鸡、竹、牛、牡丹、鹭、马、树干、村舍等。

第六编（册）：江船、水阁、高楼、手、拳、足、女子、书生、官吏等。

第七编（册）：书扇（水彩画作画步骤）、荷兰蛇莓玻璃杯、桃、溪桥、林禽葡萄、江岫春晴等。

（16）《黑板图画教科书》（师范学堂用）

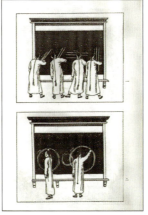

图2-2-17　商务印书馆编译所编辑《黑板图画教科书》（师范学堂用），上海商务印书馆，1907年

《黑板图画教科书》（师范学堂用）于1907年（光绪三十三年）9月初版，民国成立后经教育部审定多次再版，共1册，大32开，供中学校和师范学校学生使用。

此书"序言"阐述了学习黑板画的重要性：

> 凡从事于普通教育者，当教授之时，必以利用图画为要，而黑板图画，有一种特别之性质，与普通图画大异，其价值亦至伟大，不可不研究而熟习之。

> 用黑板图画而得其宜，则其教授有趣味，有变化，有活气，可以助口讲指画之穷。凡教师之口与生徒之耳所不及达者，以此法补之。教师一描写，生徒一仰观，授受之际，感应至捷。解说得以明了，理解得以正确，记忆力得以完全，于教室中活气充溢。教师与生徒，益相融洽，利益无穷，此黑板图画，于普通教育之教授上，所以不可不注意也。

此书共十二章：第一章，序言；第二章，黑板图画之意义；第三章，黑板图画之目的；第四章，黑板图画之要旨；第五章，黑板图画之价值；第六章，用具并其用法；第七章，姿势并执笔运笔大要；第八章，黑板图画之形式；第九章，黑板图画描写之种类；第十章，黑板图画练习之方法；第十一章，练习图画说明；第十二章，应用。

此外，书后还附有各种练习图，如：杆状体、草木、正方体、方锥体、圆及椭圆、球体、圆柱、圆锥、虫类、鱼类、鸟类、兽类、人类的描法和应用，以及修身、国文、算术、理科、地理、历史、图画、唱歌、手工、裁缝、体操、游戏等学科的教授用例，供学生临摹学习。

（二）用器画类教科书

用器画（包括几何画）教科书主要是培养学生"制有关数学上比例之图稿；制有关几何学说明之图稿；以说明光学之理；制美术工艺品之图稿；以补助理科之说明"等。[1] 当时，我国还缺乏足够的经验自行编写用器画（包括几何画）教科书，这时期的用器画（包括几何画）教科书大多翻译自日本。

[1] 松田茂，柿山蕃雄. 普通教育图画教授法 [M]. 上海：文明书局，1907：16.

（1）《小学几何画教科书》

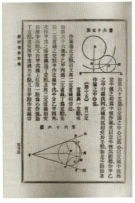

2-2-18

图 2-2-18　日本建筑书
院原著，张景良编译《小
学几何画教科书》，上海
文明书局，1905 年

《小学几何画教科书》于1905年（光绪三十一年）2月初版，共1册，大32开，供高等小学校学生使用。

张景良，生卒年不详，江苏娄县（今属昆山）人，1898年入南洋公学师范学堂学习。

据此书"自序"介绍，此书"取日本建筑书院所著之绘图自在一书为蓝本，并采西国图学教科书中之精作以补益之，竭半岁之劳，而成是编"。"自序"阐述了当时译者编写几何画教科书的意义和想法：

> 我国言富强垂四十年，而贫弱卒如此者，何哉？夫东西国之所以日臻富强者，不第政治修明，而工业发达之故，其间正居多数焉。然不明算术，不精图学，亦莫得而言工业。故观其国，算书图谱，岁出以千百计而不厌多。何我国历数十年来，讲绘理之书，行世者仍寥寥。抑亦高材硕学之士，务其大者远者，而以此为末技，不屑烦其虑耶。

此书共四十章：第一章，释名；第二章，绘图器具；第三章，图板及丁字尺；第四章，绘图纸及定针；第五章，三角板及曲线板；第六章，尺度及分度仪；第七章，规；第八章，铅笔橡皮帚；第九章，钢笔及虚线笔；第十章，小刀及涂料；第十一章，颜料及着色笔；第十二章，盛色具及水杯；第十三章，修理器械法；第十四章，绘图者之心得；第十五章，使用器械法；第十六章，绘关于直线之图法；第十七章，绘关于角之图法；第十八章，绘关于圆之图法；第十九章，绘关于三角形之图法；第二十章，绘关于四角形及多角形之图法；第二十一章，绘关于面积之图法；第二十二章，绘关于容切之图法；第二十三章，绘关于抛物线之图法；第二十四章，绘关于椭圆之图法；第二十五章，绘关于双曲线之图法；第二十六章，制缩尺之法；第二十七章，缩尺之制度；第二十八章，绘示力图法；第二十九章，绘机械图法；第三十章，绘金属及木材之剖面图法；第三十一章，绘测量图法；第三十二章，测量图记号；第三十三章，文字方位及轮廓；第三十四章，着墨之法；第三十五章，施彩色之法；第三十六章，颜料之调和法；第三十七章，测量图之彩色；第三十八章，建筑图及机械图之彩色；第三十九章，绘图之次序；第四十章，写图及缩图法。

此书是我们了解清末《奏定学堂章程》颁布之后高等小学几何画教学的重要资料。

（2）《用器画教本》

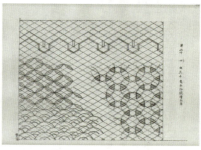

图 2-2-19 〔日〕白滨徽原著，吴应机译绘《用器画教本》，北京旅京江苏学堂，1908 年

《用器画教本》于1908年（光绪三十四年）正月初版，共1册，32开，供中学或高等小学学生使用。

白滨徽（1866—1927），日本长崎人。1889年入东京美术学校学习，主修日本画。1895年毕业后在东京高等师范学校任教。1901年，成为东京美术学校的绘画教授。次年，被日本文部省任命为艺术委员会委员。1903年，担任国定美术教科书编写委员会委员。1904年，入美国马萨诸塞州师范美术学校学习。1905年毕业后赴欧洲考察艺术教育。1907年回国后继续在东京美术学校任教，建立起一套师范课程，并被任命为课程主席。

此书"编例"介绍：

是编为初习用器画者而设于中学首年程度，或高等小学均甚合用。所载问题皆浅显易明，一切繁重深奥者概从阙如，即未习几何学者亦易了解。

本书材料虽力避繁重，然所列例题仍极有次序。

本书特于例题中间以应用问题，非独可唤起学者兴味，并可使益明各例题之效用，而易于记忆。

各例题之解说皆分条详述，力求明晰，间有于解说之后，特志数语冠以注意二字，凡此等处，阅者参之，可为举一反三之助。

此书共有六章：第一章，用语之定义（包括点、线、直线、曲线、并行线、角、垂线、直角、锐角、钝角、平面形、三角形、正三角形、二等边三角形、不等边三角形、直角三角形、四边形、平行四边形、菱形、矩形、正方形、梯形、多角形、正多角形、对角线、圆、直径、半圆、四分圆、半径、弧、弦、弓形、扇形、切线、内切及外切等）；第二章，关于点线之问题；第三章，关于直线形之问题；第四章，关于圆之问题；第五章，关于曲线之问题；第六章，应用图。

（3）《新式中学用器画》

图2-2-20　〔日〕竹下富次郎原著，阎永辉编译《新式中学用器画》，北京德兴堂，1908年

《新式中学用器画》于1908年（光绪三十四年）11月初版，共1册，大32开，供中学校使用。

此书"序"介绍：

　　要之世界变迁贵有秩序，以天时而论，则由春而夏而秋冬，是天时之有秩序也。以为学而论，则由明德而新民而止至善，是为学之有秩序也。不但此也即习数学者，亦贵有秩序，由用器画而几何而数学。

此书"序"还介绍了学习用器画之意义，以及用器画与教学的关系：

　　何则用器画者，研究几何实在形状之法也。几何者讲论精微数理之道也，盖道寓于法中，使不能熟悉用器画之法则，必不能确知几何实在之形状，使不能确知几何实在之形状，则必不能贯通精微数理之道，是用器画法又殆为习数学者之鼻祖欤。

此书共三卷。第一卷主要教授平面几何画法，共有八章：第一章，绪论；第二章，定义；第三章，制圆用具之使用法、制圆用具之构造；第四章，直线及角之画法；第五章，三角形及四角形之画法；第六章，圆之画法；第七章，多角形之画法；第八章，椭圆抛物线及双曲线之画法等。

　　第二卷主要教授投影画法，共有七章：第一章，绪论；第二章，定义；第三章，方形及多角形之画法；第四章，方体角墙及角锥之画法；第五章，正方体及角锥之截断形与展开形之画法；第六章，圆圆墙及圆锥之画法；第七章，圆墙及圆锥之截断形与展开形之画法等。

　　第三卷主要教授均角投影画法及透视画法。其中均角投影画法有两章：第一章，绪论；第二章，方体角墙角锥圆及圆墙之画法。透视画法有两章：第一章，绪论；第二章，建筑物及器具之画法等。

（4）《新式中学用器画图》

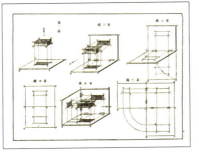

图2-2-21　阎永辉编译《新式中学用器画图》，出版地不详，出版年不详

《新式中学用器画图》出版年不详，共1册，32开，供中学校使用。据此书"图例"介绍，书中的图画均由日本雕刻师绘制。

此书从学习画线段、三角、圆形开始，然后学习绘制各种纹样，以及立方体、圆柱体、椎体等立体形状；再学习绘制砚箱、书物箱、茶筒、曲管、桌子等实物图纸。书后还附有平行透视和成角透视的图例，供学生学习。

值得注意的是，此书中绘制的一些纹样，在民国时期属于图案画中的单独纹样、二方连续纹样和四方连续纹样。

二、中小学手工教科书

清末，手工教育刚进入我国中小学堂，各地学堂的手工学科师资奇缺，且国人对手工教科书编写缺乏足够的经验。一开始，一些出版机构或是翻译从日本引进的手工教科书，或是参照日本的教科书，在局部的增删、修改基础上进行编写。而后，国人才开始自行编写手工教科书。

（1）《手工教科书》（小学校教师用）

2-2-22

图2-2-22 日本文部省编纂，〔日〕上原六四郎、〔日〕冈山秀吉主稿，唐人杰、冯国鑫译《手工教科书》（小学校教师用），上海时中书局，1906年

《手工教科书》（小学校教师用）于1906年（光绪三十二年）8月初版，共1册，大32开。此书是清末"癸卯学制"颁布之后，最早翻译自日本的供小学校教师使用的手工教科书。

上原六四郎（1848—1913），日本明治时期著名的手工教育家。曾在日本陆军士官学校、东京职工学校、东京商业学校、东京工业学校、东京音乐学校等任教。1899年，在东京高等师范学校创设手工专修科。1907年起，在东京美术学校图画师范科教授手工。

冈山秀吉（1865—1933），上原六四郎的学生。1899年，在东京高等师范学校担任助教。1900年，在东京高等师范学校附属小学创设手工科。1911—1913年，在美国修习手工，随后赴英国、法国、德国、意大利、瑞士、丹麦、瑞典、俄国等地考察手工教育。一生编著、合著手工方面的教科书30多本。

此书"凡例"指出：

手工教授的目的，其效有数端：一以磨练眼及手指，使得正确制造简易品物之技能；一以教其工具之构造、使用，及材料之品类、性质等，启其普通之知识。更以关于图画、理科、数学等之事项，令儿童应用于实地制作上，以增进其创造之能力，且养成其节约、利用、忍耐、自治等之习惯为目的。

本科教授之目的，在养成儿童节约、忍耐、自治、勤勉等之习惯，故为教师者，尤当注意，于此，而启迪之。

"凡例"还介绍了"手工教授"的方法：

准备。指示目的之后，提出实物、模型、图画等，或设为问答，以明确关于制作物之形状、构造、用法等之观念。然后，教师试作之，使儿童明使用工具之法，及制作之顺序方法，且令其整顿工具。

实习。依前段所授之顺序，使儿童实习。教师时宜在旁指示，如有工作之错谬，及姿势之不正者，使之注意。至关于全体事项者，则就一般而指导之。

成绩之处理。儿童制作之物品，或批评之，或订正之，或令修其一部，或令改其全体，必使得完全之制造而后已。盖手工教授，不仅以了解制作之顺序方法为已足，务使敏熟其术，达于制作完全之域。

此书主要教授的内容有：排色板、豆细工、黏土细工、折纸、纸捻、结纽等。内容各有特色，相互联络，以达到教授手工之目的。

（2）《初等小学手工教授本》

 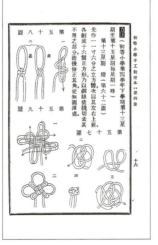

2-2-23

图 2-2-23　徐傅霖编辑，沈恩孚、夏日珹校订《初等小学手工教授本》，上海中国图书公司，1907—1910 年

《初等小学手工教授本》于1907年（光绪三十三年）10月至1910年（宣统二年）3月初版，共4册，大32开。此书是清末《奏定学堂章程》颁布之后，我国最早自行编辑的供初等小学校教师使用的手工教科书。

中国图书公司创办于1906年，由席裕福组建，聘张謇为董事长，沈恩孚为编辑长。中国图书公司起步较晚，但阵势颇为壮观，张謇是清末状元、实业界名人，当时担任江苏教育会会长，沈恩孚在教育界亦有声望，他们专聘或约请了一些中学或师范学校的教师编写教科书。1913年，中国图书公司转让给商务印书馆。

据此书介绍，此书从第三、四学年开始，专门附有供女生学习的绣纸细工，以适应其在生活的实用之需。

第一册主要学习排物，包括排色板、排箸（筷子）、排环、排贝、排绳等。其目的在于了解色之名称及配合，形之名称，与画图之关系，养成思索力，练习目及手，养成整顿之习惯，练习发表之方法，等等。

第二册主要学习豆细工，兼及纸细工（折纸细工和剪纸细工）。学习豆细工的目的在于习练手指，与图画之关连，立体与平面之关系，使知物体之轻重平均，练习发表法，涵养思索力、创造力，使知几何学上之名称等。学习纸细工的目的在于练习手与眼，养成思索力、养成理解力，养成利用之习惯，与图画联络，养成色之观念，养成注意力，养成绵密之习惯，养成实用之念，养成发明心，精密修练筋肉，使知材料之性质，等等。

第三册主要学习各种纸细工（纸织细工和绣纸细工），兼及黏土细工。学习纸织细工的目的在于使知清洁，养成致密精确之习惯，使知配色法，养成意匠力、思索力，与图画科、算术科联络，练习目及手，使知尺度及定规之用法，等等。学习绣纸细工的目的在于练习手眼，注入美术思想，增长绵密之习惯，使知运针法以为裁缝科之准备，与图画科联络，等等。学习黏土细工的目的在于练习手指，使意志与筋肉一致，使知雕刻法、陶器制作法、铸物法之一斑，与几何学、算术科、理科、图画科密接联络，养成清洁之习惯，利用儿童之摹仿心，等等。

第四册主要学习黏土细工，兼及贴纸细工、绣纸细工、结绳细工、订书细工等，以为高等小学之预备。学习结绳细工的目的在于练习手及眼，使起美感，养成绵密之习惯。学习订书细工的目的在于使儿童知书籍之应爱护，练习手指及目，使知针线之使用法，以旧纸装成习字本等，使知废物利用及养成节俭之习惯，使儿童有制造自己消耗品之能，等等。

（3）《小学手工教科书》（初等小学之部）

图 2-2-24

图 2-2-24　商务印书馆编译所编纂《小学手工教科书》（初等小学之部），上海商务印书馆，1908年

《小学手工教科书》（初等小学之部）于1908年（光绪三十四年）5月初版，1912年（民国元年）7月发行第6版，后经民国教育部审查又多次再版，共1册，大32开。供初等小学校教员使用。

此书"编译大意"介绍：

> 本书之编纂，以日本文部省编写之手工教科书及棚桥氏[1]之手工教授书二书为基础，章节课数之排比，大致依棚桥氏本，各种参考材料，则多取之于文部省本。至教材之选择，则合两书而兼采之，间有吾国之事物增益之或更易之者。

此书认为"手工以培养技能为主，故选材之途，宜广而不宜狭，且须难易适中，恰合小学儿童之用"，并提出选择各类材料时要注意"便于理解各细工固有之形式；富于美术之要素；合于儿童心理之要求；适应儿童身体发达之程度"。

此书共四卷，每卷为一学年。学习内容有八类：排色板、豆细工、黏土细工、折纸、捻纸、组纸、切纸、厚纸细工、缀纸纸袋、绣纸等。其中，各学年安排如下。

第一学年第一学期，排色板、豆细工、黏土细工；第二学期，排色板、豆细工、折纸。

第二学年第一学期，豆细工、黏土细工、折纸；第二学期，折纸、豆细工、组纸。

第三学年第一学期，黏土细工、组纸、捻纸、折纸；第二学期，切纸、捻纸、组纸。

第四学年第一学期，黏土细工、切纸、缀纸纸袋；第二学期，厚纸细工（男生）、绣纸（女生）。

（4）《小学手工教科书》（高等小学之部）

《小学手工教科书》（高等小学之部）于1908年（光绪三十四年）9月初版，共1册，32开，供高等小学校教员使用。

此书依据日本文部省编写的手工教科书及棚桥氏的手工教科书编纂而成，与《小学手工教科书》（初等小学之部）为同一系列。

此书后附有手工教授细目和手工教授法。其中手工教授细目包括复式多级编制初等高等小学手工科教授细目、单级编制初等小学手工科教授细目、二部[2]教授六学年小学手工科图画科教授细目等。手工教授法包括模造、改作及创作、共同制作、教授例等。此书指出：

2—2—25

图2—2—25　商务印书馆编译所编纂《小学手工教科书》（高等小学之部），上海商务印书馆，1908年

> 手工教授之情事，常因儿童之发达阶级与制作之种类而异。如提示制作之标本，或教员就儿童之前先自制作之者，谓之模造。示以若干之制作标本，更附以若干之条件，而使之别制一

---

[1] 即日本手工教育家棚桥源太郎。

[2] 即初等小学部与高等小学部。

物者，谓之改作。节取前授数种制作之某部分，而别构新奇之物，或由教师命题（口授或文字），或任儿童自择而令作一物者，谓之创作。数人协力从事于一制作者，谓之共同制作。各种之情形既异，则其教授方法，亦自不得不异。

此书学习内容有七类：黏土细工、切纸、厚纸细工、竹细工、石膏细工、木工、金工等。其中，各学年安排如下。

第一学年第一学期，黏土细工、切纸；第二学期，切纸、厚纸细工。

第二学年第一学期，黏土细工、厚纸细工、竹细工；第二学期，黏土细工、厚纸细工、竹细工。

第三学年第一学期，石膏细工、木工；第二学期，木工。

第四学年第一学期，木工、金工；第二学期，金工。

（5）《初等小学手工教授书》

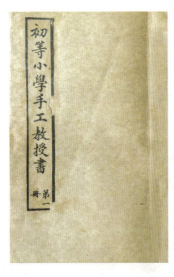

2-2-26

图2-2-26 学部编译图书局编译《初等小学手工教授书》，南京两江南洋官书局，1907年

《初等小学手工教授书》于1907年（光绪三十三年）7月至11月初版，共4册，大32开，线装。此书是学部编译图书局成立后第一本供初等小学堂教员使用的手工教科书，也是我国最早的部编手工教科书之一。

据此书"编纂大旨"介绍，此书根据1904年日本文部省所编版本翻译而成，仅作暂时之用。并指出："原书所载各物有为我国所不习见，或不合用者删之（如刺豆之酸浆），或略变其状（如排板之日丸旗），或更易其名（如易淡路结，为品字结），又有原书所无者，亦酌量增入。"

此书在"总论"中提出了手工教育的目的：

手工为普通教育中之一科，其性质与实业科不同。实业科者命学生娴熟一技，为他年便于择业计。此科则但谋视觉、触觉之发达，而养成普通之技能。盖欲达普通教育之指归而以是为一借径，不问其将来执何业也。

（手工教育）专在磨练目力及指力，期能制作简易之物品，精确无误授以工具之造法、用法及材料之品类、性质等。俾略得日用普通之知识，又以其得自图画、理科、数学等者应用之于实地，是即其主旨之所在也。

此书认为，学习手工可使学生获得多方面的益处：

增长其观察与了解之力，启导其思索与创造之能，培养其审美之情及嗜好实业之念，且畀以慎密专一、节约利用、忍耐自治、好清洁，尚秩序等之习惯皆是也。

此书主要教授的内容如下。

第一册教授排板、刺豆、抟土、折纸等，授课时间为80小时。

"排板"主要有释形、释色、大三角形及大四角形、释间色、旗、山、风车、蝴蝶、亭、房、菱形、水车、纸鸢、蝴蝶、蝴蝶花、菊花、由菱形化出之花纹、茶壶、正六角形、菱形等。

"刺豆"主要有三角形及其变形、四角形及其变形、坊、旗、梯、五角形、六角形、竹耙、屏风、三角锥、方锥、旗、正方体、椅、六角鳞、六花菱、提匣、长几、房屋等。

"抟土"主要有球、卵、月饼、正方体、梅实、梨实、盆、环、慈姑、栗实、枣实、蜡烛、链等。

"折纸"主要有纸炮、长方形及自长方形截出正方形、匣、纱帽、印、猿、袄及袴。

第二册教授抟土、刺豆、折纸、捻纸、结纽等，授课时间为78小时。

"抟土"主要有葫芦、橘、砚、镇纸、四球、三球、三瓣八重花纹、三瓣一重花纹、辣椒、茄子、五瓣花纹、六瓣花纹方格板、桃实、萝卜、天秤码、正方形、四目形、十字形、箭镞形、风车、五目形、斜箭镞形、卍字形等。

"刺豆"主要有长椅、三角柱、四角柱、秋千、书架、雀笼、正八角形及角之大小、水车、八花菱、靠椅、凉榻、花盆、路灯、书桌、桥、花篮、轿等。

"折纸"主要有莲花、灯笼、双船、帆船、匾额、菱角船等。

"捻纸"主要有释纤维、捻纸之预备、短捻等。

"结纽"主要有和合结、单结、双结即活结、机匠结、续断结、品字结、总角结、耳结、七星结、丁香结、连锁结、华鬘结、宝珠结、缚结等。

第三册教授抟土、捻纸、结纽、折纸、钉书等，授课时间不详。

"抟土"主要有瓶、三鳞、三菱、四菱、六花菱、正方形、正三角形等。

"捻纸"主要有短捻及长捻等。

"结纽"主要有卐字结、串结、三套结、梅花结、桃花结、菊花结、九星结、豆蔻结、簪花结、蝴蝶结、筝囊结等。

"折纸"主要有蝉、衣、裤、炮船、香炉、鹤、灯、棋盘等。

"钉书"主要有横缀等。

第四册教授凿纸、糊纸和绣纸等，授课时间为106小时。

"凿纸"主要有释直线、曲线、直角、锐角、钝角之意义、正方形、口字形、双吕形、斗梁形、斜十字心、田字形、井字形、笠、风车、棋枰格纹、鱼鳞纹、十字星纹、三套纹、簇三角形、芋叶、连环方胜、正三角形、三叶纹、菱形、四合菱、正六角形、六花菱与正角形之比较、云浪纹、碎菱纹、井栏纹、犬牙纹、梅花纹、如意纹、井心花瓣纹、造正六角形正三角形之法、三龟甲纹、碎龟甲纹、正五角形及正十角形、桃花纹、簇六角形、内三角外六角纹、外三角内六角纹、梅花纹、秋海棠纹、一波三折纹、纵横二字纹、麻叶纹等。

"糊纸"主要有正方形、长方形、插箸筒、名片袋、琴、小箱、匣、照相册、方柱等。

"绣纸"主要有直线纹、连环三角形及连环四角形、曲线纹、环锁、菊浪纹、梧桐纹、红叶、萝月纹、牵牛花、水仙花等。

（6）《高等小学手工教授书》

图2-2-27 学部编译图书局编《高等小学手工教授书》，南京两江南洋官书局，1909-1910年

《高等小学手工教授书》于1909年（宣统元年）2月至1910年（宣统二年）12月初版，共4册，大32开，线装。此书根据日本文部省编纂的手工教科书编译出版，是学部编译图书局成立后第一本供高等小学堂教员使用的手工教科书，也是我国最早的部编手工教科书之一。

此书主要教授的内容如下。

第一册教授抟土、凿纸、糊纸、钉书等，授课时间为76小时。

"抟土"主要有笔洗、盘环、芋叶纹等。

"凿纸"主要有正八角形、正十六角形、中心角、正多角形与圆形之关系、外方内圆纹、外圆内三角纹、七星纹、尖须梅瓣纹、内圆外三角纹、连环大字纹、水仙纹、雪花纹、三蕊三叶纹、菊花纹等。

"糊纸"主要有长方直柱（箱形）、长方直柱之绘图法、斜方形、斜方直柱（箱形）、文具箱、抽屉箱、三角形、正三角直柱、三角锥、方锥体、正八面体等。

"钉书"主要有袖珍日记簿、线装书、洋装书等钉缀方法。

第二册教授抟土、糊纸、竹工等。其中"抟土""糊纸"授课时间为40小时，"竹工"授课时间为39小时。

"抟土"主要有茶杯、菊叶、实物写生、三叶纹、颜料碟、花钵、梅花纹盆、桃花纹盆等。

"糊纸"主要有正六角直柱（匣形）、斜柱（匣形）、正五角直柱、圆筒、椭圆匣等制作方法。

"竹工"主要有小刀及砥、角柱、圆柱、方箸、圆箸、平柱、上方下圆箸、竹钉、竹签二种、竹枪、水枪、削竹法、竹蜻蜓、豆枪、巾架、插信架、衣钩、笔筒、洗帚、镇纸、竹刀匙、杓等。

第三册教授木工，授课时间为80小时。

"木工"主要有练习削板法及磨刨法，长方板附论刨架构造及其修理法，方柱、圆、四角形板及染木法，横锯法，纵锯法，八角形板，掌扇形板，斗榫法四种，砚匣，三角定规，木杆，照相架等。

第四册教授金工、铸工等。其中"金工"授课时间为54小时，"铸工"授课时间为26小时。

"金工"主要有链、畚、漏斗、匙、镇纸、黄铜环、铜环、锥、刉刀、火箸、曲钉、手锥、螺丝钻等。

"铸工"主要有山茶花、蛤、镇纸、鸡卵、鲋、林檎等。

（7）《初等手工教范》（小学教科）

2-2-28

图2-2-28　黄守恒著《初等手工教范》（小学教科），上海集成图书公司，1908年

《初等手工教范》（小学教科）于1908年（光绪三十四年）6月初版，册数不详，大32开，供初等小学手工科教员教授用。

集成图书公司成立于1906年，由席裕福发起创办，由集成图书局、点石斋、申昌书局、开明书局等合并而成，公司地址在上海望平街。公司聘夏清贻为编辑长，编辑出版了多种初等小学教科书，但因取材不精，无法畅销。

黄守恒，生卒年不详，嘉定（今属上海）人。曾与他人合编《教科书批评》等书。

此书第二册主要教授的内容有：色板，第一课原色、间色，第二课桃色、卵色、水色、藤色、草色、淡橙色，第三课长三角，第四课不等边直三角。豆细工，第五课鱼、团扇，第六课正方体，第七课正方柱、长方柱。黏土细工，第八课圆砧，第九课盆，第十课环、连环。折纸之说明，第十一课折纸练习，第十二课阶级，第十三课外国帽、袴、提灯。色板，第十四课各色板之复习，第十五课各色板互合之复习，第十六课自由制作。豆细工，第十七课椅子，第十八课花盆。

1904年1月，清政府颁布《奏定学堂章程》（史称"癸卯学制"），在中国教育史上具有里程碑意义，中国教育由此开始摆脱自我封闭的状态，融入世界教育的大潮流之中，它还第一次肯定了图画和手工课程在学校教育中的地位。

随着普通中小学校的相继兴办，当时一些出版社纷纷组织能人志士，投入到中小学图画和手工教科书的编写工作中。

《奏定学堂章程》吸纳了以日本为中介的西方近代教育的基本精神，移植了日本的近代教育体系。因此，清末的图画、手工和家事类教科书大多数模仿或翻译自日本，受日本文化影响很深。这种现象在当时引起了一些教科书编写者的文化警觉。如学部编译图书局《高等小学图画教科书》（1909）在"凡例"中指出：

> 迩来坊本丛出，每由东瀛画帖剿窃而成，千篇一律，数见不鲜，间有非我国之物品，依样绘之，取以充数，殊无意味，殆作者不能独运匠心，自输新意，惟蓝本是依耳。本书为矫此弊，使学者知绘事为旧有之技术，且知我国物产可绘者甚多，无事他求，以启其爱国之观念。

为此，该书第三、四册所编的内容都是"我国真迹，或古称险要或素著名胜"，如居庸关、洞庭湖、灞桥、葱岭、西湖、巫山十二峰等。

《奏定学堂章程》颁布后编写的中小学图画、手工的教科书尽管经验不足，但它们的出版体现了我国从旧教育向近代教育的转变。这些教科书一方面满足了当时新式学堂的教学急需，另一方面为民国中小学图画、手工教科书的编写积累了经验，提供了借鉴，在中国近代美术教育史上，有着独特的价值。

第三章

民国图画、手工教科书的蓬勃发展阶段
（1912—1927）

1912

1912年元旦，中华民国诞生，标志着国家政治体制由两千多年的封建帝制向民主共和制转变。政治体制的转变，推动了教育改革的步伐。

1915年，以陈独秀为代表的民主主义者，掀起了一场提倡民主、反对专制，提倡科学、反对迷信，提倡新道德、反对旧道德，提倡新文学、反对旧文学，提倡白话文、反对文言文的新文化运动。新文化运动高扬民主与科学两面旗帜，在社会各个方面尤其教育界引起了巨大反响。

1919年，"五四"反帝爱国运动爆发，极大地推动了新文化运动向纵深发展，并为其开拓了新的空间，注入了新的活力。在"五四运动"的推动下，出现了一股学习西方教育的热潮，于是西方教育理论、教育方法、教育制度、教育模式被大量引进，促进了我国教育改革。

1919年，全国教育会联合会第五届年会召开，成为新学制改革的开端，历经3年的反复讨论和修改，至1922年11月1日，新学制（又称"壬戌学制"）正式诞生，并颁行全国。1923年全国教育会联合会又颁布了中小学各个学科的课程标准。此次新学制和新课程改革，无疑是中国近代教育史上最有影响的一次教育改革，具有里程碑意义。

3—0—1

图 3—0—1 1919 年"五四运动"照片（中国国家博物馆藏）

第一节
民国建立之初的图画、手工教科书（1912—1915）

1912年1月3日，南京临时政府成立，蔡元培出任中华民国第一任教育总长。蔡元培为改革旧制、维持学务，于1月19日发布了《普通教育暂行办法》，对教科书编写做出新的规定："凡各种教科书，务合乎共和民国宗旨，清学部颁行之教科书，一律禁用。""凡民间通行之教科书，其中如有尊崇满清朝廷，及旧时官制、军制等课程，并避讳抬头字样，应由各该书局自行修改，呈送样本于本部及本省民政司、教育总会存查。如学校教员遇有教科书中不合共和宗旨者，可随时删改，亦可指出呈请民政司或教育部通知该书局改正。"[1]表明民国初期的教科书编写开始摒弃封建思想内容的影响，强调民主共和的精神，这标志着民国初期教科书革新的开始。随后，蔡元培根据资产阶级民主共和国的要求，在《教育杂志》《东方杂志》上发表《对于教育方针之意见》一文，对清末颁布的教育宗旨进行了批判，他主张对清末学部制定的忠君、尊孔、尚公、尚武、尚实的教育宗旨加以修正，并指出："忠君与共和政体不合，尊孔与信教自由相违。"[2]应改为：军国民教育、实利教育、公民道德教育、世界观教育、美感教育五项。

同年7月，全国临时教育会议在蔡元培主持下召开。会议讨论通过了新的教育宗旨——《民国元年教育宗旨或教育方针》，于9月2日颁布实行。其内容为："注重道德教育，以实利教育、军国民教育辅之，更以美感教育完成其道德。"[3]这一宗旨剔除了封建遗毒，体现了蔡元培的教育观点。这里所说的"道德教育"，是培养适应民主共和制度的公民道德意识和行为；"实利教育"，是指学习适应近代生产的知识技能，这既是社会和国家发展的需要，也是个人生存和发展的需要；"军国民教育"，即体育和军事教育，目的在于养成健康的身体和自卫的能力；"美感教育"，是指音乐、图画、手工等艺术教育；"五育说"，是以道德教育为核心，德、智、体、美诸育和谐发展的思想，这在中国近代教育史上是首创，对民国时期的教育发展方向产生了重大影响。

同年9月13日，民国教育部颁布了《审定教科用图书规程令》（以下简称《规程》）14条，其中规定："初等小学校高等小学校中学校师范学校教科用图书，任人自行编辑，惟须呈请教育部审

---

[1] 陈学恂. 中国近代教育史教学参考资料：中册[M]. 北京：人民教育出版社，1987：167.
[2] 中国第二历史档案馆. 中华民国史档案资料汇编　第三辑　教育[G]. 南京：凤凰出版社，1991：22.
[3] 中华民国元年教育大事记[J]. 中华教育界，1913（1）：4.

定。""编辑教科用图书，应依据小学校令中学校令师范教育令。""教科用图书，为初等小学校高等小学校，编辑者得以教员用学生用二种，呈请审定。"并规定："图书发行人，应于图书出版前，将印本或稿本呈请教育部审定。""凡呈请审查之图书，须每种同时呈出三部，但稿本不在此限。""图书不载明定价者，不予审查。""已经审定之图书，由教育部送登政府公报，宣布其书名册数定价及某种学校所用并发行之年月日编辑人发行人之姓名等。""凡图书于前条宣布之事项，如有更改，发行人须于三个月内呈请教育部复核，再登政府公报宣布，逾期即失审定效力。""凡图书已经审定后，若变更其内容，发行人须于六个月内，重呈审定，逾期即失审定效力。"[1] 可见，《规程》一方面严格规定了教科书的审查制度，另一方面可以看出当时教科书出版的限制较少，只需通过教育部审定即可。

同年11至12月，民国教育部颁发《小学校教则及课程表》和《中学校令施行规则》。《小学校教则及课程表》中有关图画科的要旨和学习内容如下：

> 图画要旨，在使儿童观察物体，具摹写之技能，兼以养其美感。
>
> 初等小学校，首宜授以单形，渐及简单形体，并使临摹实物或范本。
>
> 高等小学校，首宜依前项教授，渐及诸种形体，并得酌授简易几何画。
>
> 教授图画，宜就他科目已授之物体及儿童所常见者，令摹写之，并养其清洁缜密之习惯。[2]

《中学校令施行规则》中有关图画科的要旨和内容如下：

> 图画要旨在使详审物体，能自由绘画，兼练习意匠，涵养美感。图画分自在画、用器画。
>
> 自在画以写生画为主，并授临画之法，又使自出意匠画之。用器画当授以几何画。[3]

可见，民国初期中小学图画科要旨已与清末有所不同，除了"使儿童观察物体，具摹写之技能"，以及"使详审物体，能自由绘画"等图画技能要求外，还融入了当时教育宗旨中强调的"美感教育"的精神，即提出了培养学生"养其美感""涵养美感"的审美能力要求。

《小学校教则及课程表》中有关手工科的要旨与学习内容如下：

> 手工要旨，在使儿童制作简易物品，养成勤劳之习惯。初等小学校，宜授纸豆、纽结、黏土、麦秆等简易细工。高等小学首宜依前项教授，渐进授以竹木金属等细工。

此外，《小学校教则及课程表》还对农业、缝纫、商业等科的要旨与学习内容做了规定：

> 农业要旨，在使儿童知农事之大要，养成勤勉利用之习惯。视地方情形，授以农事或水产，或二者并授。农事宜就土壤、水利、肥料、农具、耕耘、栽培及蚕桑畜牧等，择与本土相宜而为儿童所易解者授之。水产宜就渔捞、养殖、制造等，择与本土相宜者授之。

---

[1] 审定教科用书规定[J]. 教育杂志：1912，4（7）：10-11.

[2] 课程教材研究所. 20世纪中国中小学课程标准·教学大纲汇编：音乐·美术·劳技卷[G]. 北京：人民教育出版社，2001：185.

[3] 课程教材研究所. 20世纪中国中小学课程标准·教学大纲汇编：音乐·美术·劳技卷[G]. 北京：人民教育出版社，2001：186.

　　缝纫要旨，在使儿童习熟通常衣服之缝法、裁法，兼养成节俭利用之习惯。初等小学校，首宜授运针法，缝授简易之缝法、裁法、补缀法。视地方情形，得兼授西式裁法、缝法及洗濯法。

　　商业要旨，在使儿童知商事之大要，养成勤勉信实之习惯。商业宜就贸易、金融、运输、保险及其他商业要项，择与本土有关系，儿童所易解者授之。[1]

《中学校令施行规则》中有关手工科的要旨与学习内容如下：

　　手工要旨在练习技能，使制简易物品，养成工作之趣味、勤劳之习惯。手工宜授以天然物之模造及简易日用器具、各科细工，并示以材料之性质及工具之保存法。女子中学校手工应以编物、刺绣、摘棉、造花等为主。

　　家事园艺要旨在习得理家及治国之知识，养成勤俭整治之习惯。家事园艺宜授以衣食住及侍病、育儿、经理家产、家计、簿记，并栽培莳养等事，兼及实习烹饪。

　　缝纫要旨在习得缝纫之知识技能，养成节俭利用之习惯。缝纫宜授以普通衣服之缝法、裁法、补缀法。[2]

　　从以上中小学手工科要旨和学习内容中可以看出，当时"养成勤劳之习惯""养成工作之趣味""养成勤俭整治之习惯"和"养成节俭利用之习惯"等要旨，以及学习农事、水产、缝纫和商业方面的知识内容，与民国初期倡导"实利教育"的宗旨是契合的。

一、中小学图画教科书

　　民国初期，中小学图画教科书主要由中华书局和商务印书馆组织编辑出版。这时期的图画教科书大多由我国学者自行编绘，除"合乎共和民国宗旨"、删去"尊崇满清朝廷"的内容之外，其编写结构与体例仍受清末图画教科书的影响很大，仍以供学生用铅笔或用毛笔临摹习画的画帖为主。

（一）中华书局编辑出版的图画教科书

　　1911年辛亥革命前夕，商务印书馆出版部部长陆费逵与编辑戴克敦、陈寅等，约请编辑人员秘密编写新教科书。1912年元旦，中华书局正式开业。其创始人陆费逵在同年2月23日《申报》上刊登《中华书局宣告书》称："立国根本，在于教育，教育根本，实在教科书。教育不革命，国基终无由巩固，教科书不革命，教育目的终不能达到也。"表明中华书局的业务重点是教科书的编辑与出版。

---

[1] 课程教材研究所. 20世纪中国中小学课程标准·教学大纲汇编：音乐·美术·劳技卷[G]. 北京：人民教育出版社，2001：315.

[2] 课程教材研究所. 20世纪中国中小学课程标准·教学大纲汇编：音乐·美术·劳技卷[G]. 北京：人民教育出版社，2001：317.

1912年1月，中华书局便推出民国第一套适合共和政体的教科书——"中华教科书"系列，并风行全国。随后，中华书局又陆续出版了"新制中华教科书"系列、"新编中华教科书"系列等各种中小学教科书及教师用书，带动了新式教科书的大批产生。

1. "中华教科书"系列

1912—1913年，中华书局陆续编写、推出了"中华教科书"系列，包括初小、高小和中学三套数十种教科书。"中华教科书"系列是在民国尚未建立时秘密编纂的，其时新的教育方针和宗旨尚未确立。但由于"中华教科书"系列破除了旧教材的封建主义传统，积极迎合社会变革需要，一经出版即引发热烈反响，迅速流行。

《中华初等小学习画帖》

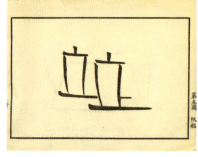

3-1-1

图3-1-1 中华书局编《中华初等小学习画帖》，上海中华书局，1912年

《中华初等小学习画帖》属于"中华教科书"系列中的一种。此书于1912年（民国元年）3月初版，共8册，每册有9幅图，大32开，供初等小学学生使用。此书主要教授的内容如下。

第一册：横线、直线、四方、三角、梯、秋千、小屋、桌、箱等。

第二册：圆、团扇、花瓶、茶碗、帆船、茶壶、眼镜、小刀、国旗等。

第三册：直线、切线及单形、单线、信封、书、笔砚、兵船、山、房屋等。

第四册：长圆及鸡卵、哑铃、花瓶、瓶与杯、喇叭、电杆、雁、鼠、雪人等。

第五册：朝日、洋灯、折扇、陀螺、蝙蝠、鸠、桃子与林檎、学生帽、练习等。

第六册：圆柱及立方体、茶杯与匙、梨、中国地形、秋海棠叶、鱼、猫、伞、黄莺、练习等。

第七册：梅花松、花与叶、鹭鸶、茄子、黄瓜、牵牛花、蝶、枇杷、练习等。

第八册：陆军旗、锄、伞、柿、竹、指差、犬、笋、练习等。

2. "新制中华教科书"系列

1912年9月，民国教育部公布新学制，将春季始业改为秋季始业，一学年分为三学期。为了适应新学制，中华书局聘请曾担任过教育部次长、教育总长的范源廉为编辑部长，着手编制新的教科书。1912年12月，在范源廉的主持下，适合三学期使用的"新制中华教科书"系列开始陆续出版，与此同时配套的教授书也同步出版。

（1）《新制中华初等小学毛笔习画帖》

图 3-1-2　余翰绘，戴克敦、沈颐、范源廉、陆费逵阅《新制中华初等小学毛笔习画帖》，上海中华书局，1913 年

　　《新制中华初等小学毛笔习画帖》属于"新制中华教科书"系列中的一种。此书于1913年（民国二年）7月初版，共3册，大32开，供初等小学学生使用。

　　此书第一册供初等小学二年级使用，有20幅图，主要教授的内容有：纵线、横线、斜线、正圆形、蛋形、正方形、斜方形、三角形、曲线形、椭圆形、镇纸器、十字架、球竿、团扇、鼠、茶叶瓶、云月、星形、镜、桌等。

　　第二册供初等小学三年级使用，有20幅图，主要教授的内容有：椅、亭、秋千、瓷瓶、扇、茶壶、梯、屋、萝卜、国旗、毛笔、铅笔、雁、帆船、猫、眼镜、女子礼服、剪、兔、草帽、鸽等。

　　第三册供初等小学四年级使用，有40幅图，主要教授的内容有：礼帽、手、皮球、茶碗、茶托、梨、秋灯、蝙蝠、柿、砚、水盂、结带、簪、书包、礼服、镰锄、洋伞、雪人、犬、花、花杆、不倒翁、梳、纸球、纸鹤、人面侧影、纸鸢、时辰钟、金鱼、喇叭、铜鼓、人面正影、菌、渔翁、笋、学生、牛、虎、陆军旗、海军旗、黄瓜、茄子、枇杷、小儿、藕、慈菇、蝉、松、江山帆影等。

（2）《新制中华毛笔习画帖》（初等小学校教员用）

 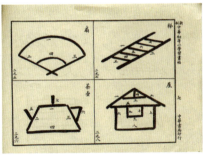

图 3-1-3　余翰绘，戴克敦、沈颐、范源廉、陆费逵阅《新制中华毛笔习画帖》（初等小学校教员用），上海中华书局，1913 年

　　《新制中华毛笔习画帖》（初等小学校教员用）属于"新制中华教科书"系列中的一种。此书于1913年（民国二年）7月初版，1914年（民国三年）6月发行第2版，共1册，16开，供国民学校初等小学校毛笔画教员使用。

　　此书在"例言"中针对教师如何指导学生作画，提出了以下几方面要求：

　　临画者，执笔姿势与写字同，惟手腕不可着桌，免碍笔势；学生临画用之纸幅，须照学生用习帖大小相仿，不宜过阔过窄；着笔之前，使学生以目测定图画之位置，再行下笔；下笔之后，不可润改补笔，必须一气呵成；第一图至第十图，专为初学之规模，使学生依次熟习，逐渐增繁；第十一图以后，循序变形练习，以引儿童兴趣；授课之时，宜先将画法说明，使学生下笔时不致有涩滞之弊。

此书采用《新制中华初等小学毛笔习画帖》（学生用书）上的图例，并以数字为顺序，注明笔画先后。

（3）《新制中华初等小学铅笔习画帖》

3-1-4

图 3-1-4　余翰、金晨绘，陆费逵、范源廉、沈颐、戴克敦阅《新制中华初等小学铅笔习画帖》，上海中华书局，1913 年

《新制中华初等小学铅笔习画帖》属于"新制中华教科书"系列中的一种。此书于1913年（民国二年）8月初版，共3册，大32开，供初等小学学生使用。

此书"例言"介绍：

本帖用笔平正，确实务使学生熟悉通常之形体，并得适当之技能。

本帖第一、二册，先以正形体之画为主，故于各线不分浓淡，稍进欲使形体明了，故至第三册则教以浓淡之法。

本帖画题，采用最普通者，且必与他科教材联络，又于每册卷末附图数种，皆由各教科书中采出，使于余暇之时得资练习，或用石笔、石版画之亦可。

此书第一册供初等小学二年级使用，有20幅图，主要教授的内容有：标点直线、等分直线、正方形及长方形、正三角形及斜三角形、等分三角形、斜方形及菱形、六角形、正圆形及双圆形、钱形、椭圆形、蛋形、筒圆形、十字形及牌坊形、新月形、星形、太极图形、哑铃、团扇、镜子、国旗等。

第二册供初等小学三年级使用，有20幅图，主要教授的内容有：亭、桌、折扇、电杆、路灯、信封、书、礼帽、雪人、山及云、木梳、笔洗及笔筒、桃花、笔墨砚、蛙和蛤、藕、鼠、黄瓜、透视筒圆形、透视立方体等。

第三册供初等小学四年级使用，有40幅图，主要教授的内容有：衬染式、树叶、树枝、树干、学校、炮弹、玉蜀黍、纸鹤及纸球、蝙蝠、秋海棠叶、带结、梨、鼠、梅花、小犬、水仙、剪及线板、猫、书包、手持画帖式、帆船、茶壶及茶杯、呢帽及眼镜、鸽、玉兰花、鳜鱼、棕笠及锄、蟹、蜗牛、笋、兔、洋伞、菌、蜻蜓、枇杷、金鱼、狮、男生正面式、女生正面式、板桥等。

（4）《新制中华高等小学毛笔习画帖》

图 3-1-5 蒋维瀚绘《新制中华高等小学毛笔习画帖》，上海中华书局，1913年

《新制中华高等小学毛笔习画帖》属于"新制中华教科书"系列中的一种。此书于1913年（民国二年）4月初版，同年9月发行第2版，共3册，大32开，供高等小学学生使用。

此书第一册供高等小学一年级使用，有20幅图，主要教授的内容有：百合花、竹雀、南瓜和藕、剪秋罗、鸭、柿、萝卜和百合、山茶、水仙和扁豆、梅花、玉兰、马、桑茧蛾、荷花、金鱼、蜂巢、鸽、兔、小车等。

第二册供高等小学二年级使用，有20幅图，主要教授的内容有：牵牛花、蚱蜢、秋海棠、鼠、荻溪、鹭、芙蓉、香橼金橘、雁、松月、牡丹、渔翁、月季、犬、槐蝉、蝙蝠、野艇、鹫、布袋僧、鲤鱼等。

第三册供高等小学三年级使用，有20幅图，主要教授的内容有：桂花、燕子、甜瓜和葡萄、石榴、茄子和辣茄、雀和稻、菊花、栗子、行旅、天竹、海日鹤、桃花、鹿、菜花蝶、狮子、玉簪花、虎、夜渚、牛、竹涧等。

3."新编中华教科书"系列

当时许多学校一时难以改变清末学制春季始业的习惯做法，中华书局为适应这种情况编写了"新编中华教科书"系列，供春季始业的学校使用。各科教科书课时数悉照春秋两季40个星期分配，即按每学年两个学期编制，分初小和高小两类。同时还编有教学用书，即教授书。到1914年，中华书局已出版"新编中华教科书"系列18种，共计120册。

《新编中华初等小学毛笔习画帖》

图 3-1-6 中华书局编辑所编辑《新编中华初等小学毛笔习画帖》，上海中华书局，1914年

《新编中华初等小学毛笔习画帖》属于"新编中华教科书"系列中的一种。此书于1914年（民国三年）8月初版，1915年（民国四年）4月发行第2版，中华书局编辑所编辑，共6册，大32开，供初等小学学生使用。

此书"编辑大意"介绍：

> 按部定课程表，初等小学图画科从第二年授起，第二、三学年每周一时，第四学年每周二时。本编分六册，前四册每册十图，每图教授二时，足敷二、三两学年之用，后二册每册二十图，每图教授二时，足敷第四学年之用。

> 图画为关于技术之学科，以熟习为主。本编教材，虽极简单，每图必须教授二时，以便习练纯熟，为将来摹写各种形体之基础。

> 图画最重写生，本编中教材多取日用常见之物，教师教授时，可示以实物与本编相辅，俾知写生之大要。

此书第三、五、六册内容不详，其他分册主要教授的内容如下。

第一册供初等小学二年级使用，有10幅图，主要教授的内容有：线、直线、四方、三角、梯、秋千、小屋、桌、箱、练习等。

第二册供初等小学三年级使用，有10幅图，主要教授的内容有：圆、团扇、花瓶、茶杯、帆船、茶壶、眼镜、小刀、国旗、练习等。

第四册供初等小学四年级使用，有20幅图，主要教授的内容有：长圆及鸡卵、哑铃、花瓶、瓶与杯、喇叭、电杆、雁、鼠、雪人、练习等。

（二）商务印书馆编辑出版的图画教科书

1912年，商务印书馆为应对新旧体制的转换，组织了张元济、高凤谦、庄俞、杜亚泉等数十人重编教科书，并于当年秋季出版了全套"共和国教科书"系列，奠定了民国初期中小学新式教科书的基础。商务印书馆在《编辑共和国小学教科书缘起》的"附录"中指出：

> 我中国改建共和政体，开四千年以来东亚未有之创局。政体变更以后，事事物物，均当乘机革新，教科书尤其先务也。夫立国之本，在于教育，而教育之良否，教科书关系最钜。同人学识浅陋，窃不自揣，于壬癸之际[1]，纠集同志，从事于教科书之编辑。十数年来，叠次改订，以求进步。虽处专制政体之下，不能无所顾忌，而所以进民德，牖民智，伸民权者，未尝不兢兢致意焉。今际此教育大革新之机会，同人应时势之需要，本其年来编辑上之经验，及教授上之心得，别编共和国小学教科书，注意于实际上之革新，非仅仅更张面目，以求适合于政体而已。时势之变迁愈亟，吾人之责任愈殷，既不敢稍有稽延，又不敢或滋草率。

---

[1] 指1902—1903年。

当时，商务印书馆编写教科书要点包括："注重自由平等之精神，守法合群之德义，以养成共和国民之人格；注重表彰中华固有之国粹特色，以启发国民之爱国心；注重国体政体及一切法政常识，以普及参政之能力；注重汉、满、蒙、回、藏五族平等主义，以巩固统一民国之基础；注重博爱主义，推及待外人，爱生物等事，以扩充国民之德量；注重体育及军事上之知识，以发挥尚武之精神；注重国民生活上之智识技能，以养成独立自营之能力。"[1]

"共和国教科书"系列

1912年2月，中华书局甫一成立，便抢占了教科书市场的先机。拥有雄厚人力、财力的商务印书馆不忍坐视其教科书市场的被瓜分。当年秋季，"将旧有各书遵照教育部通令大加改订，凡与满清有关系者，悉数删除，并于封面上特加订正为中华民国字样，先行出版，以应今年各学校开学之用"[2]，同时开始集中力量着手编辑与民国教育方针相吻合的"第一套最完全的教科书"[3]——"共和国教科书"系列，以适应新时代教育改革的需要。"共和国教科书"系列是民国建立后商务印书馆的第一套教科书，不仅宗旨完全符合共和精神，内容、方法也与清末教科书大有不同。该系列教科书最早采用套红封面设计，在当时深受欢迎，出版后一印再印。

（1）《新图画：国民学校用铅笔画帖》

 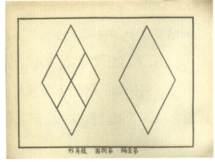

图 3-1-7　李维纯、余翰绘画《新图画: 国民学校用铅笔画贴》，上海商务印书馆，1912年

《新图画：国民学校用铅笔画帖》属于"共和国教科书"系列中的一种。此书于1912年（民国元年）6月初版，后多次再版，至1925年（民国十四年）已发行第10版，共8册，每册有10幅图，大32开，供初等小学四学年学生使用。

此书"教授上注意"中提出画铅笔画应"先习直线，次曲线、直线并用，繁简难易，循序而进，以便教授"，在习画时，"凡纸面之广狭，物形之大小以及上下左右，距离之远近，必先详加揣度，勿使余白有过多过少之弊"。

此书主要教授的内容如下。

第一册：直线、等分直线、方形、三角形、正圆形、斜角形、双圆形、菱角形、六角形、螺纹圆形等。

[1] 编辑共和国小学教科书缘起[J]. 教育杂志，1912，4（1）："附录"第1页.
[2] 陈学恂.中国近代教育史教学参考资料：中册[G]. 北京：人民教育出版社，1987：423.
[3] 陈学恂.中国近代教育史教学参考资料：中册[G]. 北京：人民教育出版社，1987：424.

第二册：圆柱体、立方体、椭圆形和卵圆形、蛋、葫芦、樽、酒瓶、风炉、雨伞、扇面等。

第三册：苹果、磬、哑铃、厨刀、铅笔和毛笔、书、团扇、国旗、海军旗、悬鼓等。

第四册：星形、扇、十字牌坊、喇叭、陀螺、花瓶、箱、电杆、亭、山等。

第五册：玩具、蛤、水盂、栗和梨、木叶、砚、砚池墨、剪刀、军帽、茶杯和茶托等。

第六册：茶壶和茶杯、草帽和藤杖、小刀和铅笔、水桶、灯塔、路灯、时表、笔墨和水壶、扫帚、卷子等。

第七册：洋伞、眼镜、书桌、洋灯、邮政柜、时钟、茄王瓜、水禽、雁、犬等。

第八册：马、猫、山茶花、蝴蝶、书包、枪、兔、鲤鱼、水车、炮等。

（2）《新图画：初等小学用毛笔画帖》

3-1-8

图 3-1-8　汪洛年绘画《新图画：初等小学用毛笔画帖》，上海商务印书馆，1914 年

《新图画：初等小学用毛笔画帖》属于"共和国教科书"系列中的一种。此书于1914年（民国三年）1月初版，共8册，每册有10幅图，大32开，供初等小学学生使用。

汪洛年（1870—1925），字社耆，号鸥客，钱塘（今浙江杭州）人。擅画山水，出于正统派，后专学"四王"[1]，得其雅淡超逸之风。清末时曾被张之洞聘任为两湖师范等校图画教员。辛亥革命后寓沪卖画自给，直至去世。

此书"例言"介绍：

本帖为初等小学校生徒所用，均采儿童所习见之物。

本帖首列纵横线及方圆等物，皆笔墨极简，入手较易，然后渐及其稍繁者，使儿童循序渐进，不至稍形困难。

此书"临摹要诀"指出：

凡临画，宜一气呵成，落笔后决不可补笔致失生气。

本帖各线之粗细长短，点之疏密大小，固不容失之毫厘，第过涉拘谨，转生厌倦，故临画以得神为上，虽有出入，苟不害于神，无妨也。

此书主要教授的内容如下。

第一册：横线和纵线、十字、井字架、卍字、地铃、茶叶瓶、牌坊、粉牌、书桌、风炉等。

第二册：窗、秋千、文具、屋、亭、篱、圆形、扇面形、定胜、茶碗等。

---

[1]　指清初四位著名画家：王时敏、王鉴、王原祁、王翚。

第三册：鱼、葫芦、团扇、路灯、帆船、喇叭、盖碗、西瓜、画箱、玻璃杯等。

第四册：国旗、熨斗、蝴蝶、板桥、藕、眼镜、书、画幅、镰、万年青等。

第五册：笔筒、桃、鼓、甜瓜、书包、花红、菌、伞、陀螺、书等。

第六册：瓶和水池、菱和莲房、果筐、苞谷、箕帚、柿、飞燕、茶具、橘、茄子等。

第七册：斧和凿、西瓜、井、镜箱、果盘、洋蜡烛、笔书和墨水壶、水中鱼、枇杷、系舟等。

第八册：松和芝、食盒、牵牛花、萝卜、鸽、梅花、人、美人蕉、水亭、山茶等。

（3）《新图画：国民学校毛笔画教员用》

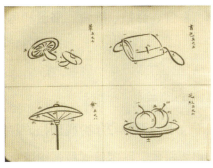

3-1-9

图 3-1-9　汪洛年绘画《新图画：国民学校毛笔画教员用》，上海商务印书馆，1912 年

　　《新图画：国民学校毛笔画教员用》属于"共和国教科书"系列中的一种。此书于1912年（民国元年）6月初版，至1923年（民国十二年）8月已发行第10版，共1册，16开，供国民学校毛笔画教员使用。

　　此书"教授上注意"中提出了对儿童习画的教学指导：

　　　　一、儿童当习画之时，务令其腕悬笔，直身体，劲竖右腕，张开左手押纸，肱不宜附着于桌面，若坐势合宜，则挥毫自在，进步自易。二、学画之际，画帖宜置在左方。三、习画所用毛笔，羊毫过柔，狼毫过刚，惟兼毫最合初学之用，用时笔毫务须开足。四、墨宜用通常之胶墨，若陈墨及松烟皆无光彩，不宜用。五、生纸质松易渗，非儿童所能用。当选矾纸或坚滑之竹纸及洋纸皆可用。六、画毕后，所用之笔砚，皆须洗涤洁净，所余残沈，不宜留用。七、临画以对帖模仿为最合宜，初学儿童每喜用纸蒙画帖上影写，然意识受拘，永无进步，教师宜随时巡视纠误。

　　此书采用《新图画：初等小学用毛笔画帖》上的图例。

（4）《新图画：高等小学用毛笔画帖》

3-1-10

图 3-1-10　汪洛年绘画《新图画：高等小学用毛笔画帖》，上海商务印书馆，1914 年

《新图画：高等小学用毛笔画帖》属于"共和国教科书"系列中的一种。此书初版时间不详，至1914年（民国三年）9月已发行第4版，共6册，大32开，每册有10幅图，供高等小学学生使用。

此书第一册内容不详，其他分册主要教授的内容如下。

第二册：果筐、阳羡壶、带鱼、蚕桑、箱、竹雀、石榴、书桌、鸭、山亭新爽等。

第三册：竹、斧薪、鲦鱼、莲房、手工器、狗、荷花、萤笼和扇、鲫鱼和虾、荷亭清趣等。

第四册：枇杷、书包、虾、蛤螺、枪、猫、松和蝉、蛛网、系舟、柳堤垂钓等。

第五册：兵轮、萱花、莱菔、佛手、金鱼、白鹭、香炉、渔翁、水仙、秋山萧寺等。

第六册：国旗、玉兰、柿、百合、慈姑、鲤鱼、书册和色盒、山茶、果筐、黄雀、学生、柳溪亭子等。

（三）文明书局编辑出版的图画教科书

文明书局是廉泉、俞复、丁宝书等于1902年集股创办的。在商务印书馆成立之前，该书局是中国近代编辑出版教科书最多的出版机构。民国建立后，出版行业竞争激烈，文明书局将大量精力投入到当时尚未普及的初中教科书编写之中，影响了教科书发行业务，导致文明书局其他教科书的编写与发行逐渐落伍。1915年，文明书局并入中华书局。并入后的文明书局仍陆续印行新旧杂书小说及医药技艺等书，称杂书部。尽管文明书局在教科书出版竞争中衰落，最终被中华书局合并，但并不能否认文明书局为清末民初新式教科书出版行业的发展做出了重要贡献。[1]

《中华民国毛笔新画帖》

图 3-1-11　丁宝书编著《中华民国毛笔新画帖》，上海文明书局，1913 年

《中华民国毛笔新画帖》于1913年（民国二年）10月初版，1914年（民国三年）5月发行第2版，共6册，大32开，供高等小学校学生使用。

据此书"凡例"介绍：

> 是帖第一第二编，物体位置，均有宾主配合。第三第四编，所列物体，皆非平面，用通视法为多，略寓简易几何之法式。第五第六编，用淡墨渲染，盖阴阳向背，非渲染不能显，此为着色之先导。

[1] 石鸥、吴小鸥.中国近现代教科书史（上册）[M]. 长沙：湖南教育出版社，2012：109.

是帖每进一步，均由浅入深，以宾配主，从简单变化而臻于美丽的之调和。以视学图物形，先圆柱上下视线，后立方左右视线，分一聚点两聚点。渲染阴阳向背，先从单层渲染后进至二三层渲染。每年各附模样两页，以便养成考案画之创造力。

是帖之画，多能发明画例而极普通者，且与各教科材料，均相联络，其用笔亦活泼有致。

此书"教授上之注意"指出：

图画所当注意者，第一位置，凡纸面之广狭，物体之大小，以及上下左右距离之远近，宜先加揣度，勿使偏在一边。第二形体，凡摹写物形长短阔狭钝锐曲折，务必与原图——吻合。第三运笔，凡轻重疾徐，停顿曲折，均有规则，务使合度而后已。

底画先用轻铅笔，构成诸线之大体，次及其细微部分，次及其物体之一部分为他物所遮而不见之处，如有错误，用橡皮拭去，改画无妨。底画始自左上方，渐画至右下方，画竟用浓笔描之，而拭去其不用之底画。

此书第二编（册）内容不详，其他分册主要教授的内容如下。

第一编（册）：球杆、鸭、山月、鹿、墨水瓶和钢笔、轮船、银杏、茶壶和杯、笔、菊、绣雁、白鹭、三角板和直线笔、鼠、芋和胡萝卜、洋枪和皮包等。

第三编（册）：立方圆柱、玻璃杯和匙、陆军旗、漱盥牙刷、铃和指挥刀、牵牛花、秋海棠、葫芦、篮和苹果、帽、柿、印章和印泥盒、金鱼和玻璃瓶、竹子、皮球、帚及簸等。

第四编（册）：书、学生帽、灯、棋筒和棋秤、石菖蒲、山茶、箱、手、香炉和香筒、鲋、纸鸢、芍药、小匾箱、提篮、足、农具、秋虫笼、篮和杏、口鼻、耳目、正面、侧面、模样（卍字）等。

第五编（册）：练习渲染、海军旗、葡萄、盆松、书、瓜、藤箱、小松、翡翠、鸡、马、兔、飞雁、蟹、青年、书册等。

第六编（册）：水仙、洋伞、梅和莺、大礼帽、牛、皮靴、玉兰、笋、舟、鱼、紫蝴蝶、竹篓、金鱼、泰山、蛙、紫藤、蕙兰、百合花、学生、蜻蜓和蝶、老人、西湖、模样（竹月梅）、模样（六角纹）等。

总之，这时期无论是中华书局、文明书局，还是商务印书馆编写的中小学图画教科书，仍以专供学生用铅笔或毛笔临摹的画帖为主，因此还不具备现代意义。其编写方式仍深受清末的影响，一般从纵线、横线、斜线开始，次而是圆形、方形、三角形等几何形，再次是学生常见的器物、花卉、鸟兽、虫鱼、山水、小景等，由简而繁、由易而难地安排学习内容。此外，这时期也有将清末出版的图画教科书经修订送审后再版的情况。

二、中小学手工教科书

1912年1月19日，民国教育部颁发的《普通教育暂行办法通令》中提出了"小学手工科应加注重"[1]的要求。1914年12月，《教育部咨各省师范及小学校注重国文手工图画音乐文》中指出："查各种教科关系美育者，惟图画音乐文学三者为最紧要，此外如手工一科，非但与美的陶冶之有关系，且能养成实用之能力。"[2]表明当时教育界已认识到手工教育不但要让儿童受到美的熏陶，还要养成其实际应用的能力。

当时，蔡元培提出的实利教育以及黄炎培等倡导的实用主义教育思潮在我国开始兴起。随着手工教育的价值逐渐被认可，中小学校开始重视手工科的教育。

民国建立后，中华书局编写的"中华教科书"系列、"新制中华教科书"系列，以及商务印书馆编写的"共和国教科书"系列中都有手工教科书。此外，文明书局在当时也编写过手工教科书。

这时，中华书局和商务印书馆还编写出版了专门的缝纫教科书。如1914年1月，上海中华书局出版的《中华缝纫教科书》（汪杰梁编），是供初等小学三四学年学生学习缝纫手工的教科书。1915年8月，上海商务印书馆出版编的《新缝纫》（汪农麟编纂），是供高等小学校学生学习缝纫手工的教科书。

（一）中华书局编辑出版的手工教科书

1. "中华教科书"系列

在民国建立之前，中华书局创办者陆费逵等人预料革命必能成果，事先做了准备，因此民国刚建立不久，中华书局就抢在商务印书馆之前约半年，编辑出版了全套"中华教科书"系列，该系列经教育部审定，很快被各地学校普遍采用。

《中华缝纫教科书》

3-1-12

图3-1-12 汪杰梁编，顾树森阅《中华缝纫教科书》，上海中华书局，1914年

《中华缝纫教科书》于1914年（民国三年）1月初版，共2册，16开，供初等小学三、四学年学生使用。

汪杰梁，生卒年不详。曾任《妇女时报》记者，1911—1912年在《妇女时报》上发表《美国女

[1] 李桂林，戚名琇，钱曼倩. 中国近代教育史资料汇编：普通教育[G]. 上海：上海教育出版社，1995：456.
[2] 李桂林，戚名琇，钱曼倩. 中国近代教育史资料汇编：普通教育[G]. 上海：上海教育出版社，1995：475.

子之职业》《论今日急宜创设妇女辅助学塾》《女子从军宣言书》《论初等教育》《小儿疾病看护法》等政论、科普文章多篇。

此书"编辑大意"介绍：

本书要旨，在授儿童以通常衣服之缝法及补法，俾养成勤劳习惯，及利用之方法。

本书所选材料，多择我国通行者，而程度亦由浅入深，毫无躐等之弊。

本书授一种缝法后，即授以应用练习，俾学一术，即有一术之用处，且能引起儿童之兴趣，不致生厌倦之心。

此书主要教授的内容如下。

第一册：衣服之种类、衣料之种类、器具之名称、器具之用法、器具之整理、持针之方法、针之穿线法及结法、线之接法、运针法、捺缝法、布之接法、带之缝法、手巾之缝法、作笔袋法、斜缝法、套袖裁法、袜底缝法等。

第二册：回针缝法、脊缝缝法、上贴边法、同针缝法、藏针缝法、捆条缝法、袜之缝法、鞋面之缝法、裤之各部名称及裤之缝法、短衫各部之名称及袖之接法、背之缝法、大襟缝法、短衫贴边缝法、纽襻之缝法、领之缝法、衣服之补法、衣服之洗涤、衣服之整理等。

2. "新制教科书"系列

"新制教科书"系列是中华书局为适应1912年9月教育部颁布的《审定教科用图书规程令》而组织编写出版的，它与"中华教科书"系列有了明显不同，前者紧贴时代的发展，注重内容的更新，开始关注教师的教和学生的学，强调教材的内在联系。

（1）《新制中华手工教科书》

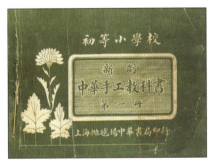

3-1-13

图3-1-13 董玙、黄兆麟编，顾树森校订，陆费逵、沈颐、范源廉、戴克敦阅《新制中华手工教科书》，上海中华书局，1913年

《新制中华手工教科书》于1913年（民国二年）8月初版，共4册，32开，供初等小学第一至第四学年学生使用。

此书"编辑大意"介绍：

本书目的，在授儿童以简易细工，俾养成勤劳之习惯。

本书教材，多选择吾国固有之材料，及适于实用者，且与他科互相联络。

初等小学手工教材，男生与女生本无区别，故本书除四册中之贴纸课男生，绣纸课女生外，余皆男女通用。

本书分教科书、教授书二种。教科书分四册，专供学生用；教授书一册，专供教师教授时用。

教授书中，略述手工教材及各种器具，俾知其由来及应用之方法。

此书主要教授的内容如下。

第一册：排色板，包括青黄赤白黑、方形圆形三角形、方形三角形练习、紫绿橙、山与月、青天白日旗、风车、屋；排箸排环，包括斧、果实、旗、眼镜、菊花、桌、喇叭、大自鸣钟、淡青淡黄淡红灰、正三角形及练习、淡紫淡绿淡橙、菱形及练习等。

第二册：豆细工[1]，包括球杆、陀螺、正三角形方形、菱形、长方形、大三角形、大方形、桌、梯；折纸细工，包括折纸成十二方、纸炮、长方形及自长方形切成四方形、画架、笔架、印、风车、五角形、六角形、立方形、篮、三角锥、四角锥、旗、门、匣、花、鸟、名片袋；豆细工，包括椅、革命纪念坊、九星旗、五角柱、六角柱、国旗、路灯；剪纸细工，包括正方形、斜十字心、六角形、六角形花纹等。

第三册：折纸细工，包括蝉、衣、裤、炮船、香炉、鹤、灯、棋盘；剪纸细工，包括五角形、樱花形、五角形内容五角形之花、叶形、圆形、圆形内容方形之花纹、圆形内容六角形之花纹、圆形内容五角形之花纹；雕纸细工（阳雕），包括卍字文、八结文、麻叶、中华；接纸细工，包括纸之接法、糊窗法、厚纸之裱法、信封；雕纸细工（阴雕），包括桃、型纸之用法、竹、虎；结纽细工，包括普通结、机结、扇结、双线结、五族共和结；捻纸细工，包括预习、单股捻、两股捻、麻捻等。

第四册：贴纸细工（男生用），包括方环形、平列四方环形、斜叠四方环形鳞形、风车；绣纸细工（女生用），包括预习、直线花纹；黏土细工，包括球形、团、卵形、立方形、烛、慈姑、盆；结纽细工，包括总角结、方器结、圆器结胡桃结；组纸细工，包括预习、简易平织、简易绫织、简易纹织；结纽细工，包括九星结、桃花结、梅花结、簪花结；订书细工，包括草稿簿、习字图画簿；贴纸细工（男生用），包括八菱形、连环方胜、叠六球形、斗方形、鳞形；绣纸细工（女生用），包括直线花纹、曲直线混合花纹等。

（2）《新制中华手工教授书》

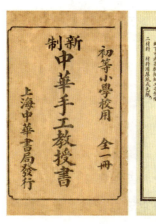
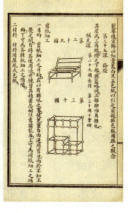

3-1-14

图3-1-14 黄兆麟、董玙编，戴克敦、范源廉、沈颐、陆费逵阅《新制中华手工教授书》，上海中华书局，1913年

---

[1] 日语词汇，"豆"即小，"细工"即手工制品。

《新制中华手工教授书》于1913年（民国二年）8月初版，共1册，大32开，供初等小学手工科教员使用。

此书卷一为第一学年之用，主要讲授排色板、排箸排环、排贝的教学方法。卷二为第二学年之用，主要讲授豆细工、折纸细工、剪纸细工的教学方法。卷三为第三学年之用，主要讲授折纸细工、剪纸细工、雕纸细工、接纸细工、结纽细工、捻纸细工的教学方法。卷四为第四学年之用，主要讲授贴纸细工（男生用）、绣纸细工（女生用）、黏土细工、结纽细工、组纸细工、结纽细工、订书细工的教学方法。

（二）商务印书馆编辑出版的手工教科书

1. "共和国教科书"系列

"共和国教科书"系列是民国成立后商务印书馆编写的第一套教科书。该系列教科书一出版即畅销，令商务印书馆重回中国教科书界的领军地位。

（1）《新手工》（国民学校学生用）

图 3-1-15　赵传璧编纂，秦同培校订《新手工》（国民学校学生用），上海商务印书馆，1914年

《新手工》（国民学校学生用）于1914年（民国三年）3月初版，1916年（民国五年）7月再版，共4册，32开，线装，供国民学校手工科学生使用。

赵传璧，生卒年不详，字琢章，上海青浦人。教育家，工书法，曾担任上海澄衷学堂手工教员。民国初期，曾编著手工教科书和手工教授法书十余套。有《欝庐杂作》一书传世。

此书第一册内容以排色板、折纸细工、拼色板、黏土细工、豆细工为主。第二册内容以黏土细工、豆细工、折纸细工、剪纸细工为主。第三册内容以折纸细工、豆细工、剪纸细工、黏土细工、纸织细工、结纽细工、捻纸细工为主。第四册内容以订书细工、结纽细工、剪纸细工、麦秆细工、纸织细工、厚纸细工为主。

此外，书后还附有供女生学习的绣纸细工等。

（2）《新手工教授法》

3-1-16

图 3-1-16　赵传璧编纂，曹慕管、葛锡祺校订《新手工教授法》，上海商务印书馆，1914 年

《新手工教授法》于 1914 年（民国三年）3 月初版，共 4 册，32 开，供国民学校手工科教员使用。

此书"编辑大意"介绍：

本书遵照国民学校定章编辑，全书四册，供四学年之用。

本书所列教材分十二类：排色板、折纸细工、黏土细工、豆细工、剪纸细工、组纸细工、结组细工、捻纸细工、订书细工、麦秆细工、厚纸细工、绣纸细工；他如石膏、竹、木、金属等细工，编入高等科。

本书教材之排列，稍关及时令，例如黏土细工中之梅实、桃实等，此为夏秋物品，编入第三学期之终，或第一学期之始，以便购实物示之，使学童易于摹仿。

黏土细工、豆细工，若于天寒时教授学生，甚不相宜。盖作黏土工时须频频洗手，豆宜浸软，冬日不便使水。故本书于二项细工之分配，多在气候温暖之时。

本书各课之图画及说理，务求浅显明白，冀阅者一目了然，不烦思索。

书中所述制作之法，较为简明。

本书所列黏土、麦秆、剪纸、组纸、厚纸各细工之教材，均择其简易者，若稍复杂之制品，则搜集于高等科手工书中。

本书主要教授的内容如下。

第一册：排色板、折纸细工、黏土细工、豆细工等。

第二册：黏土细工、豆细工、折纸细工、剪纸细工等。

第三册：折纸细工、豆细工、剪纸细工、黏土细工、组纸细工、结组细工、捻纸细工等。

第四册：订书细工、结组细工、剪纸细工、麦秆细工、组纸细工、厚纸细工等。

此书还附有教授女生绣纸细工的内容。

（3）《新手工》（高等小学校学生用）

图 3-1-17 赵传璧编纂，葛锡祺校订《新手工》（高等小学校学生用），上海商务印书馆，1916 年

《新手工》（高等小学校学生用）于1914年（民国三年）6月初版，1916年（民国五年）7月经订正后再版发行，共3册，32开，线装，供高等小学校手工科学生使用。

此书第一册内容以麦秆细工、黏土细工、剪纸细工、纸织细工、厚纸细工、竹细工为主。第二册内容以厚纸细工、剪纸细工、竹细工、厚纸细工、黏土细工、石膏细工为主。第三册内容以竹细工、木工、金工为主。

（4）《新手工教授法》

图 3-1-18 赵传璧编，曹慕管、葛锡祺校订《新手工教授法》，上海商务印书馆，1914 年

《新手工教授法》于1914年（民国三年）4月初版，后又多次再版，共3册，32开，供高等小学校手工科教员使用。

此书"编辑大意"介绍：

本书遵照高等小学定章编辑，全书三册，每册八十课，供三学年之用。

本书所列麦秆、黏土、剪纸、纸织、厚纸各细工之材料，较初等科稍为复杂，兼及石膏、竹木、金属等细工，务合高等科程度，且符定章。

豆细工及结组细工，按编者平日经验，宜于教初等生，不宜于教高等生，故本书不复采入。

本书编辑宗旨，大致与国民学校用之手工教授法四册相同。

此书主要教授的内容如下。

第一册：麦秆细工、黏土细工、剪纸细工、组纸细工、厚纸细工、竹细工等。

第二册：厚纸细工、剪纸细工、竹细工、黏土细工、石膏细工、竹细工、厚纸细工等。

第三册：竹细工、木工、金工等。

（5）《新缝纫》

3-1-19

图 3-1-19　汪家麟编纂，蒋维乔校订《新缝纫》，上海商务印书馆，1915 年

《新缝纫》于1915年（民国四年）8月初版，至1923年（民国十二年）已发行第4版，共3册，线装，供高等小学校学生使用。

汪家麟，生卒年不详。江苏省立女子蚕业学校教员，曾在浒墅关镇创办虎瞾蚕种场。著有《制丝化学》（江苏人民出版社1959年版）一书。

此书"编辑大意"介绍：

　　本书遵照教育部颁小学教则缝纫要旨"在使儿童熟习通常衣服之缝法裁法，兼养成节俭利用之习惯"。

　　本书课程，由浅入深，期合儿童程度为主。

　　本书于缝法、裁法各种之知识，无不毕具，期学生习后，即可施诸实用，精密算省衣料之裁法。

　　本书第一二册，以启迪为主，因一二学年之学生知识未开，非详细指导，难期明了，或因此减杀其兴趣。第三册则注重自动，盖第三学年之学生，于缝纫知识，已有根底，宜乘机诱成其活敏独立之思想，庶毕业后可能应缝纫上之需求。

　　本书隔数课后，必有一课寓温习于教授之中，以便熟习。

本书主要教授的内容如下。

第一册：平针缝法、钩针缝法、斜针缝法、缝单料法、缝线接续法、缝线断除法、接斜条法、装贴边法、缝单衫法、缝单裤法、缝单背心法、缝纽襻法、衣衩缝结法、装纽襻法、襟袖狭滚法、领之狭滚法、袋之缝法、衣服补缀法等。

第二册：藏针缝法、切针缝法、跳针缝法、蜈蚣缝之缝法、抱柱缝之缝法、大裆裙之缝法、缝细裥裾法、装裙腰法、滚边法、兜之缝法、绗针缝法、夹套裤之缝法、夹背心之缝法、衣袄之缝法、衣裤之缝法、棉衣缝法、马褂之缝法、棉裤之缝法、夹袜之缝法、衣料之选择、男袍之量法、女袄之量法、大襟之裁法等。

第三册：以学习宕条之缝法、各种滚边法、各种钉纽法、棉衣各种之绗法、衣裤之量法与裁法、短衫量法及裁法、马褂之量法、马褂之裁法、衣里之裁法、裙之量法、裙之裁法、背心之量法、背心领口之开法、背心之裁法、对襟背心之裁法、西服量法及裁法、西服之缝法、旧衣拆改法、衣服洗涤法、衣服折藏法等。

2. 其他手工教科书

《手工平面物标本》

图 3-1-20　赵传璧著《手工平面物标本》，上海商务印书馆，1915 年

《手工平面物标本》于1915年（民国四年）5月初版，共1册，16开，供初等小学学生使用。此书作者赵传璧介绍：

> 教授手工之必需标本，较他科为尤要。盖他科之用标本，尚视其所授之课如何耳，遇课中事实，非空谈可使生徒解悟者，必用标本，否则可以不用也。惟手工每课必用标本，无标本几难成物品。即使能成，终不得佳好之成绩。且他科之标本可以购用，手工之标本无从购置也，故教授此科者，其手续视他科为繁碎，盖既欲预备材料，更须自制标本。若功课稍多，一日之间，几无片时之休暇，其劳苦为何如乎。鄙人有鉴于此，爰将新手工七册中有所剪纸、组纸细工各课，按照原定尺度，绘成标本八十件，名曰手工平面物标本。各细工中，皆有平面制品，惟此二细工之物品，纯是平面，且以图画代工作，其形色酷肖真标本。书中所列各细工，以此二细工为最多，应需标本，最为重要，制此二项标本，冀省教者自行制作之劳。

此书主要教授的内容有：剪纸细工、组纸细工等。

（三）文明书局编辑出版的手工教科书

清末，文明书局出版了一系列教科书，涵盖了从蒙学、初小、高小到中学堂等各级学堂用书，产生了广泛的社会影响。1915年文明书局并入中华书局。《中华民国新手工》是文明书局并入中华书局之前编辑出版的教科书之一。

《中华民国新手工》

《中华民国新手工》于1913年（民国二年）10月初版，共4册，32开，供初等小学第一学年至第四学年学生使用。

华襄治，生卒年不详，江苏无锡荡口人。曾担任中华书局编辑，涉猎广泛。民国期间，曾独立编写或与他人合编小学算术、小学珠算、小学自然、小学理科、初中化学、初中代数以及师范化学等教科书、教授书十多套，均由中华书局出版。

此书"凡例"介绍：

3-1-21

图 3-1-21　华襄治编纂，张景良校阅《中华民国新手工》，上海文明书局，1913 年

本书所选教材，如排色板、豆细工、黏土细工、折纸、纸捻、纽结、切纸、组纸、厚纸、绣纸之类，皆择手工中之最普通者，且平易浅近，适合初等小学男女生并授之用。

排列手工教材有三法，其一依种类之难易为先后，各类独自为始终。如授毕排色板而后授豆细工，授毕豆细工而后授折纸是也。其二将各种细工混合为一，但按制品之繁简而次第之。其三折衷以上二法，各类自为一小结束，逐次循环教授。三者之中，以后法为最善。盖第一法于后先难易之间，不能悉协。第二法于各种细工固有之性质，不便类推，且准备工具材料之时，亦颇繁杂。本书之教材，即按第三法排列之，庶无一二两者之弊。

此书第一册卷一为第一学年使用，主要教授的内容有：排色板、豆细工、折纸细工。

第二册卷二为第二学年使用，主要教授的内容有：黏土细工、折纸细工、纸捻细工、豆细工。

第三册卷三为第三学年使用，主要教授的内容有：折纸细工、纸捻细工、纽结细工、切纸细工、豆细工。

第四册卷四为第四学年使用，主要教授的内容有：黏土细工、组纸细工、切纸细工、豆细工、绣纸细工（专为女生而设）。

总之，这时期中华书局、商务印书馆及文明书局编写出版的中小学手工科教科书，大多由我国学者自行编写。手工科学习内容虽然与清末大体相同，如排色板、豆细工、折纸细工、剪纸细工、黏土细工、结纽细工等，但新式教科书所选取的材料能考虑到我国的特点，且注意到了儿童学习的兴趣，这算是较大的进步。

第二节
"五四"新文化运动时期的图画、手工教科书
（1915—1922）

1915年1月，袁世凯政府颁布《教育要旨》，提出了"爱国、尚武、崇实、法孔孟、重自治、戒贪争、戒躁进"[1]的教育宗旨，这个教育宗旨基本上是清末教育宗旨的翻版。同时，袁世凯政府颁布《特定教育纲要》，并通令全国，修身及国文教科书所采取的经训皆以孔学为标准。《特定教育纲要》要求"中小学校均加读经一科，按照经书及学校程度分别讲读，由教育部编入课程"[2]，并详细规定了中小学必读经书的目录。

袁世凯的倒行逆施，令一些学者开始认识到要实现社会变革不仅要革新政治制度，而且要进行深层的文化改造。1915年9月，以民主、科学为旗帜的新文化运动掀起。新文化运动让当时的中国思想界异常活跃，推动了西方教育理论、教育方法、教育制度、教育模式的大量引进。

1916年6月，袁世凯政府垮台后，新上任的教育总长范源廉废止了袁氏所颁发的教育宗旨，并取消了小学教育中的读经科目。

1916年10月，经修正后公布的《国民学校令施行细则》中规定了初等小学图画科的要旨和学习内容如下：

> 图画要旨，在使儿童观察物体，具摹写之技能，兼以养成其美感。首宜授以单形，渐及简单形体，并使临摹实体或范本。[3]

《高等小学校令施行细则》中有关高等小学校图画科要旨和学习内容如下：

> 图画宜依《国民学校令施行规则》第七条第二项之规定，渐及诸种形体，并得酌授简易几何画。[4]

《国民学校令施行细则》中有关初等小学校手工科的要旨与学习内容如下：

[1] 熊明安.中华民国教育史[M].重庆：重庆出版社，1990：39.

[2] 璩鑫圭，唐良炎.中国近代教育史资料汇编：学制演变[G].上海：上海教育出版社，1991：764.

[3] 课程教材研究所.20世纪中国中小学课程标准·教学大纲汇编：音乐·美术·劳技卷[G].北京：人民教育出版社，2001：190.

[4] 课程教材研究所.20世纪中国中小学课程标准·教学大纲汇编：音乐·美术·劳技卷[G].北京：人民教育出版社，2001：191.

手工要旨，在使儿童制作简易物品，养成勤劳之习惯，审美之趣味。宜授纸、丝、黏土、麦秆、竹木等简易制作。

缝纫要旨，在使儿童熟习通常衣服之缝法，兼养成节俭利用之习惯。

首宜授运针法，继授简易之缝法、补缀法。[1]

《高等小学校令施行细则》中有关高等小学校手工科要旨和学习内容如下：

手工宜依《国民学校令施行细则》第六条第二项之规定，渐进授以竹木金属等制作及简易之制图。

农业要旨，在使儿童知农业之大要，养成勤勉利用之习惯，视地方情形授以农事、森林或水产。农事宜就土壤、水利、肥料、农具、耕耘、栽培及蚕桑、畜牧等，择与本土相宜而为儿童所易解者授之。森林宜就森林之管理、保护、利用及林产之制造等，择与本土相宜，而为儿童所易解者授之。水产宜就渔捕、养殖、制造等，择与本土相宜者授之。

商业要旨，在使儿童知商事之大要，养成勤勉信实之习惯。商业宜就贸易、金融、运输、保险及其他商业要项，择与本土有关而为儿童所易解者授之。[2]

1919年，爆发了"五四"反帝爱国运动。"五四运动"对近现代中国教育的改革和发展产生了巨大影响，这时期教育改革的一项重要成就是改"国文"科为"国语"科。国语科采用白话文教学。1920年1月民国教育部正式通令全国国民学校将一、二年级国文改为语体文。同年4月，又规定截至1922年止，凡用文言文编的教科书一律废止，采用语体文教科书。

在"五四运动"推动下，中小学图画和手工教科书的编纂者们开始摆脱清末民初图画、手工教科书编写方式的影响，探索多种新的编写方式。

一、中小学图画教科书

这时期中小学图画教科书仍以中华书局和商务印书馆组织编辑出版的图书为主。在"五四运动"推动下，图画教科书编纂者们开始探索多种新的编写方式。如1917年中华书局《新式国民学校毛笔习画帖》（张在恭编绘），此书虽属毛笔习画帖，却将图案画及手工科中的豆工、折纸等内容编入其中；1920年商务印书馆《新编图画课本》（须戒己、熊翥高、陆衣言、顾励安编纂），将毛笔画、铅笔画、图案画、用器画的内容，分别编入每册教科书之中，书中还有色彩、图案、透视等理论方面的知识；1918年商务印书馆《新体彩色写生记忆画解说》（谢公展编纂），是"以审美为一贯之主旨"；1918年商务印书馆《新体图画教授书》（王雅南编纂）是供国民学校图画教员教学

[1] 课程教材研究所. 20世纪中国中小学课程标准·教学大纲汇编：音乐·美术·劳技卷[G]. 北京：人民教育出版社，2001：322.

[2] 课程教材研究所. 20世纪中国中小学课程标准·教学大纲汇编：音乐·美术·劳技卷[G]. 北京：人民教育出版社，2001：323.

之用书，书中每一课都有"要旨"（教学目标）、"准备"（教学时须准备的材料和工具），以及"教授"（教学过程），包括"观察"（如何引导学生观察作画）、"画法"（如何作画）、"注意"（作画时须注意的问题）等内容，便于教师备课和教学。此外，1918年商务印书馆《新图案》（王家明编纂）及1918年京师第一监狱《新画图教科书图案》（王雅南编辑），是我国最早供中小学生使用的图案教科书。

总之，这时期中小学图画教科书已逐渐摆脱清末民初图画教科书编写方式的影响，开始对西方的美术教学体系与我国传统的图画教学体系的融合进行了探索与实践。

（一）中华书局编辑出版的图画教科书

"新式教科书"系列

随着新文化运动的开展，尤其是杜威的实用主义教育学说在中国的广泛传播，中小学教学法产生了演变。而为了顺应这场教学变革，教科书的编写也有了新的变化。

1915年12月，中华书局推出"新式教科书"系列。此系列教科书的编纂体例、全书内容、教授方法等皆多创新例，特名为"新式教科书"。此系列教科书采用当时较新颖的教育方式——"自动教育"，并采用"于初学年采练习主义，期以培植儿童自力研究之基础。于高年级采自学辅导主义，期以养成儿童自力研究之习惯"的教学顺序。[1]

《新式国民学校毛笔习画帖》

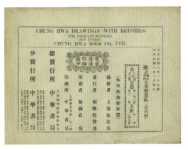

3-2-1

图 3-2-1　张在恭编绘《新式国民学校毛笔习画帖》，上海中华书局，1917 年

《新式国民学校毛笔习画帖》属于"新式教科书"系列中的一种。此书于1917年（民国六年）3月初版，共6册，16开，供国民学校教学使用。

此书是我国较早将绘画、图案画、手工合编的教科书。

此书"教授法撮要"中提出"练心""练目""练手"对习画的重要性：

习画之最要者，莫如练心、练目、练手，三者缺一不可。苟心不练熟，则目与手虽灵敏，无所适从。目与手不练熟，则心思虽巧，无从发表。故此三者，当同时并进，为习画之基础。授者学者，均须注意。

[1] 李桂林，戚名琇，钱曼倩.中国近代教育史汇编：普通教育［G］.上海：上海教育出版社，1995：661-662.

心为运思之具，不练心则目易误会，手易妄涂。虽或摹仿临本，每易差误，更无论其独出匠心，构造新图也。故绘图当以练心为主，练心之法，以临画为初基，且须复习，使脑中印象深确；更授记忆画以坚强其记忆力；然后使作种种之考案画，以养成其创作力。若此则心思敏捷，虽目见耳闻，亦不难描写其状态矣。

目为视物之具，不练目则物体之状态，光线之浓淡，色泽之浅深，以及大小广狭长短远近，不能辨别真确。虽笔法优美，思想精巧，绘成之物，往往比例不称，光暗失宜，遂失天然真趣。故练目工夫，尤当注意。练目之法，莫如练习目测。故习临画及写生画时，当以目力测度各线之斜度长短，各体之大小阔狭，以及比较距离之远近，光暗之浓淡。或设定线分之为若干份，或放大缩小各种面体为若干倍，皆所以养成目测之能力，则绘成之物，自能比例无差。

手为造画之具，不练手则无限眼力，万种心思，不能形之于纸。即或勉强堆凑，亦属笔姿陋劣，全体乏神，无非乱点乱线，大违天然之形态。故练手工夫，亦极重要。练手之法，先习执笔法，以及正笔侧笔之运用法。然后练习各种直线曲线。但无论绘何种之线，必限定其长短方向。盖不限定，而任意乱涂，虽习无益，以后即不能绘合度之线。每每欲长反短，欲曲反直，当止不止，当行不行。故绘各种直线与曲线，当反复练习，愈久愈佳。如此则手腕圆活，笔法娴熟，无论绘何形体，目能随意观察，心能任想结构，不患其不能意到笔随也。

"教授法撮要"还说明了绘画的教学要点及评改的注意事项：

凡授一图，必将其物体之状态，与其特异之点，详细讲明。如人造物之造法，及造成之原料，天然物之产所功用性质等类，均须演讲，俾儿童每绘一物，即知一物之种种情形。

凡绘一图，须将实物对照，且择类似之实物互相比较，使儿童之观察力易于真确，并可明证画例之所以然。

凡绘任何形体，皆可设轮廓以为基本形，如三角四角圆周立方圆锥圆柱之类。故每绘一图，先审视其大段形态，合何种轮廓，即以何种轮廓以包含之，俾易于用笔。而各线之长短曲直，即易于比拟与目测。惟复杂之物体，不能包含于一切轮廓者，则可分段为之。

凡遇有规则之物体，易于讲明透视之画理者，则将主点天际线以及平行视法、角视法等，种种方位之变化，择要教授，俾儿童略知画理，得自由创作。

凡授一图，必先将其理法反复设问，或使儿童指出图中之所在，或使之比较各线之长短斜度，以及各体之远近比例，俾易于领会，至设问之方法繁多，难于尽载，是在教师随意触发也。

凡临画纸幅，不必与范本同大，但其长短阔狭，必与范本同比例。乃目测临本之第一笔，与纸缘上下左右之距离，而绘于画面为标准，或以轮廓之中轴为标准，然后依第一笔之比例，依次绘成。则比例既准，亦无位置过高过低，偏左偏右之弊。

儿童习画，往往迟速不一。迟者愈限不成，速者未及限时而已毕。倘听其自习他课，则有碍教室规则；闲坐则虚掷光阴，殊属可惜。且儿童恶静，一有余暇，即易生不规则之活动，故在余暇时间，当使练习划线及速写画等以补其缺。

批改课本，只能修改其差误于已成之后，不若于儿童习画时，教师巡行几案间，以检查其差误而矫正之，较为亲切。且在教室内，正一人之误，余人亦因此留意。故课时矫正，较课卷上之批改，获益更多。

图画除最优最劣之外，普通者辨别等第，每易混乱，故分五项鉴别，较易着手：（1）画面洁净否；（2）位置合格否；（3）比例无误否；（4）形态整缺否；（5）笔姿自然否。

据此书"凡例"介绍：

国民学校第二第三年，每周授图画一时，以两时授一图，全年四十周，当授二十图，故第二第三年各二册，每册各十图，足供第二三年之用。第四年每周授图画二时，全年当授四十图，分为二册，每册二十图，足供第四学年之用。

国民学校男女生教材大都通用，故是帖亦可兼授女生。惟女生第四年每周仅授图画一时，教师可即以第四年上下二册择要抽授。

东西各国于图画一科，颇注意于图案画，故是帖凡授若干图，必间以各种图案画以养成儿童之创作力，且为美术工艺之基础。

此书主要教授的内容如下。

第一册：水平线和垂直线、斜线、圆周、曲线、八结（附应用图）、斧凿、皮囊、厨刀和果刀、浴桶和木勺、洋铁喇叭等。

第二册：银箱和门、账台、花瓶、水盂、线板和剪刀、立方体和立方锥（豆工）、宜兴茶壶和茶杯、砚和笔洗、鼓凳和担桶、图案画（带状模样二式）等。

第三册：茶杯（加减变化法）、书页挟、锯、古铜香炉（方底）、古铜香炉（圆底）、帆船、手车、眼镜、钟和茶壶水盂茶杯（钟式之变化）、椅（豆工）等。

第四册：葫芦（宾主配合式）、漱口具、皮球和打气筒、上元灯、玻璃挂灯、茶杯（长方轮廓变化法）、咖啡杯、茶碗、图案画（单体模样二式）、图案画（带状模样四式）。

第五册：鼎（形式变化法）、郁金香、水仙花、花瓶（卵圆基本形变化法）、玻璃果盆、纸猴（折纸手工）、折扇和皮夹、掌形叶（方位之变化法）、石榴、纱帽、革囊、蝶、月季花、犬、花瓶（凹圆柱基本形之变化法）、樱桃、锯斧、枇杷、图案画（单体模样三式）、图案画（连续模样二式）等。

第六册：椅和酱醋碟（折纸手工）、荸荠和百合、芜菁、油墨和胶棍、茶壶（方向之变化法）、橘子、假面具和木枪刀、兔灯和绣球灯、煤油灯、纸蛙和小刀（折纸手工）、剪秋罗、鸡、亭树（方锥立方之结合法）、玻璃方挂灯、老少年（又名雁来红）、杏花（方位之变化）、木规和直尺、黑板拭和粉笔、图案画（单体模样二式）、图案画（单体模样二式）、图案画（带状模样二式）等。

（二）商务印书馆编辑出版的图画教科书

文言是"五四运动"以前通用的以古汉语为基础的书面语。民国初期编写的教科书虽然开始注意到文字的浅显化问题，但用文言编写的教科书仍是主流。新文化运动时期，胡适在《新青年》发表《文学改良刍议》，宣称："与其用三千年前之死字，不如用二十世纪之活字。"[1] 1917年10月，第三届全国教育会联合会通过一项决议案《请定国语标准并推行注音字母以期语言统一案》，提出：

> 我国语言不能统一，凡事每生障碍，欲谋教育普及，亟宜采取与文相近之语言，编制一种标准语，以蕲国语之改良，且助文化之进步。考之东西各国，其小学校不称国文科，而称国语科者，盖有由也。至于读音统一，实为语言统一之初步，故大部于民国二年时，特开读音统一会，公制注音字母三十九，专讲读音，作统一语言之基础。民国四年，在京试办注音字母传习所，分级教授，成绩颇良，更编电码、旗语等，亦堪应用。若将此项字母推行各地，于语言之统一，不无裨益。拟请大部速定国语标准，并设法将注音字母推行各省区以为将来小学国文科改国语科之预备。[2]

1918年11月，民国教育部公布了借鉴日语假名的方式创造的注音字母，用以给汉字注音；1920年1月，又向各省发布训令，要求全国各学校自当年秋季起，先将一、二年级的国语课本改用语体文（即白话文）；1922年冬季，凡原先使用文言所编教科书一律废止，各种教材一律改为语体文。

当时，商务印书馆凭借与蔡元培、胡适等人的良好关系在教科书市场抢得先机，将国语运动的成果以教科书的形式融入语文教学中。商务印书馆在1919年8月出版了由庄适编纂、黎锦熙等校订的《新体国语教科书》8册，并逐步推出各科新体教科书。这是第一套系统的白话文教科书。

1. "新体教科书"系列

（1）《新图案》

 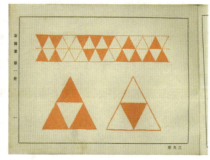

图 3-2-2　王家明编纂《新图案》，上海商务印书馆，1918年

《新图案》属于"新体教科书"系列中的一种。此书于1918年（民国七年）4月初版，1920年（民国九年）5月再版，共6册，大32开，供高等小学校学生使用。

此书是我国最早为高等小学校图画科编写的图案画教科书，对我国以后小学图案画教学起到很

[1] 胡适.文学改良刍议[J].新青年，1917，2（5）.

[2] 李桂林，戚名琇，钱曼倩.中国近代教育史资料汇编：普通教育[G].上海：上海教育出版社，1995：500-501.

好的引领作用。

此书"例言"介绍：

> 是书按照高等小学程度，由浅渐深，由简渐繁，务使学之者有步步之入胜，水到渠成之乐。

> 是书各幅先设一图样，以为模范，后即从此模范加以变化或颠倒之，或连缀之，实有五花八门层出不穷之概。

> 图案画虽以设色艳浓为主，而尤以用笔灵动为佳。是书只用二色，惟笔法灵妙，故能如锦如绣，如荼如火，且各种画样点缀于绸布花边之上，亦觉合宜。学之者，不徒得图案画之门径，并有裨于实用，尤为合法。

此书主要教授的内容如下。

第一册：三角形、卍字形、菱形、八角形、六角形、桐叶形、梅花形、松针组合法、杂组连续式等。

第二册：斜卍字形、三角花叶形、三角杂组、方形杂组、圆形花纹应用法六、长方形花纹应用法、四方形花纹应用法、花叶应用法、花纹形式等。

第三册：正六角变化式、三角变化式、六角圆形、花蝶圆形、花纹形式、散点模样、连续模样、枫叶应用法、樱花应用法等。

第四册：孔雀形、小鸟变化形、适合应用法（兔）、适合应用法（鸭）、适合应用法（鸭）、适合应用法（茧蝶）、应用图样（雁）、应用图样（蝴蝶）、应用图样（蝴蝶、蜻蜓）、应用图样（云鹤、双凤）等。

第五册：六角形变化、方形变化、应用图样等。

第六册：器物花纹、变化圆形花样、变化方形花样、变化杂形花样、花圈应用法、图案写生法等。

（2）《新体图画教科书》

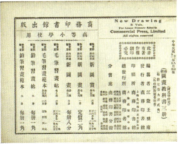

图 3-2-3

图 3-2-3　王雅南编纂《新体图画教科书》，上海商务印书馆，1918 年

《新体图画教科书》属于"新体教科书"系列中的一种。此书于 1918 年（民国七年）8 月初版，1922 年（民国十一年）5 月发行第 2 版，共 3 册，16 开，供国民学校学生使用。

王雅南，生卒年不详，江苏江阴人。曾任国立北京高等师范、女子师范两校教授，有十余年的教学经验。曾编辑国民小学及高等小学图画教科书、教授书13册，中学校、师范学校《共和国教科书新图画》（8册），以及对应教授书（1册），还为师范学校编写专用的黑板画、教授法教科书等。

此书第一册供国民学校第二学年使用，主要教授的内容有：线、菱形、哑铃、鲤、梨、线、茶碗、蜻蜓、三角形、小树、蝙蝠、笔、梅、茶壶、鹅、鼠、花瓶、山、大川、角花、笋、犬、书包、兵船、桥、蝶、菜、学生、海景、猫、牵牛花、小鸟等。

第二册供国民学校第三学年使用，主要教授的内容有：边、蜘蛛、白萝卜、秋海棠、草虫、手、佛手、鸭、信封、纸匣、平原、农夫、冬树、牛、袋、远树林、垂杨、蛙、山、海岛、蔷薇、蚕、野树、雏鸡、枇杷等。

第三册供国民学校第四学年使用，主要教授的内容有：葡萄、蚱蜢、草人、金鱼、方纹、虾、炮弹、杂线、花纹、鸽、稻堆、竹、疏林、虎、雄鸡、赛跑、制图用具、镰与稻、几何图等。

（3）《新体图画教授书》

3-2-4

图 3-2-4　王雅南编纂《新体图画教授书》，上海商务印书馆，1918 年

《新体图画教授书》属于"新体教科书"系列中的一种。此书于1918年（民国七年）8月初版，1923年（民国十二年）3月发行第2版，共4册，16开，供国民学校图画教员使用。

此书是我国较早将铅笔画和毛笔画结合起来编写的教科书，每册安排40课时，每次1课时。

此书第三、四册内容不详，其他分册主要教授的内容如下。

第一册供国民学校第二学年用，其中铅笔画与毛笔画各占50%；学习方式临画占82.5%，记忆画占17.5%。主要教授的内容有：铅笔模样（线、三角形、角花），铅笔人工物（菱形、笔、花瓶、书包、桥、洋房、秋千），铅笔风景（小树、夜月、大川、海景），铅笔蔬果（梨、葫芦），铅笔花卉（梅），铅笔鳞介（白鱼），毛笔人工物（哑铃、茶碗、茶壶、兵船），毛笔鳞介（鲤），毛笔虫豸（蜻蜓、蝶），毛笔禽类（蝙蝠、鹅、小鸟），毛笔兽类（鼠、犬、猫），毛笔风景（山），毛笔蔬果（橙、笋、菜），毛笔人物（学生），毛笔花卉（牵牛花）等。

第二册供国民学校第三学年用，其中铅笔画（以色铅为主）占75%，毛笔画占25%；学习方式临画占60%，写生占25%，记忆画占15%。主要教授的内容有：铅笔模样（边、方格、菱纹），铅笔人工物（信封、纸匣、袋、泥丸、旗、砚笔、花瓶、纸折蝉），铅笔风景（平原、冬树、月、远树林、垂杨、山、曲水、海岛、野树），铅笔蔬果（白萝卜、佛手、麦、枇杷），铅笔花卉（蔷薇），铅笔虫豸（蜘蛛、草虫），铅笔兽类（羊、牛），铅笔禽类（雏鸡），毛笔人工物（橡皮球、洋瓶、棍棒），毛笔鳞介（蛤、蛙），毛笔虫豸（蚕），毛笔禽类（鸭），毛笔人物（手、农夫），毛笔花卉（秋海棠）等。

（4）《新体彩色写生记忆画解说》

《新体彩色写生记忆画解说》属于"新体教科书"系列中的一种。此书于1918年（民国七年）6月初版，至1927年（民国十六年）6月已发行第8版，共2册，大32开，供中学校、师范学校学生使用。

谢公展（1885—1940），名寿，一作翥，以字行于世，江苏丹徒（今属江苏镇江）人。曾任南京美术专门学校、上海美术专科学校、新华艺术专科学校、暨南大学国画科教授，上海务本女子中学教员。1929年与郑午昌、王伟等创立蜜蜂画社。善花鸟鱼虫，尤工画菊，有"谢家菊"之称。著有《太湖吟啸录》《水彩画》《记忆画》《公展三十年教授文画之心得》等。

3-2-5

图 3-2-5　谢公展编纂《新体彩色写生记忆画解说》，上海商务印书馆，1918 年

此书"序列"指出：

> 我国美术发达最早，而无美学专书。我国图画高于各国，而无图画教育。……清季废制举，兴学校，于是往日书房中夏楚不可宥之图画，俨然列入教科矣。而执教鞭者，又往往拾取外人之唾余，不知利用我国图画界之特点。数典忘祖，厌故喜新，究之新之趣味不能得，故之精神更安知，谬种流传，几不知美之一字为何物。而犹或宽以自解曰，教育画不过尔尔也，众人见之，亦以为或者尔尔也。而所谓受图画教育者，入校数年，或不能自成一稿。对临一物，不亦惑乎。

"序列"亦介绍了此书凡例：

> 本编依中等教育之课程编辑，故一切理论及稿本悉以中等教育之程度为准。每册附设色图十页。

> 本编体裁，出于编者自创，每课按稿说明设色之次序，注重运笔与写光之理法，由浅及深，由粗及精，务期学者了解图画与实物之关系，确得行笔与设色之方法，而以审美为一贯之主旨。

> 所附稿本，多系写生，间有追忆往日所见而想象描出者，亦列入之，使学者明写生画与记忆画同为表出精神生活之要具。

> 各稿所绘之实物，均按时序排列，以便学者研究某种画法时，即有某种真物可供考证。

本编讲论画法处，必插入本稿之局部勾勒图。其主要之部分，尤不厌琐碎，一再胪举，以便学者按图证义，心领神会，且可供预习之参考。

本编每课之末，附有同类写生稿，为练习与应用之资料，所以使学者先求有凭藉之自动。每阅五课，则列试验题若干条，所以使学者纯从心得上发挥真实之经验。其平时仍以多习写生为贵，庶几得辅导自动主义之真益。

各稿皆有题笔，或诗歌，或小记，或仅列名印。其位置，或左或右，或上或下，或宜平列，或宜直书，均与画有联络之关系，学者于此可增长审美之智识。

临画易有妨害自动之流弊，以成世界确论，然苟领得辅导自动之精神，实行由近及远与由对临而背临之方法，则其功用亦未可一概抹杀。故本编之性质，包有写生画记忆画种种之作用在内，学者遵法以行，却可于此中陶冶自动之基础。

讲求笔意，为我国图画界之特色，本编利用此点，故各课对于运笔法不惮反复指示，而光线及阴影之理法，亦兼搜并采，相辅而行，以期学者明乎图画精神之所系，首在笔意。庶几脚踏实地，成为我国之图画。

此书主要教授的内容如下。

第一册：秋海棠，天牛、竹，黄蜀葵、剪秋萝，月季，粉蝶、野菊、蟋蟀草、蓝菊、金盏草，蝉、柳、蓼，菊二种（金盘桂蕊、松阴夕照），木芙蓉二种，新会橙、代代橘。

第二册：南天烛，石、水仙，雀、梅，辛夷，石南、桃，金鱼、水藻，樱、丁香、白头鹩、槭树，天牛之一种、凤仙，茄、王瓜、荸荠。

（5）《新体写生水彩画》

3-2-6

图 3-2-6 须戒己编纂《新体写生水彩画》，上海商务印书馆，1920 年

《新体写生水彩画》属于"新体教科书"系列中的一种。此书于1920年（民国九年）10月初版，1921年（民国十年）5月发行第2版，共1册，大32开，供中学校、师范学校学生使用。

须戒己，生卒年不详，上海宝山人，曾在江苏吴江中学等校担任美术教师。编著的教材有《图案教材》《新著图画研究》《新著图画研究法》等。

编者在此书"自序"写道：

余担任图画教授已十年矣，到处检阅学生成绩，其中之临摹范本者，姑不论，而其写生者则大可研究。如写一桌，有后面之足长于前面者；写一碗，口之两旁尖而成桃核形者；或写一河，而其水反高于岸者。推其原因，大概由于缺乏根本观念，欲令解决根本上问题，必需有良好之准则。……画帖只能作参考品，习画入手，宜注重写生。

此书"例言"介绍：

本书聚集水彩写生画之各种画法，分类编辑，以实用为主。

本书之材料，悉以初学写生最重要最不可少之种种定理及景物，组织而成。

本书为提倡普及美术起见，用浅显文字，并列有普通画图，即向未习画者读之，亦能作画。

本书内容，图说相辅而行，使学者易于完全领会。

本书先以说明定理，然后引至应用，使学者入手有方。

此书共有七章。第一章主要介绍写生当如何入手；第二章主要介绍水彩用具及用品，以及水彩的颜色；第三章主要介绍透视理论、阴影及阴阳面、反影等知识；第四章主要介绍骨骼及轮廓、位置和纸式；第五章主要介绍色彩、施色之次序、画影及背景等知识；第六章主要介绍室内写生画各种景物之手续，包括立方形、半球形、圆锥形、圆柱形、圆球形、圆形等画法，以及郊外写生画各种景物之手续，包括云与天空、树、草地及路、山、水等画法；第七章主要介绍动物、人物等画法，动物包括马、牛、羊、鸡、犬、豕、兔、猫、鼠、鸭、鸽、雀、蜻蜓、金鱼，人物包括白面容、棕色面容、黑面容、人体姿态略图。

（6）《新体粉画写生法》

《新体粉画写生法》属于"新体教科书"系列中的一种。此书于1921年（民国十年）10月初版，至1923年（民国十二年）11月已发行第3版，共1册，大32开，供中学校、师范学校学生使用。

此书"凡例"介绍：

此编以英吉利粉画学会（Pastel Society）会员李区蒙（L. Richmond，R.B.A.）、利德尔（T. Letlljohus，R.B.A）两氏，所编之粉画研究一书为本，而参以自身研究所得之知识及其经验，贡献于同志。

此编可供中学校、师范学校、美术学校教本，及研究粉画学者之参考。

此编专为研究粉画写生，故不涉及铅笔画、木炭画、水彩画、油彩画之学说。

3-2-7

图 3-2-7 〔英〕李区蒙、〔英〕利德尔著，孙镕、王观仁编译《新体粉画写生法》，上海商务印书馆，1921年

此编文求简浅，理取真确。其所主张写生，为正宗之研究，尤适于现代最新之艺术。

此书经过了三次修订，并请刘海粟"示以写生之理法及其真铨，得一美满之结果"。

此书共有八章。第一章绪论，主要介绍粉画之名称、粉画之特色、粉画之地位、粉画之知识等；第二章材料及绘具，主要介绍色粉笔、特制纸、特殊之绘具、特殊之速写箱等；第三章材料之运用，主要介绍色粉笔之运用、特制纸之运用、利用之纸笔、忌用之材料等；第四章三种绘法，主要介绍色粉画的三种画法；第五章写生法，主要介绍静物、动物、风景、人物的写生方法；第六章速写，主要介绍速写之概念、速写之注意、速写之取色、速写簿等知识；第七章保存及装潢，主要介绍镜中之收藏、雾吹之保存、裱法、装饰等方法；第八章余论，主要介绍粉画画面之修改、粉画画面之构成、粉画之鉴赏等知识。

（7）《新体油画解说》

3—2—8

图 3—2—8　〔英〕卡利安著，潘履洁译述《新体油画解说》，上海商务印书馆，1921 年

《新体油画解说》属于"新体教科书"系列中的一种。此书于1921年（民国十年）6月初版，1922年（民国十一年）6月发行第2版，共1册，大32开，供中学校、师范学校学生使用。

此书"序"介绍：

> 油画在欧西，为美术家无上之品。近来欧化东渐，社会习尚以变，倾向油画者日盛，富贵家陈设，几以无油画为耻。美术展览会，油画一门，出奇斗胜，光怪陆离，评判家亦斤斤致意。然皆无标的，无印证，言人人殊。潘君愍焉悯之，不惜费其宝贵光阴，译英人卡利安油画术一书，以供社会。

译者在"自序"指出：

> 初学油画，必先有法以导其通常之研究，及实践之练习，至后稍谙门径，予将以最简易之法，告学者而一试之。虽然，具是一种法则，凡适合于此者，未必适合于彼。故予于其他各种法则，亦略述大概，俾学者得所择从，以与其天才相配也。

2. "新编教科书"系列

（1）《新编图画课本》

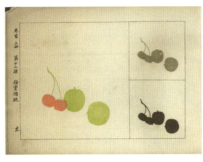

3-2-9

图 3-2-9　须戒己、熊翥高、陆衣言、顾励安编纂《新编图画课本》，上海商务印书馆，1919—1920 年

《新编图画课本》属于"新编教科书"系列中的一种。此书于1919年（民国八年）2月至1920年（民国九年）12月初版，1924年（民国十三年）4至5月发行第2版，共8册，16开，供国民学校学生使用。

熊翥高，生卒年不详，上海青浦人。曾在江苏省立第二女子师范学校、江苏省立第一师范附属小学校任教，擅长手工。参与民国教育部组织的历次小学、中学手工（包括工用艺术、工作、工艺、劳作）课程标准的制订。编写小学图画、手工教科书、教学法书十多套，均在商务印书馆出版。

此书主要教授的内容如下。

第一册：红绿赭三色之名称、黄青紫三色之名称、旗、运动场、山、树、飞鸟、菜花、桃花、樱桃、梅实樱桃、避瘟袋、帆船、木船、鱼等。

第二册：蜗牛、蜻蜓、蝶、明月、夕阳、蓼花、水盂、青菜、芜菁、手套、柳条布、梨、荸荠等。

第三册：色之名称、拨浪鼓、灯、纸鹞、郊外、春景、小鸡、小鸭、蔷薇花、石榴花、石榴花带形图案、慈姑叶、扁豆叶等。

第四册：国旗、菱、藕、酒壶、菊花、月下之塔、茅屋、书包、纸伞、皮鞋、飞雀、飞雁等。

第五册：马褂、悬衣、梅花、梅花散点图案、春景一、春景二、鼠、猫、勾轮廓法、壶、黄鱼、菖蒲和大蒜头、海景、海圻军舰、海容军舰等。

第六册：彩色之混合法、秋海棠、单独图案之变化法、虾、蟹、直角之使用法、方格、天竹、镰刀和稻、枫、盆中卵、兔等。

第七册：长方板之工作画、工作画之定理、作台板之工作画、金鱼、风景透视画之定理、铁道、杭州西湖白堤、南京钟鼓楼、蝶、连续图案之组合法、正方形透视画之定理、信封、紫薇、圆形透视画之定理、团扇、茂树一、茂树二、燕、鸽、长方匣之工作画、猪、马、牛、黄瓜、荷、单独图案等。

第八册：葡萄、立方体透视画之定理、衣箱、叶之各面形、冬青、圆柱体透视画之定理、帽筒、雄鸡、鹅、阴阳面之定理、喷筒、阴影之定理、皮箧、苹果、柿、足、手、男儿、投影画之定理、长方匣之投影画、广告画等。

（2）《新编图画教案》

图 3-2-10　熊翥高编纂《新编图画教案》，上海商务印书馆，1919—1921 年

《新编图画教案》属于"新编教科书"系列中的一种。此书于1919年（民国八年）1月至1921年（民国十年）2月初版，1923年（民国十二年）5至12月发行第2版，共8册，16开，供国民小学校图画科教员使用。

此书是我国较早罗列临画、写生、考案、记忆、说明等教授方法的教案。为了提供教授上之方便，书中各课皆列教授详案。

此书"编辑之要旨"指出：

国民学校教授图画，仅使儿童审察实物之形象，深印于脑海而已；练习手指之动作，稍尽其妙用而已；示以基本的生活技能，启发其审美的感情而已。他若养成特出之技术家，非国民学校图画之要旨，亦非国民学校图画教授之可能事，是以本书编辑之要旨。不偏重练习描写，而兼授抽象的定理，使能理解创作为主旨。

此书的编写目的是：一、陶冶儿童审美的品性；二、修养整理忍耐精细清洁等习惯；三、练习眼之实测锻炼手之技能；四、使知描写方法；五、使知彩色之名称及辨别能力配合方法；六、授以学理上之定理；七、启发工艺上之知识。

此书"例言"介绍了其编写特色：

咸以单元排列，一单元之结束，必加课写生，或考案记忆等应用方法。所取用具，按诸儿童身心，废除其区别。所取教材，处处务求应用，故无种类上之区分。所取绘画方法，俱按步渐进，无逾越之患。上列三者之配置方法及分量，俱详述于纲要中。本书之教材，大半曾在第一师范附属小学校，施行五载，每一教材，藉数人之经验，经实地教授二十余次，已经解决之困难问题，及应注意事项，皆详列于教授案中，可省教师试验劳力不少。本书第四册以上之范本，所绘一物，不仅备一种姿势，例如绘马立于地之姿势，旁边又列走者、跑者、纵者、横者各种姿势之参考图，使儿童得复习之材料，且可举一反三而易于理解。本书彩色画旁，必另立墨笔铅笔画之参考图，以备不能购置彩色笔者之临描，又可谓复习之材料。

此书第一二册为国民小学校一学年所用；第三四册为二学年所用；第五六七八册为三四学年所

用。另还编有供学生使用的课本八册。

此书教学内容分三类。一类为自然画，其中第一学年四十课，第二学年三十六课，第三学年三十四课，第四学年五十课；内容包括风景、植物、动物、人物、器具、玩具、衣服、杂物等。一类为图案画，其中第二学年四课，第三学年三课，第四学年十课；内容包括带形图案、散点图案、连续图案、单独图案、广告画等。一类为几何画，其中第三学年三课，第四学年十七课；内容包括直角之使用法、工作画、正方形透视、圆形透视、立方体透视、圆柱体透视、风景透视、影画等各种定理等。

（三）京师第一监狱编辑出版的图画教科书

《新图画教科书图案》

《新图画教科书图案》于1918年（民国七年）3月初版，共1册，大32开，供中学校学生使用。

"图案"一词是沿用日本的称说。1923年颁布的《新学制中小学图画课程纲要》，第一次明确规定将"图案"纳入中小学图画科，并作为主要学习内容之一。此书是我国较早以"图案"作为书名编写的中学教科书。此书的编写出版对新学制中学图案画教学起了很好的引领作用，奠定了图案画教学的基础。

此书"绪言"指出：

3-2-11

图 3—2—11　王雅南编辑《新图画教科书图案》，京师第一监狱，1918 年

> 各种科学之教科书，对于科学本身之能否发达，及教授上能否得力，与夫一科学与他科学能否发生良善之影响，均有极密切极重大之关系。此中理由，谈教育者类能知之，类能言之，可不多述。
>
> 我国自提倡新式教育至今，各种教本之渐臻完善者，固属不少。因循不求进步者，亦间有一二。就中图画一科，似尤不能尽满人意。此因编者深慨是科之不发达，故不觉率直言之。
>
> 图画一科，律以专门的眼光，则为美术中极重要之独立部分，律以普通的眼光，则为理工医农四科之辅助技术。揆诸中国今日之需要，藉曰美术之提倡，可以从缓，以其有关理工医农四科之故。编者敢断言曰，图画之于今后之实质的科学界，不啻数学之于物理化学。
>
> 图画一科在教授上可别为三部：第一部为理解的；第二部为临摹的；第三部为参考的。此三部虽各有特点所在，要当汇而为一，同炉而合冶之，使成一完全之统系，始足应普通教育之所需。顾普通教育，科目繁多，图画一科，所占时间甚短，欲以甚短之时间，消纳此三部分之教练，即不求其高深，但求其具体而微，足与他种科学得平行之程度，已属万分困难。

据编者自述，此书编辑"至为审慎，再四改订，始成定稿。程度求其相当，教材求其匀合，文笔则力求明了，不尚浮词"。

此书分四章，第一章总论，主要介绍图案定义、种类及其用具；第二章练习，包括点线、文字、器物、植物、动物、风景等图案练习，并附有图例供临摹用；第三章作成法，主要介绍取材、变化、排列、色彩、充填等方面的图案知识，并附有图例为说明理法用；第四章应用例，主要介绍平面绘画、平面装饰、器物构造、器物装饰等图画绘制、装饰的方法，并附有图例供参考。

二、中小学手工教科书

受实利主义和实用主义教育思潮影响，手工教科书的编者产生了新的思考。如1915年9月上海澄衷学校印书处发行的《新编小学手工范本》，编者赵传璧认识到"手工者即启发工业思想之学科也"，通过手工科的学习"夫而后可以言工业，可以言富强"。虽然，书中的学习内容仍为各种细工及木工、金工等，但是在竹细工、木工、金工的学习内容中增加了许多日用器物的制作，如插信架、衣架、插笔架、花盆架、笔筒、烛台、照相框、烘筛、铁丝网、网杓、火箸、小凿刀、锥等。

此外，这时期手工教科书开始摆脱日本明治时期手工教科书的影响。如1916年9月上海商务印书馆出版、熊鼐高编纂的《实用手工参考书》，编者在"序言"中指出："现在坊间所出版之手工书，大抵根据于日本明治三十二年（1899年）文部省出版之师范讲义手工书，不适合教授。"而《实用手工参考书》取材于"或我国旧有之物，或以旧式改良者，间取新式"，并且将书中"近乎冥器之教材，如桌椅等，概摒弃勿录"。

总之，这时期手工教科书已开始注重实用性，让学生学习日常生活中的一些知识和技能，并为学生今后的职业做准备。

（一）中华书局编辑出版的手工教科书

《手工教材玩具制作法》

图 3-2-12　郭义泉编纂《手工教材玩具制作法》，上海中华书局，1920 年

《手工教材玩具制作法》于1920年（民国九年）8月初版，至1936年（民国二十五年）3月已发行第11版，共1册，32开，供小学校学生使用。

此书编者认为，玩具在教育上有练习感觉、启迪智能、陶冶品性和锻炼身体的价值，他在"第一章　玩具之意义"中指出：

> 好游玩，喜嬉戏，乃儿童之天性；亦即天赋儿童以活动之性，俾助身体之发育，精神之充实者也。惟既事游戏；必求相当器具，藉以鼓舞兴趣。此辅佐游戏之具，即玩具也。德国教育大家富勒倍尔尝称玩具为神赉之珍品，特命其名曰"恩物"（Gift）盖玩具之为物，固足资助儿童成育之无上珍品也。

此书"例言"介绍：

> 本书材料，理论与实际并重，可供各学校手工科之教材及研究幼稚教育或制造玩具者之参考。

> 本书所选简易玩具，凡二百二十余种；依其原料，分为土、纸、竹、木、麦秆、绵毛七类，皆简单易制，适合手工教材。就中竹木制品，并收简易物理器械多种，尤有裨益。

> 简易玩具之制作，应以"以玩具造玩具"为主旨；故本书所收各品，适于幼稚园之幼儿与小学儿童之制作者，最占多数；但合于中等程度之学生及成人制作者，亦择要具收之。

> 我国幼稚教育上，对于玩具一项，素少注意；而制造玩具者，又鲜教育知识及世界观念；均属莫大缺憾。故本书对于玩具之教育的价值，制作上之要点，及各国玩具业之状况等，论究特详，藉资研究。

此书主要教授的内容有：玩具之意义；玩具在教育上之价值，包括练习感觉、启迪智能、陶冶品性、锻炼身体；儿童自制玩具之利益；玩具之分类，包括教育上之分类，制造上之分类；各国玩具业之现状及特色，包括德国、美国、俄国、法国、英国、日本等国；吾国玩具业之现况及振兴之必要；玩具制作上之要点；玩具制作用材料，包括黏土类、木材类、竹材类、金属材料、其他材料；玩具着色法，包括黏土制玩具着色法、竹木制玩具着色法、色之种类、有毒色毒与无毒色素；玩具制作用工具；简易玩具制作法，包括简易工具、简易玩具材料，以及黏土制玩具、竹制玩具、纸竹制玩具、木制玩具、木铁丝制玩具、麦秆制玩具、绵细工玩具、羽毛制玩具的制作法等。

（二）商务印书馆编辑出版的手工教科书

"实用教科书"系列

1915年，商务印书馆推出"实用教科书"系列。此套教科书的宣传广告语指出："教育之道与时势为转移，教科书为教育之主要品，尤当视教育之趋势按时编辑。现今教育方趣重实用主义，本馆有鉴于此，特尊新颁教育纲要与教育宗旨，编成小学实用教科书多种同时出版，为近今最新最良之本。"[1] "实用教科书"系列顺应实用主义及自学辅导主义教育，非常注重实用性。

[1] 石鸥，吴小鸥. 中国近现代教科书史（上册）[M]. 长沙：湖南教育出版社，2012：197.

（1）《实用手工参考书》

《实用手工参考书》属于"实用教科书"系列中的一种。此书于1916年（民国五年）9月至1918年（民国七年）12月初版，共4册，大32开，供小学校学生使用。

此书第一册"例言"介绍：

3-2-13

> 本书预计，将厚纸、订书、贴纸、组纸、黏土、麦秆、结纽、绣纸、恩物、折纸、豆工、竹工、木工、金工等分编数册。小学校手工科之设备，手工教室及公共用具之设置，经费之计划，单式复式种种学校应用之要目细目等，合编一册，陆续出版。

图 3-2-13　熊薰高编纂《实用手工参考书》，上海商务印书馆，1916—1918 年

> 现在坊间所出版之手工书，大抵根据于日本明治三十二年（1899年）文部省出版之师范讲义手工书，不适教授。担任是课者，谅已尽知，无待赘言，故本书仅取其数十分之一。

> 现在坊间所出版之手工书，取用工具材料等，均仍日本师范讲义手工书之旧，不能购备者，十之八九。本书取用者，或我国旧有之物，或以旧式改良者，间取新式，亦必详列图说，以备仿造。

> 本书对于近乎冥器之教材，如桌椅等，概摒弃勿录。

> 本书所列教材，或备分团式教授，易于取材，或备自由制作时，得以参考，或屡易其形式，备为唤起制作兴味之助，教者任取其一部可也，故不必全部教授。

此书第一册分厚纸、订书细工两部分。其中厚纸部分主要教授厚纸细工之教授法、用具、材料、制作法等；订书部分主要教授订书细工之教授法、用具、材料、制作法等。

第二册分贴纸、组纸细工两部分。其中贴纸部分主要教授贴纸细工之教授法、用具、材料、制作法等；组纸部分主要教授组纸细工之教授法、用具、制作法等。

第三册分竹工、木工两部分。其中竹工部分主要教授竹工之教授法、用具、材料、制作法等；木工部分主要教授木工之教授法、用具、材料、制作法等。

第四册分麦秆、黏工两部分。其中麦秆部分主要教授麦秆细工之教授法、用具、材料、制作法等；黏土部分主要教授黏土细工之教授法、用具、材料、制作法等。

（2）《女子刺绣教科书》

《女子刺绣教科书》属于"实用教科书"系列中的一种。此书于1923年（民国十二年）8月初版，至1931年（民国二十年）6月已发行第6版，共1册，32开，供女子中学校及师范学校学生使用。

张华璂（1870—1940），字图珊，江苏无锡荡口人，能诗善画，精于刺绣。1906年在无锡荡

口鹅湖女校任刺绣科教师。1912年，与丈夫张尉在上海开设刺绣传习所。其刺绣作品曾先后在1910年"南洋劝业会"、1915年"巴拿马太平洋万国博览会"上获奖；北京故宫博物院、南京博物院都将她的作品作为珍贵文物收藏。与李许频韵合著有《刺绣术》《职业学校教科书刺绣术》等书。

此书在"概论"部分主要教授了绣品的分类、器具、上稿、线别、色别、针别；在"法式"部分主要教授了用线法、配色法、针法、选稿造稿；在"旧绣法之分类"部分主要教授了缠绣、两面绣、平绣、高绣及摘绫、拉锁及打子、戳纱、挑花；在"新绣法之分类"部分主要教授了风景、动物、植物、人及肖像的绣法。此外，书后还附有"初级刺绣教授略法"。

3-2-14

图 3-2-14　张华璂、李许频韵编《女子刺绣教科书》，上海商务印书馆，1923年

（三）上海澄衷学校编辑出版的手工教科书

1900年，民族资本家叶澄衷先生创办澄衷学堂，这是上海第一所由国人开办的班级授课制学校。1900年，校董会聘请刘树屏为第一任总理（校长），其任内编有被誉为"百年语文第一书"的民国启蒙经典教材《澄衷蒙学堂字课图说》。1901年，教育家蔡元培担任首任校长。胡适、竺可桢、陈占祥等曾在该校就读。

《新编小学手工范本》

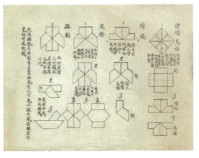

3-2-15

图 3-2-15　赵传璧编纂，葛祖兰、曹慕管、张立明校《新编小学手工范本》，上海澄衷学校印书处，1915年

《新编小学手工范本》于1915年（民国四年）9月发行，共2册，16开，供小学学生使用。此书是赵传璧在澄衷学校教书时编纂的教材。

此书"序"介绍：

海禁既大开，漏卮不可塞，揆厥原因，工业之不发达，实有以授其隙焉。列强虎视，外患凭陵，不图自立，奚足以言富强。近数十稔来，吾国人有鉴于此，始纷纷提倡工业，以塞漏卮，以裕国计。……夫工业之于国家，犹衣食之于吾身，欲须史离而不可得者。生民之命，国计之原骨，系于是顾可息乎哉。吾国人亦思其所以失败之故，欤夫工业非易言也，非一朝一夕之暂一举手一投足之劳，即足以收效者也。根之茂者，其实遂膏之沃者，其光晔工业亦犹是也。故欲兴工业，盖必自养成有工业思想之人才始矣。手工者即启发工业思想之学科也，莘儿童而教育之，濡染之，少而习焉，其志专焉，不见异物而迁焉。幼有所志，壮有所为，以详以精，以至于成，各舒所长，以饬同侪。相语以能相示，以巧明而动晦，而休无日以息，夫而后可以言工业，可以言富强。

此书主要教授的内容如下。

上册：折纸细工、豆细工、剪纸细工、织纸细工、结纽细工等。

下册：接纸细工、订书细工、厚纸细工、麦秆细工、黏土细工、石膏细工、竹细工、木工、金工等。

（四）新亚书店编辑出版的手工教科书

《剪贴手工教本》

图3-2-16 丁谦编辑，沈士秋校订《剪贴手工教本》，上海新亚书店，1920年

《剪贴手工教材》于1933年（民国二十二年）2月初版，至1936年（民国二十五年）4月已发行第10版，共6册，32开，供小学学生使用。

此书"编者语"介绍：

本教材是为经济窘迫、设备简单、工具缺乏之小学而编定。取材务求新颖有趣，色彩鲜艳优美，工具简单，制作便利。

全书六册，足供六学年之用，教学时不必呆拘目次，可斟酌活用，最好把全书拆开，不必另备范作，即将该教材单独揭示，与儿童共同研究题材的意义，色彩的配合，制作的程序。

本教材每册均附轮廓式样一页，教者可令儿童于剪贴之前，用薄纸自行勾描，贴于色纸，反面便可依线剪切、勾描时能使用复写纸尤佳。

教者为引起儿童艺术兴趣计，可随时令儿童利用废纸自由创作，以训练其思想与发明能力。

本书主要教授的内容如下。

第一册：小孩子骑木马、跳舞的女孩、我国的地形、马、哥和弟、塔、松鼠、小孩和母鸡、小孩和小羊、小孩子骑牛、上学去、飞机、总理像、远山、小鸟下来吧、小孩的朋友、唱歌的小朋友、指什么、辣椒等。

第二册：风景、树下坐女、拍球、黄牛、柿子洋椒、钓鱼、塔、陀螺、踢毽子、色的重叠、月季花、王瓜和洋椒、赛跑、天使、陈英士的造像，坐的女孩、立女、姊和妹、划船、紫茄等。

第三册：骑马、坐女、夕阳、蝶、挣扎、柿子、雁来红、抛球、弟妹的玩耍、蝙蝠、雪地的小朋友、小白兔、将军、幸福之神、戏猫、跳下游泳池、看报、两只猫、骑在骡上、呼唤等。

第四册：春天、气球、人影、树影、马兵、绿衣使者、蝴蝶、登舟启行、书面、爱神的造像、党徽、白鹅、撑高跳、新月、鹦哥、牧牛归家、舞女、封面、跪舞、烛光等。

第五册：骑鱼的小孩、素月迎窗、快跑、午潮初涨、武士、西瓜、橘子、黄莺、凭窗晚眺、烛光、写字、运动员、猫友、剪纸、共同努力、书面、飞机竞技、长城一角、国旗、党旗等。

第六册：总理遗像、钢琴、乳鸭、舞女、音乐师、月季、天竹、女面、风景、月下诗人、捧花女、船、灯女、工厂、封面、劳动者、鹿、进献、月季花、鹅队等。

（五）泰东图书局编辑出版的手工教科书

泰东图书局1914年创办于上海，由欧阳振声任总经理，谷钟秀任总编辑。它是一家股份制出版机构，股东大部分是政学系[1]的成员。因此创立之初，泰东图书局出版的书籍大多是政治方面的。1915年"护国运动"以后，泰东图书局转由股东之一的赵南公一人主持。赵南公接手后，开始调整出版思路，有意识地向时尚出版靠拢。

《初中手工教本》

《初中手工教本》于1923年（民国十二年）9月初版，共1册，32开，供初中和师范学生使用。

何明斋（1884—？），原名孝元，又名何元，浙江海宁人。擅长国画及工艺美术。1914年入职商务印书馆，兼任上海美术专科学校教授，教授手工、工艺实习、色彩学、图案、透视学等多门课程。抗日战争中客死重庆。编著和合著手工、工艺、图画、音乐、家事等中小学教科书十多套，曾参与1923年初中手工、图画、音乐课程标准的制订。

3-2-17

图 3-2-17 何明斋编辑，俞寄凡、姜丹书校订《初中手工教本》，上海泰东书局，1923 年

[1] 中华民国时期的政治派系。

俞寄凡（1891—1968），又名义范。江苏吴县人。现代画家、美术教育家。毕业于南京两江优级师范学堂，曾任江苏省立第二师范学校教师。1916年夏赴日本留学，1921年夏毕业返沪，曾任新学制课程标准委员会艺术科课程纲要起草员、江苏省教育会美术研究会评议员，上海美术专科学校学术教授兼师范部主任、高等师范科西洋画主任，上海艺术协会会长，《新艺术》（半月刊）主编。1949年后被聘为上海市文史馆馆员。出版有《艺术概论》《近代西洋绘画》《人体美之研究》《水彩画纲要》《素描入门》《彩色学ABC》《小学美术教学研究》《小学美术教育》《小学教师应用美术》等著作。

姜丹书（1885—1962），字敬庐，号赤石道人、赤石翁，斋名丹枫红叶楼。江苏溧阳人，迁居浙江杭州。现代画家、美术教育家。1907年毕业于南京两江优级师范学堂图画手工科，与吕凤子、李健、江采白、沈企桥等成为中国第一批美术教师。辛亥革命前夕，任教于浙江两级师范学堂。后历任上海、杭州、华东各艺术院校教师达50余年之久。出版有《美术史》《美术史参考书》《透视学》《艺用解剖学三十八讲》等著作。早年作品以西洋画为多，后钻研国画。擅画山水、花鸟、蔬果，而自成一格。

此书"编辑大意"介绍：

本书编制，以练习事项为本位，有时采用多种材料结合制作，和从前以手工种类为本位的课本不同。

本书关于材料的使用和工作的方法、组织排列，是寓系统于总合之中。

本书教材多属生活上必需的普通的知识技能，故简而易行，至须用巨大机械而近于工业等教材，以非有许多的设备费不行，故暂不采入。

制图练习为手工科重要任务工作之先或后，应抽出若干时分作极简的工作图自由制作，尤宜先绘图，然后按图制作。

自由制作为养成自动和创作力的最好机会。本编第四课之后，应课以衣类自由制作；第七课之后，应课以食类自由制作；第十一课之后，应课以藤类自由制作；第十六课之后，应课以竹类自由制作。其教顺可由教者酌定大概，先引起制作动机，次予以参考品或参考图，最后则批评及校正。

此书主要教授的内容有：手工教育的价值、劳工神圣职业平等、工具论、布类缝缀练习、简单食物调制练习、盐腌食物练习、蜜饯食物练习、整杆藤制物练习、藤皮编物练习、藤心编物练习、竹材锯劈刮削练习、竹材锥剡练习、竹材雕刻练习、竹材涂饰练习、竹材胶附练习等。

总之，这时期的手工教科书中不仅增加了与日常生活相关的日用器物制作内容，而且注重体现手工教育在学生心理和身体方面的价值，并强调让学生通过手工学习认识"职业是平等的，无所谓贵贱""世界最可耻、最可贱的人是无业游民"的道理。

第三节
新学制时期的图画、手工教科书（1922—1927）

在中国近现代教育史上，1922年新学制和新课程的改革，无疑是我国里程碑式的一次教育改革。正如教育家陶行知所言，它是"适应时势之需要而来的"，是"应时而兴的制度"，是"颇有独到之处"的。[1]

1922年的教育改革之所以会产生如此重要影响，有其深刻的历史背景。"五四运动"前后的中国社会受新文化运动影响，思想领域异常活跃。一方面是封建儒教权威的丧失，另一方面是各种主义、学说的传播。这时期，一批留学欧美的知识分子学成回国。比如1917年，在美国哥伦比亚大学师从教育家约翰·杜威（John Dewey）的胡适、陶行知、蒋梦麟先后回国，他们不仅带回了新的教育理念和研究方法，还促成一批美国自由主义、实用主义教育家，如杜威、孟禄（Paul Monroe）、推士（G.R.Tuiss）、麦柯尔（W.A.McCall）、帕克赫斯特（Helen Parkhurst）、克伯屈（William Heard Kilpatrick）等来华讲学和考察，使他们的思想主张在中国广泛传播。 1921年9月，孟禄来华伊始，曾两次与上海教育界人士讨论学制问题。同年10月28日，还专程赴广州参加第7届全国教育会联合会，为新学制的制订出谋划策，"其言论主张直接影响于会议，间接影响于今后教育界"。[2] 1919年4月30日至1921年7月11日，杜威在胡适、陶行知等人陪同下来华讲学，其足迹遍及奉天（今辽宁）、直隶（今河北）、山西、山东、江苏、浙江、江西、福建、广东、湖北、湖南等11个省和北京、上海两市，做了70余次演讲。他在演讲中提出"教育即生活"和"学校即社会"的著名口号，提倡以"儿童为中心"的观点等，对1922年新学制和新课程改革产生了直接影响。此外，推士的科学教育方法、麦柯尔的教育测验法、克伯屈的设计教学法、帕克赫斯特的道尔顿制等，也都给这次的教育改革提供了新的参照模式。

1922年11月1日，民国教育部正式颁布《学校系统改革案》，标志着新学制的诞生。新学制以七项标准作为改革的指导思想：（1）适应社会进化之需要；（2）发挥平民教育精神；（3）谋个性之发展；（4）注意国民经济力；（5）注意生活教育；（6）使教育易于普及；（7）多留各地方伸缩

---

[1] 中央教育科学研究所.陶行知教育文选[M].北京：教育科学出版社，1981：18.
[2] 第七届全国教育会联合会纪略[J].教育杂志，1923，14（1）.

余地。新学制克服了旧制中"不管社会需要，不管地方情形，不管学生个性"[1]的弊端，是中国近现代教育史上的一次进步。新学制将中国教育分初等教育、中等教育、高等教育三段。普通教育阶段模仿美国六三三制，即小学6年、初中3年、高中3年，并一直沿袭至今。为此，不少学者认为："在中国近代教育史上，1922年新学制是一座里程碑。它的诞生，是中国教育界注意博采中外、'明辨择善'，力求创立一个'适合本国国情'的学制系统的重要标记。"[2]

1922年，在学制改革的同时，全国教育会联合会还组织了"新学制课程标准起草委员会"，聘请各学科专家草拟中小学课程标准纲要，着手进行新课程改革。1923年6月4日，民国教育部正式颁发了新学制《小学形象艺术课程纲要》《初级中学图画课程纲要》，以及《小学工用艺术课程纲要》《初级中学手工（男生）课程纲要》和《初级中学手工（女生）课程纲要》。值得注意的是，这时小学"图画"改名为"形象艺术"，小学"手工"改名为"工用艺术"。

起草《小学形象艺术课程纲要》的美术教育家宗亮寰对图画科易名为形象艺术科做了解释：

> 形象艺术这个名称，向来不甚流行，为什么新学制的课程中要用这个名称呢？其中却有一段历史：我国在新学制没有颁布之前，小学各科都照民五（民国五年）所颁小学校令设置；术科中有了手工，图画……等科，大致与日本的小学科目相仿，到民七（民国七年）以后，有许多注意研究的小学，觉得从前的分科方法不甚精密，图画、手工两科的性质不同，而材料往往划分错误。——如剪纸贴纸，并不含工艺性质，却归入手工科中；工作画与工艺品有直接关系，却归入图画科中。如果这两科由一个教师担任，固然没有大妨碍；如果不是一个教师，就有互相隔膜的弊病。——于是参照美国小学方法，依材料的性质划分为"美术""工艺"两科，内容也比从前扩充了许多。到民十一（民国十一年）新学制课程起草委员会成立，经过许多人的讨论，觉得"美术"这个名称，范围太大，就把他改称"形象艺术"，同时把"工艺"也改称"工用艺术"。[3]

1923年颁布的《小学形象艺术课程纲要》有许多具有开创意义的地方，可归纳如下：

（1）首次将"欣赏"一项作为中小学图画学科的学习内容列入课程纲要之中。纲要指出："欣赏一项，向来大家不甚注意。但在普通教育的美育上很为重要。我国社会欣赏美术的程度很低，学校中应该特别注意。所以学校宜设法多备些美术品，使儿童时常欣赏。"[4]

（2）首次规定了图画学科的教学内容和方法。小学阶段教学内容和方法包括"欣赏""制作""研究"三个方面。其中"欣赏"包括儿童、教师、艺术家作品欣赏，工艺美术作品欣赏，东西方建筑艺术欣赏，自然景观、动植物的欣赏等；"制作"包括绘画、剪贴、塑造三种；"研究"

[1] 朱淑源. 改良现行学制的意见 [J]. 中华教育界，1921，10（3）.

[2] 李华兴. 民国教育史[M]. 上海：上海教育出版社，1997：151.

[3] 宗亮寰. 小学形象艺术科教学法[M]. 上海：商务印书馆，1930：6-7.

[4] 课程教材研究所. 20世纪中国中小学课程标准·教学大纲汇编：音乐·美术·劳技卷[G]. 北京：人民教育出版社，2001：194.

则是让学生了解一些"美的法则"。中学阶段教学内容和方法包括"理论""观察""实习"三个方面。其中"理论"主要教授有关色彩、透视、素描等方面的基本理论；"观察"则要求学生观察自然物和人造物的色彩、纹样、形状等，并要求学生参观美术展览会、工艺展览会，以研究现代美术作品；"实习"主要让学生进行一些美术技能方面的训练。

（3）首次将西方美术教育中有关透视、人物画、色彩、素描、图案画知识以及构图与美的法则等理论，系统地写入新学制中小学图画课程纲要之中，奠定了中小学美术学科的理论知识体系。

（4）首次制订了针对中小学生毕业时图画学科应达到的最低标准。

总之，1923年颁布的新学制中小学图画课程纲要，对我国中小学美术教育发展的影响和促进作用不容低估，在中国近现代中小学美术教育史上具有重要的意义。

当时新学制课程标准起草委员会对小学"手工"易名为"工用艺术"做了解释：

工用艺术旧称手工；形象艺术旧称图画。但实际作业，不单是手工图画。各专家又拟名为工艺美术，似与内容亦未尽合。工用艺术，不过以衣，食，住为体；以工为用，非正式工艺，亦非完全艺术。[1]

何明斋对小学"手工"名称的改变经过亦做描述：

民国十二年，改革学制，学科方面也同时有所改动，对于手工科的名称，当时颇有争论：有的主张保留"手工"二字，因为手工系注重手的训练，且与"工艺""工业"等专门教育有别；有的主张改称"工艺"，因为本科教育，不单在手的训练方面，故以手工命名实欠妥当；新学制课程委员会，为调和两方争执起见，乃改称"工用艺术"，简称"工术"。他的意义，实由美国教育家庞锡尔氏（Frederick Gordon Bonser）所著的《设计教育课程论》（*The Elementary School Curriculum*）中的实用艺术科（Practical arts）蜕化而出。最近更有人主张改"工用艺术"科为"工作"科，内容更加扩大，工作科课程，也已拟定，正在试行了。[2]

从以上解释和描述中可以看出，"手工"易名为"工用艺术"，在当时是有过激烈争论的。最终改称"工用艺术"，一方面受美国"实用艺术"科名称的影响，另一方面是学者们普遍认为"从前的分科方法不甚精密""内容也比从前扩充了许多"[3]等原因。

1923年颁布的新学制中小学工用艺术、手工课程纲要，与之前的手工课程纲要有了许多变化，现归纳如下：

（1）从"随意科"改为"必修科"。清末至民国初期，中小学手工都是作为"随意科"。1923年颁布的《新学制课程纲要》将小学工用艺术和初中手工都列为必修科目，并将小学工用艺术归属艺术科，兼属社会科，初中手工与图画、音乐归属艺术科。这表明当时中小学工用艺术和手工已开

[1] 全国教育联合会新学制课程标准起草委员会. 新学制课程标准纲要[R]. 上海：商务印书馆，1925：6.

[2] 何明斋. 小学工用艺术科教学法[M]. 上海：商务印书馆，1933：1-2.

[3] 宗亮寰. 小学形象艺术科教学法[M]. 上海：商务印书馆，1930：6.

始受到重视。

（2）教育目的有了变化。1923年颁布的《小学工用艺术课程纲要》，其教育目的已从民国初期"在使儿童制作简易物品，养成勤劳之习惯，审美之趣味"[1]，转变为"研究并实习衣、食、住所需最普通的原料的来源、用途和制法，工具的构造和使用；并引起尊重工作的观念，欣赏工业品的兴味，和涵养敏确整洁耐劳等德性"。[2]由此可见，这时期小学工用艺术的教育目的不再仅以"一般陶冶"为目的，而开始向"实用陶冶"的目的转变。

《新学制课程纲要》中关于初中手工的教育目的包括：研究衣、食、住三方面所需要的工作技能，并实地练习；引起学生对于工艺的兴味和美感，并增进其鉴赏力，使能得到精神上的愉快；养成勤劳习惯和正确、精密、锐敏诸德性。[3]可见，这时期初中的手工教育目的，除了养成学生"勤劳习惯和正确、精密、锐敏诸德性"的"一般陶冶"外，更注重培养学生"研究衣、食、住三方面所需要的工作技能"的"实用陶冶"。

（3）学习内容有了改变。民国初期教育局颁发的《小学校教则及课程表》中规定，小学手工学习内容是让学生用纸、黏土、麦秆，进而用竹、木、金属等材料制作简易的物品。而1923年颁布的小学工用艺术和初中手工课程纲要，则强调让学生研究衣、食、住的原料来源及用途，工具的构造、应用，制作的方法、手续，同时训练对世界上种种工艺有兴味的情感。

1923年的初中手工课程纲要还根据男女生的社会性别不同，分别制订了男生的课程纲要和女生的课程纲要。虽然都强调研究衣、食、住三方面内容，但男生的手工种类主要有工作图、黏土工、藤竹工、木工、金工、石膏工、漂染，以及简易的烹调和缝纫等；女生的手工种类主要有编物、造花、缝纫、园艺、花边、刺绣、烹调、黏土工、石膏工、织补、漂染，以及简易的藤竹工和木工等。

由此可见，这时期中小学手工学习内容更关注学生今后的生活和工作，更趋于实用性，以"实用陶冶"为主要的教育目的。

一、中小学图画教科书

1923年新学制中小学图画课程纲要的颁布，促进了当时图画教科书的革新。首先，在以儿童为中心的教育理念指导之下，教科书的编写方式有了突破，开始注重探讨、研究儿童本位。如1924年

---

[1] 课程教材研究所. 20世纪中国中小学课程标准·教学大纲汇编：音乐·美术·劳技卷[G]. 北京：人民教育出版社，2001：322.

[2] 课程教材研究所. 20世纪中国中小学课程标准·教学大纲汇编：音乐·美术·劳技卷[G]. 北京：人民教育出版社，2001：325.

[3] 课程教材研究所. 20世纪中国中小学课程标准·教学大纲汇编：音乐·美术·劳技卷[G]. 北京：人民教育出版社，2001：328.

商务印书馆的《新学制形象艺术教科书》（宗亮寰编纂），书中的选材、学习内容、编排形式均从儿童阅读习惯的角度出发。

其次，教科书的编写注重根据学生的年龄特点，以培养学生的审美情趣。如1924年商务印书馆《新学制图画教科书》（刘海粟编辑）认为："初中学生的时候，正是性格发达上最危险的时期，就是从儿童到成人的时期，对于种种事物经验，渐呈深味了，理想也渐渐发达了，决断力亦次第的强了。在这时期，最足以表示精神之向上，亦正为意志上最危险的时期。施以相当的艺术教化，实有莫大的影响。"为此，教科书中有专门论述"图画的意义""图画和国民性及时代精神之关系""图画与教育""美的形式"等内容，以提高学生对美的认识。

再次，教科书的编写注重教师在教学中的知识传授，以及对学生观察与思考的引导作用。如1924年中华书局《新中学图画课本》（何元编著），教科书中每一课由"理论""观察及鉴赏""实习"三部分组成，"理论"讲解美术知识或技能，"观察及鉴赏"提出观察和思考的要求，"实习"针对作业提出相关要求。这样的编写方式，便于教师的教学和学生的自主学习与探索。

这时期的图画教科书尝试从儿童本位角度来编写，对我国图画教科书走向现代化具有里程碑意义。因为，只有从儿童本位角度来编写教科书，才能顺应儿童的天性，按照儿童自然发展的规律来安排学习内容，才能激发儿童的学习积极性。总之，这时期中小学图画教科书与清末民初的画帖有很大不同，不再单纯地提供学生进行临摹习画的范本，而成为有助于学生学习的教学材料。

这时期中小学美术教科书的编辑出版仍以商务印书馆和中华书局两家为主。

（一）商务印书馆编辑出版的图画教科书

1."新学制教科书"系列

新学制颁布后，商务印书馆顺势而上，邀请当时知名度颇高的权威学者胡适、王云五、高梦旦、朱经农、丁晓先、杜亚泉、周予同等组成60多人的编写与校订队伍，编写了"新学制教科书"系列。其由1923年2月开始陆续发行，大部分初版于1923—1925年，号称是"商务"编写史上最完善、最进步之课本。当今学者们对"新学制教科书"系列的评价："在百年中国教育史上，这是至今唯一的汇聚如此众多社会精英与学界名流的一套教科书。"[1]可见此套教科书的重磅性。

（1）《新学制形象艺术教科书》（小学校初级用）

《新学制形象艺术教科书》（小学校初级用）属于"新学制教科书"系列中的一种。此书于1924年（民国十三年）1月至8月初版，至1926年（民国十五年）9月已发行第30版，共8册，32开，供初级小学校学生使用，每学期一册。

---

[1] 石鸥，吴小鸥. 中国近现代教科书史（上册）[M]. 长沙：湖南教育出版社，2012：228.

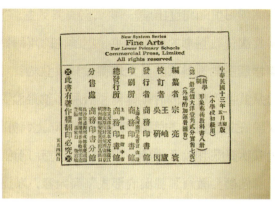

3-3-1

图 3-3-1　宗亮寰编纂，王岫庐、吴研因校订《新学制形象艺术教科书》（小学校初级用），上海商务印书馆，1924 年

宗亮寰（1895—1969），江苏江阴人。美术教育家。1917年苏州第一师范毕业后被聘为苏州第一师范附属小学美工教师，后任上海商务印书馆编译所教科书编辑。1923年起草《小学形象艺术课程纲要》。1949年后，宗亮寰参与上海少年儿童出版社的筹备工作，并担任编辑部出版科长。曾编写出版《新学制形象艺术教授书》《新时代工用艺术教科书》《小学形象艺术科教学法》《幼儿剪贴图案》等教科书。

此书"编辑大意"介绍：

本书中所列各种材料，专为儿童欣赏、发表、研究、参考之用，并不作为临摹底本。

本书前四册每单元都用故事作出发点，儿童学习时可以增加兴趣。第五册以下逐渐加入简单的文字说明，以便儿童自己学习。

书中材料的排列有纵横两方面：纵的方面，注意艺术本身的系统；横的方面，注意儿童的兴趣和需要，务使儿童乐于学习，不感受呆板乏味之苦。

重要的研究材料，用圆周排列，每二年一循环，由浅入深，反复应用。

本书材料，大都是全国儿童所习见习闻的，凡一地方或一时偶然发生的事物，概不采入。

本书每册有彩印鉴赏图三幅以上，每幅有时兼附韵文一首，可使儿童鉴赏时兴味更浓，印象更深。

此书主要教授的内容如下。

第一册：真民和爱华看图画，谁识得红黄蓝白黑，西瓜，那一个画得像，兔儿拜月亮，那几个是圆的，香橼，提灯会，从一个圆形画出来的，真民和爱华去游玩，他们看见的大理菊，把花插在篮里，这是用黏土做的，看你们怎样，那一个画得有意思，怎样画就有意思，美丽的树叶，好大风呀，那一个画得好，那一张好看，小猫和枯叶，不同样的三角旗，那一种是长方形、那一种是正方形，这是用什么形状搭成的。

第二册：新年中的游戏，乘风破浪，谁画得好，垂直和水平，三角形排成的格子，抱小弟弟去游玩，深色和淡色，桃花，春天的景致，踏青，春天的树，讲故事，食物来了，快乐的歌，最容易的画鸟法，怎样做成小鸡，怎样剪法最好，枇杷，这里面画什么最好，那一张意思好，下雨，欢舞，怎样做法最容易，长人和矮人。

第三册：河池旁，洗澡的朋友，夕阳候渡，古代人画的画，最容易的画人法，步月，黏土做的兔儿，柿和葡萄，用果子排成的花边，登高，秋野牧羊，黏土做的收稻景，船，美丽的野菊花，把此刻所有最好的花画在圆圈里，猫之一家，花瓶和橘子，想吃什么，贺年片的样子，司马光的故事，要怎样排列起来才有意思，洗澡之后，在冰上钓鱼，雪景。

第四册：闹元宵，水仙花，四个六角形，给你吃罢，放风筝，碗、墨盒、花盆，农夫春耕，蝶和菜花，用蝶和菜花画的花边，黏土切成的蝶，看呆了，野蔷薇，这个五角形里画什么东西好看，小黄鸟在樱桃树上，黏土做的竞渡船，云中天使，虹，原色和间色，斜格和直格花样，从一个椭圆形画出来的东西，这个椭圆形里画什么东西好看，有趣呀，柳阴钓鱼，成绩簿面的装饰。

第五册：取景法，把自己见过的景致画在里面，浪花上的游戏，湖边夜月，颜色的明暗和应用，苹果、橘子、金橘、橄榄，秋景，金鱼，游山，秋色，正方形和长方形的画法，用正方形剪成的花样，方格子，比比大小，怎样做起来有意思，怎样才好看，哪一张画得对，听说，贺年片上用的字，朝雾，这是几千年前的人所画的，几千年前的人所做的陶器，这个瓶上画什么可以使他好看，堆雪人。

第六册：山茶花和漱口杯，花枝，家中的功课，菱形盒的模样，菱形的画法和折法，鱼的画法，黏土做的鱼，踢球，乡村景，洗足，游戏，石竹花取位置的方法，八角形和椭圆形，牧童晚归，颜色的混合和应用，李和桃子，一鸣惊人，鸡的画法，黏土做的鸡群，花和叶子的样子，用花和叶画成的花布样子，平行线和格子的画法，勇敢的小朋友，这几个图好吗。

第七册：牵牛花的画法和模样，昆虫的画法，晚归，颜色的明暗和对比，老少年，明暗的画法和应用，树的样子，树干，风景的基本画法，因时而异的景色，岛上的寄宿者，蟹，汉时的石刻画，人的姿势平涂法，拔河游戏，书，方形的远近画法，用甘薯印的花边，船的样子，航海，金波帆影，单独模样的画法，盘子的模样，瓶和漱口杯的画法。

第八册：色彩的对比和混合，着色试验，风景透视画，方体的透视画，寝室中的东西，光线和阴影的关系，乡村春色，浇花，面相的表情和画法，黏土做的果实和叶，弹色花样，花边的式样，耕田，圆形的透视，花瓶和水盂的口，圆柱形的透视，四种制图线的用法，物体的三面，正五角形、三角形、六角形和椭圆形的画法，文字图案和簿面上题字的适当位置，大燕子和小燕子，北京南门的风景，建筑物的式样和变化，象牙佛寺。

（2）《新学制形象艺术教授书》（小学校初级用）

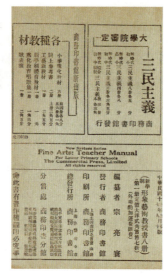

3-3-2

图 3-3-2　宗亮寰编纂《新学制形象艺术教授书》（小学校初级用），上海商务印书馆，1924—1925 年

《新学制形象艺术教授书》（小学校初级用）属于"新学制教科书"系列中的一种。此书于1924年（民国十三年）3月至1925年（民国十四年）1月初版，共4册，大32开，供小学校初级形象艺术科教员使用。

此书"教学法总说"指出：

小学教学法的基础，可说都是建设在儿童本能的要求和社会的需要上的，这里为什么要特别提出来呢？因为从前一般小学中对于艺术科的态度，大都以为无关重要，不大去注意研究的。到现在，大家知道艺术教育在普通教育上也占重要的位置了；这个觉悟，就是根据儿童本能的要求和社会的需要而来的。

学校里有艺术科的设置，一方面看起来是满足他本能的要求。这个要求，如果有适当的环境和方法去适应他，至少也可以使他持续丰富的艺术趣味，否则除了天才或特别爱好艺术的人以外，便要渐渐的迟钝减退了！

"美"是人类精神上的滋养物，艺术是表现"美"的东西。在这生存竞争的世界中，非此不能使我们人生安慰！在我们艺术不振的国家，更加要把他好好的培养起来！所以就社会方面看来，艺术教育是非常需要的；学校里有艺术科的设置，又一方面就是适应这种需要。

此书中的教学过程和教学法按课程纲要本科各学年的程序分"欣赏""制作"和"研究"三项来阐述，编者在书中指出："实际这三项都有连带的关系：欣赏和制作的时候，也要有研究的精神；制作和研究的时候，也要有欣赏的态度；欣赏和研究的时候，也常有制作的联想和需要。本来不能划分清楚，不过教学的主旨和选材分量各有不同，分开来讲较为便利。"

（3）《新学制形象艺术教科书》（小学校高级用）

图 3-3-3　宗亮寰编纂，王岫庐、何明斋校订《新学制形象艺术教科书》（小学校高级用），上海商务印书馆，1925 年

　　《新学制形象艺术教科书》（小学校高级用）属于"新学制教科书"系列中的一种。此书于1925年（民国十四年）6月初版，至1927年（民国十六年）1月已发行第15版，共4册，供高级小学校学生使用，每学期一册。

　　此书的内容分欣赏和制作两大类。其中制作包括绘画、剪贴、塑造三种。编者介绍：

　　书中材料的排列有纵横两方面：纵的方面，注意艺术本身的系统；横的方面，注意儿童的兴趣和需要，务使儿童乐于学习，不感受呆板乏味之苦。

　　重要的研究材料，用圆周排列，每二年一循环，由浅入深，反复应用。

　　本书材料，大都是全国儿童所习见习闻的，凡一地方或一时偶然发生的事物，概不采入。

　　本书每册有彩印鉴赏图三幅以上，每幅有时兼附韵文一首，可使儿童鉴赏时兴味更浓，印象更深。

　　此书主要教授的内容如下。

　　第一册：画面的形状和测量法；物体轮廓描画法；苍茫云树（赏鉴）；绿树的画法；昆虫的形状和模样；树叶的方向和枝叶的画法；模样的统一和变化；月夜（剪贴）；归牛（赏鉴）；虎头和马头（塑造）；背景和美观的关系；色彩的涂法和应用；美丽的果实（赏鉴）；智鸦求水，鹬蚌相争（塑造）；五角形和六角形的花样（剪贴）；文字图案；位置和美观的关系；花瓶和书（试加相当的外廓和色彩）；视点和形状的关系；透视法的证验（试依各斜边引出直线，看有什么现象）；自由作业题目；等等。

　　第二册：树枝取位置的方法；老梅（试照前法用各种形状取适当的位置）；水仙、天竹、灵芝（赏鉴）；立方体的平行透视；圆柱形的透视；人的动作姿势和手足的简易画法；运动的动作（塑造）；卖鱼妇（赏鉴）；鱼的形态和模样；除虫菊、鸢尾花（剪贴）；器具的模样；风景画着色的次序；农家（着上适当的颜色）；色彩的变化；散点模样的画法；鸟的形态动作；鹰和鸦（剪贴）；鹭、鹦鹉（仿凸雕塑造）；吹喇叭（赏鉴）；轮廓装饰模样；自有作业题目；等等。

　　第三册：风景位置的取法；方形和方体的成角透视；明暗和阴影的画法；花的方向和画法；贩马场；兽类简易画法；猴食果猫捕鼠（塑造）；图画放大法；天使的头面（把自己中意的放大四倍画出来）；人的身体和头面五官的画法；唐朝杨惠之塑的罗汉、宋朝某名手塑的罗汉、近代法国

Delaplanche雕的少女和百合花；半身像仿凸雕（塑造）；枫桥夜泊（剪贴）；用器画法；轮廓模样；英字模样；我国的优美建筑（北京天坛祈年殿、北京孔庙前之牌坊、北京颐和园玉带桥）；桥梁的样子；山村晴雪；雪景和雪中游戏；自由作业题目；等等。

第四册：树枝树干的形状；唐朝吴道子画的佛像；位置与大小的关系；方向与美观的关系；船的样子和各种方向；北京五龙亭、上海龙华塔、会稽禹庙（翚飞式之代表）；中西建筑的装饰；滕王阁图；模样的变化；四方连续模样的画法；兽类的形状和动作；贪心的狗（剪贴）；和平之乐；正多角形和椭圆形的画法；几何图案的画法；图案配色法；夏景（试用各种形状取出适当的位置）；甲乙遇熊（剪贴）；西洋大画家Raphael氏的画（圣母圣子）；纪念物（塑造）；自由作业题目；等等。

（4）《新学制形象艺术教授书》（小学校高级用）

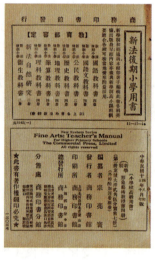

3—3—4

图 3—3—4　宗亮寰编纂《新学制形象艺术教授书》（小学校高级用），上海商务印书馆，1925—1926 年

《新学制形象艺术教授书》（小学校高级用）属于"新学制教科书"系列中的一种。此书于1925年（民国十四年）8月至1926年（民国十五年）1月初版，至1929年（民国十八年）已发行第4版，共4册，大32开，供小学校高级形象艺术科教员使用。

此书的"教学法总说"与《新学制形象艺术教授书》（小学校初级用）相同。

此书每册根据教科书分为二十单元左右，以一周为一单元，分二次教学。

第一学年第一学期安排如下。第一周：指导教科书的用法、支配用品；命题画野外写生。第二周：研究画面的形状；写生书籍。第三周：研究测量法和轮廓描画法；写生果品及花瓶茶杯。第四周：鉴赏苍茫云树图；写生多树木的风景。第五周：秋虫的动作和模样；续前。第六周：写生桂花枝；续前誊正。第七周：桂花图案画；续前誊正并研究模样的统一和变化。第八周：风景剪贴；续前。第九周：赏鉴归牛图、命题画牛的工作；续前誊正。第十周：塑造走兽之头（二次连上）。第十一周：写生陶瓷器；续前誊正。第十二周：研究色彩的涂法和应用、赏鉴果实图；写生果品。第十三周：自由发表；续前。第十四周：塑造鸟的动作（二次连上）。第十五周：剪贴五角形和六角形花样；续前。第十六周：贺年片；续前。第十七周：写生新年的礼物；续前誊正。第十八周：研究位置和美观的关系；写生多房屋的风景。第十九周：研究视点和形状的关系；自由画。第二十周：成绩簿面上的装饰；续前誊正。第二十一周：总练习；整理成绩。

第一学年第二学期安排如下。第一周：写生梅花枝；续前誊正。第二周：老梅枝——取位置；续前。第三周：赏鉴花卉画、写生水仙花；续前誊正。第四周：自由发表；同前。第五周：写生方体和圆柱体器具；续前誊正。第六周：研究立方体和圆柱体的透视理论；清明风俗发表。第七周：研究人的动作姿势和手足的简易画法；画一幅人物很多的画。第八周：塑造人物（二次连上）。第九周：自由发表；同前。第十周：赏鉴卖鱼妇、画一个渔翁；续前誊正。第十一周：鱼；续前誊正。第十二周：剪贴花卉；续前。第十三周：器具模样；续前誊正。第十四周：风景写生；续前誊正。第十五周：研究色彩的变化、画散点图案；续前誊正。第十六周：剪贴诈鸦求王；续前。第十七周：鸟类仿凸雕塑造；续前修饰。第十八周：赏鉴吹喇叭图、命题画野外的牧童；续前誊正。第十九周：成绩簿面上的装饰；续前誊正。第二十周：总练习；整理成绩。

第二学年第一学期安排如下。第一周：检点用品；命题发表暑假中的见闻；续前誊正。第二周：研究风景位置的取法并着晨午夕三种色彩；写生学校附近的风景。第三周：写生方体圆柱体及球体器具；续前誊正。第四周：研究方体的成角透视及明暗阴影的画法；写生花卉。第五周：花卉图案画；续前誊正。第六周：赏鉴贩马场图；命题画兽类的动作；续前誊正；研究兽类的简易画法。第七周：塑造动物的动作。第八周：图画放大法；实习放大法。第九周：命题画做……的人；续前誊正；研究人的身体和头面五官的画法。第十周：人物塑造；续前誊正。第十一周：自由发表；续前誊正。第十二周：诗景剪贴；续前。第十三周：用器画法；几何图案。第十四周：英字图案；续前誊正。第十五周：赏鉴我国的优美建筑；画一张有桥的风景。第十六周：自由发表；续前誊正。第十七周：贺年卡上的装饰；续前誊正。第十八周：赏鉴山村晴雪；雪景剪贴；续前。第十九周：画一幅冬天的景致；续前誊正。第二十周：成绩簿面装饰画；续前誊正。第二十一周：总练习；整理成绩。

第二学年第二学期安排如下。第一周：写生初春的树木；续前誊正并研究树枝树干的形状。第二周：赏鉴吴道子画的佛像；画一件历史事迹；续前誊正。第三周：命题画郊外散步；续前誊正并研究位置与大小的关系。第四周：写生静物；续前誊正并研究方向与美观的关系。第五周：命题画江边风景；续前誊正。第六周：自由发表；续前誊正。第七周：赏鉴我国的优美建筑物；自由画一种建筑物。第八周：赏鉴宋画滕王阁图；塑造建筑物上的装饰品。第九周：写生花卉；续前誊正。第十周：研究模样的变化和四方连续模样的画法；画花卉图案画；续前画图案画。第十一周：命题画兽类的动作或故事；续前誊正。第十二周：剪贴兽类的故事；续前。第十三周：赏鉴和平之乐；自由发表；续前誊正。第十四周：正多角形和椭圆形的画法；设计一个学校园的花坛模样。第十五周：几何图案；续前誊正。第十六周：取景画；续前誊正。第十七周：剪贴故事；续前。第十八周：赏鉴拉飞耳的画；成绩簿面上的装饰；续前誊正。第十九周：塑造纪念物。第二十周：总练习；整理成绩。

（5）《新学制图画教科书》

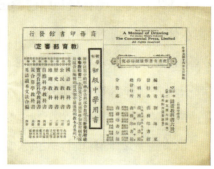

3-3-5

图 3-3-5　刘海粟编辑《新学制图画教科书》，上海商务印书馆，1924—1930年

《新学制图画教科书》属于"新学制教科书"系列中的一种。此书于1924年（民国十三年）7月至1930年（民国十九年）12月初版，共6册，16开，供初级中学学生使用。此书是新学制颁布后，最有代表性的图画教科书之一。

刘海粟（1896—1994），名槃，字季芳，号海翁。江苏常州人。画家、美术教育家。1912年与乌始光、张聿光等创办上海图画美术院（上海美术专科学校前身），任校长。1949年后历任华东艺术专科学校校长，南京艺术学院院长、教授，上海美术家协会名誉主席，中国美术家协会顾问。

1922年新学制颁布后，刘海粟应民国教育部新学制课程标准委员会之邀，与何元、俞寄凡、刘质平一起负责起草初级中学图画、手工（男生）、手工（女生）、音乐等课程纲要。此书是刘海粟在商务印书馆王云五和朱经农的再三邀请下编写的。

此书第一册"述意"提到此书的出版意义：

要兴起中国现在的艺术教育，第一，就要从学校中艺术科课程入手。第二，因为素来看不起美育的中国教育界，盛唱功利主义的中国教育界，现在居然也会注意到艺术科了；新学制居然也拿随意科的艺术科改为必修科了。或者此后要像欧洲十八世纪的教育，从实利主义而倾向到人文主义了吧？所以我也就不得不出来用着力向上抬一抬，在这新学制颁布之后，也就甘心效力，一再告奋，起草并审核艺术科各种课程纲要。同时也愿意将我个人的主张，向学校担任艺术科的艺术教育家，征集征集意见，万一可以达到我们所期望的：因为这两个缘故，我就很愿意攘臂学做这部教科书。

"述意"还提出图画教学的主旨和目的：

初中图画科的教学主旨是：增进鉴赏知识，使能领略一切的美，并涵养精神上的安慰愉快，以表现高尚人格。练习制作技艺，使能发表美的本能。养成一种艺术，而为生活之助。

图画教学的目的里，包括两个要素：美的创作力（creation of beauty）；美的鉴赏力（appreciation of beauty）。因此，教学的方法就处处要使理论、观察、实习互相联络并进；所以必用种种活动的方法去支配教材，决不是每级每周规定授课一小时或二小时，叫学生作一张画，或者自己讲一课的。在原有时间之外，更须约定课余时间，估计他们的能力，予以相当的对象——即写生时所观察的实物——使学生由自己的观察而表现。至于教师一面指导，一面应该和他们时时共同工作，则便于学生观摩而易于发表，定能得事倍功半之效。

　　初中学生的时候，正是性格发达上最危险的时期，就是从儿童到成人的时期，对于种种事物经验，渐呈深味了，理想也渐渐发达了，决断力亦次第的强了。在这时期，最足以表示精神之向上，亦正为意志上最危险的时期。施以相当的艺术教化，实有莫大的影响。

此书第五、六册内容不详，其他分册主要教授的内容如下。

第一册第一编概论，内容包括图画的意义、图画和国民性及时代精神之关系、图画与教育、美的形式等。第二编图画基本上的知识，内容包括制图法、侧写与透视、明暗与影、写生概念等。

第二册第三编铅笔画，内容包括铅笔画的意义、用具及使用、线与素描、静物写生、风景写生、动物写生、速写法、人物写生等。

第三册第四编图案画，内容包括概论、图案的资料、描法、图案的原则、意想变化法、色彩、图案的用具、实习及附图等。

第四册第五编水彩画，内容包括总说、用具、水彩画一般的描法、色彩、物体的位置与构图、静物的水彩画法、风景的水彩画法、人物的水彩画法、肖像的水彩画法、水彩画的速写法等。

（6）《水彩风景画》

图 3-3-6

图 3-3-6　周玲荪编《水彩风景画》，上海商务印书馆，1924 年

《水彩风景画》属于"新学制教科书"系列中的一种。此书于1924年（民国十三年）4月初版，共1册，16开，供高级中学学生学习水彩画使用。

周玲荪（1893—1950），浙江海盐人。1912年入浙江两级师范学校学习，受老师李叔同影响，喜爱音乐、图画，从此奠定一生事业的基础。毕业后任商务印书馆南京分馆编辑。1918年经李叔同推荐，任南京高等师范学校（今东南大学）艺术系主任，后兼任附中音乐教师。其间创作编写多种图书，作为各地中等学校音乐、美术教材。1929年拟出国留学，因经济拮据未成，遂在南京市立第一中和蒙藏学校任美术、音乐教师。抗日战争初期，随蒙藏学校西迁重庆。1950年1月入南京市文物保管委员会工作。著有《中等学校乐理唱歌合编》《师范学校风琴练习曲集》《高中唱歌集》《钢琴教材》《金陵名胜写生集》等。

20世纪20年代，普通高中美术课程标准还未制订，因此普通高中普遍不开设美术课。此书是我国最早供高级中学学生选修水彩画的教科书。

此书"编绘大意"指出：

> 新学制高级中学，概取分科选课制度，俾得因材施教，因势利导，庶学者可得事半，功倍之效。而图画一门，亦为高中普通科选修课之一。高中图画教材，应采用何者为宜，现虽尚无确切标准，但必须据下列数点：（1）须继续初中图画课程，而指导以高深的研究。（2）初中图画课采用混合教授，而高中图画课必须采用分类教授，俾学者得以专修，以资深造。（3）高中图画课须完全注重创作，唯欲创作绘画，必须明白一般的画法、画理、画史等，以作参考。（4）初中绘画教材，以铅笔、木炭、钢笔、色粉笔画等为主；高中绘画教材，宜以水彩、油画为主。

此书分上下两编。其中上编以理论为主，分四大章，包括西洋风景画沿革概要、水彩风景画主要之画理、水彩风景画主要之用具、水彩风景画主要之画法等，极为详尽。下编有10幅插图，代表十种景色，"凡春、夏、秋、冬、风、霜、雨、雪、晓雾、夕霞、星夜、日光等，种种景色，完全具备，以示水彩风景画之纲要"。

2."新著教科书"系列

（1）《新著小学美术教学法》

3-3-7

图 3-3-7　冯浩、冯干、冯彦编辑，张益之、吴研因校订《新著小学美术教学法》，上海商务印书馆，1923 年

《新著小学美术教学法》属于"新著教科书"系列中的一种。此书于1923年（民国十二年）10月初版，1924年（民国十三年）10月发行第2版，共1册，32开，供小学美术教员使用。

"五四运动"之前，我国各级学校一直把"教学法"称为"教授法"。1919年2月，任职南京高等师范学校的陶行知撰文认为学校的教授法"重教太过"，将教与学两者分离，于是倡议"以教学法代替教授法"。此书是我国较早使用"教学法"这一术语作为书名的美术教师用书。

此书"序"指出：

> 我们中国学校里添设图画科，已经有二十余年了，那二十余年中的进步，可说是很少的。
> 到了现在，各学校里，对于美术科，还是以为无关轻重，因循了事。但是艺术教育的思潮，在

各国已经高到极点；我们要顺应这教育的趋势，对于美术科，似乎不可不加以研究。这就是我们编辑本书的意思。

此书依据三位编者平时教学的经验而作，内容偏重于美术教学理论方面的探讨。为了使书中理论与教学实际符合，书中还列入教学例案、教学大纲等，以便读者参照。

此书共有八章。第一章教学的目的。第二章教材的选择。第三章教材的排列。第四章教学纲要。第五章教材的组织和教学法，内容包括：描写法、平面几何画法、投影法、透视法、色彩法、阴影法、图案法等。第六章教学的方法，内容包括：记忆画教学法、写生画教学法、图案画教学法、临画等。第七章教学顺序。第八章教学例案（附设计教学例）。此外，书中还插入儿童美术作品，供欣赏和研究之用。书后还附录一章，对教学上几个重大的问题详加讨论，亦有关于低学年美术教学的研究和美术教室的布置等内容，供教师学习、参考。

（2）《新著图画研究》

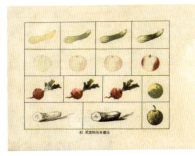

图 3-3-8 须戒己、熊翥高编纂《新著图画研究》，上海商务印书馆，1924 年

《新著图画研究》属于"新著教科书"系列中的一种。此书于1924年（民国十三年）3月初版，至1928年（民国十七年）11月已发行第3版，共5册，16开，供中学和师范学生使用。

此书第一至第四册供中学或师范预科和本科第一至三学年学生使用，第五册供师范本科第四学年学生使用，另有教师用书一册。有关此书的目的、组织法、使用法、教学法都详载在教师用书之中。

此书主要教授的内容如下。

第一册：研究材料，包括论彩色、果实的基本画法、论平面透视、植物化图案单位、连续图案的组织法、布帛图案、论风景透视、平面形的求作法、几何形图案、昆虫、蚕的变态等；标帜，包括国徽、徽章等；花卉植物，包括荷、梅、兰、蔷薇、牡丹、菊、枫、柽、佛手等；风景，包括节景、表透视的风景、中国画的风景、西洋画的风景等。

第二册：研究材料，包括论彩色的明暗、论光、论立体透视、动物化图案单位、陶瓷器图案、竹木器图案、漆器图案、建筑图案、牌坊、塔、城楼等；器具，包括陶瓷器、旅客的行李、运动器械等；花卉植物，包括芭蕉、老树、山茶、月季、秋海棠、牵牛花等；动物，包括金鱼、鲤；风景，包括海的风景、写实的风景、赏菊图等。

第三册：研究材料，包括西式房屋、西湖名胜、解剖的松、放大的微生物、肠胃、器具化图案单位、文字图案、五金图案、封面图案等；应用图案，包括商标、广告等；器具，包括画具、室内陈设等；表现花卉植物方面，包括中国画法的杂花等；动物，包括飞禽等；人物，包括人身的分部画法、时装男子、时装女子等；风景，包括表时令的风景、表天气的风景、表时间的风景等；几何画，包括器械制图法等。

第四册：研究材料，包括论思想、螳螂捕蝉、鹿柴、捕蛇者说、山行、醉翁亭记、核舟记等；花卉植物，包括西洋画法的杂花等；果实，包括打翻的果实、大餐桌上的陈设等；动物，包括走兽等；人物，包括裸体小孩、五色人种、肖像画等；几何画，包括等角图法、透视图法、房屋制图法等。

第五册：论挂图、论黑板画、小学校图画科的课程、南京高等师范附属小学校美术课程、小学校图画科的教学法等。

（3）《新著图画研究法》

图 3-3-9 须戒己、熊翥高编纂《新著图画研究法》，上海商务印书馆，1924 年

《新著图画研究法》属于"新著教科书"系列中的一种。此书于1924年（民国十三年）3月初版，1926年（民国十五年）8月发行第2版，共1册，32开，供中等学校教员使用。

此书"本书的目的"指出：

普通学校的图画科不是要养成画师，画匠，美术家，所设的。因为普通学校的图画，每星期只有一二个时间的教授，统计之，就从国民科一年起，到中学毕业止，最多只有八百个小时。听凭那一位良教师，在事实上一定教不出画师，画匠，美术家，来的。即使教得出来，在社会方面着想，画师，画匠，美术家，果属不可少的，但是无需个个成功画师，画匠，美术家的。并且这种人材，是有专门学校在造就。若在个人方面着想，大多数决不在图画范围里头生活的。就是大多数对于画师，画匠，美术家的技能，不需要的。所以普通学校的图画，要和国文科一个样子。就是认图画为研究科学的一种工具，发表思想的一种记号。譬如一种物品的构造，现象，形态，动作。若发表者单有文字，无论怎样的能手，终不如一张图画表得明白的文字，即使表得明白。读的人所得想象的事实，终不如一张图画的明了，确切，迅速的。就是一种凭空构成的思想，传达起来，也是图画比文字明了又迅速的。这种事实，人人时时要遇到的。所以图画为人人所不可少的知识，技能。所以普通学校要设图画科。所以本书的目的，不注重专门技能，认他为研究科学的一种工具，发表思想的一种记号。不求技精，只求人人对于自然界和生活界上各种东西，各种事实，无论拿到那种器械，都能涂能画的发表出来。这样是图画本身的目的，就算达到了。

此书认为普通学校图画科应达到五个目标："第一个，要知道，会画，各科学的应用图画；第二个，要能使用各种普通的绘画器械；第三个，要锻炼各种图画的技能；第四个，要辨别生活界和自然界上的各种彩色；第五个，要能发表美的思想。"

此书内容主要包括本书的目的、本书的组织法、本书的使用法、本书的教学法等。其中"本书的教学法"主要教授的内容有：临画材料的教学法、写生材料的教学法、想象材料的教学法、思考材料的教学法、应用材料的教学法、设计材料的教学法等。

（二）中华书局编辑出版的图画教科书

1. "新中学教科书"系列

同一时期，中华书局聘请了一批学者名家以及富有经验的教育工作者，编写适应新学制需求的"新小学教科书"系列和"新中学教科书"系列。

1927年6月，在蔡元培等人的倡导下，中央进行了一次教育管理制度改革，设立了中华民国大学院主管全国教育事宜，这被称为大学院制。它是仿照法国教育体制而建立的，其目的是使"教育官僚化"转变为"教育学术化"，力图使学术与教育相对独立于官僚政治。大学院制试行近一年时间，于1928年10月23日撤销，恢复教育部。大学院制试行期间，中小学教科书须经大学院审定。

《新中学图画课本》（初级中学用）

图 3—3—10　何元编，刘海粟校《新中学图画课本》（初级中学用），上海中华书局，1924—1926年

《新中学图画课本》（初级中学用）属于"新中学教科书"系列中的一种。此书于1924年（民国十三年）12月至1926年（民国十五年）9月初版，1928年（民国十七年）8月通过大学院审定，共4册，16开，供新学制初中一二学年或其他程度的师范学校学生使用。

此书依据1923年颁布的《初级中学图画课程纲要》编写而成，是新学制颁布后最有代表性的图画教科书之一。书中每一单元由"理论""观察及鉴赏""实习"三部分组成。其中"理论"部分主要讲解美术知识或技能，"观察及鉴赏"部分主要阐述观察和思考的要求，"实习"部分主要针对作业提出具体的绘画要求。

此书"编辑大意"介绍：

> 本书关于实习用的图画，除正图外，又备有各种姿势副图，以作写生用参考；如以他种原因，不作写生画时，则作为临摹用模板亦可。

> 鉴赏一项为陶冶美感，增进艺术趣味之最好机会，教者于课文中所有之说明外，可随时举出种种名画及形象艺术品，以与学者欣赏研究。

此书主要教授的内容如下。

第一册：有关图画的意义、图画的价值、图画的种类、中西图画的区别等知识；有关视平线、主点、集点、并行线的变化、远近和大小的法则等透视知识；有关明度、物体的阴、物体的影等素描知识和表现方法；有关图案的意义、填充模样、带状模样等图案知识和表现方法。

第二册：有关颜料的名称、颜料的混合、色相、色的明暗、物体的色彩和明暗、真色和幻色、色的对比、同种色、类似色、余色等色彩知识和表现方法；有关物面的糙滑、透明体等素描质感的知识和表现方法；有关静物切取法、位置的美、背景的美等构图知识。

第三册：有关色彩和感情、色的采集、色之调和等色彩知识和表现方法；有关四方连续模样、隔模样等图案知识和表现方法；有关人的手足描法；有关树之描法、建筑物的描法、景物的描法等风景画的表现方法；有关用器画的意义及用具的制图知识和表现方法。

第四册：有关风景画的构图知识；有关花卉、动物的表现方法；有关人物面部眼、耳、鼻、嘴的画法，全身人物的画法以及石膏像写生的方法；有关正写投影图、展开图、房屋平面图、房屋的正面图、房屋侧面图等制图方法。

2."新中华教科书"系列

1927年，中华书局的"新中华教科书"系列开始陆续出版，初以中华书局的副牌社"新国民图书社"名义编印，由文明、中华、启新三家经售。

（1）《新中华教科书形象艺术课本》

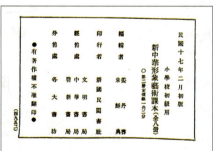

图 3-3-11　姜丹书、朱稣典编辑《新中华教科书形象艺术课本》，上海新国民图书社，1927—1930 年

《新中华教科书形象艺术课本》属于"新中华教科书"系列中的一种。此书于1927年（民国十六年）6月至1930年（民国十九年）6月初版，至1932年（民国二十一年）5月已发行第4版，共8

册，32开，供小学校初级学生使用。

朱稣典（1896—1947），字西奄，浙江杭州人。毕业于浙江白马湖春晖中学、浙江第一师范学校，师从李叔同（弘一法师）。早年从事音乐、国学、美术的教育工作，后任上海中华书局编辑和主编等职务。曾编辑出版了大量美术、音乐教科书和各类文艺书籍，如主编的《音乐概论》《小学美术课本系列》《小学教师应用音乐》《初中音乐读谱法》《图案构成法》《音乐的基础知识》《五线谱的学习》《作曲法初步》等，在当时深受欢迎。朱稣典把当时西方的音乐美术介绍给国人，进行了美术音乐的教育普及工作。

此书每册供一学期使用，主要教授的内容如下。

第一册：认识常用颜色，了解圆、方、长方、三角等同类的物形等。具体包括：看画（赏鉴）；一个饼；认认这几种颜色；涂些什么颜色；把这些灯笼都画好来；白猫变黑猫；再添画些甚么；两块方糕；把这些点联起来；剪贴三角形再加自由画；看这些脸儿哪个顶圆哪个顶方；把这三个圆也画成东西；我们的国旗是怎样的；照哪一幅画起来好；把所爱的果子画在盘里；到底谁胜利；再添画些花纹；快快来吃啊（赏鉴）；最好拣哪几样画成一幅；好玩的面具等。

第二册：着色练习，了解圆、方、长方、三角等同类的物形等。具体包括：三个气球；画些有用的铁器；上面是什么，下面画起来也是什么；箱子的两面；三只蝴蝶；剪贴的蝴蝶；燕飞来；欢喜画哪个圆十字形；再画一幅猫和鼠；什么意思，怎样着色；画鸡从蛋画起；枇杷涂什么颜色；怕什么把这些点联起来看；开步走（赏鉴）；一笔画只猫头鹰；撞着网就黏住了；青蛙摆渡（赏鉴）；用黏土来做几样；两个圆形可画成什么；吹喇叭等。

第三册：辨别颜色的明暗，着色练习，图案练习等。具体包括：颜色的明暗辨得出么；着上颜色正看怎样，倒看怎样；用油纸来雕，用颜色印；牵牛花（着色）；蚱蜢是怎样画的；纺织娘（赏鉴）；黏土做的柿和菱（塑造）；画白纸红手呢，还是红纸白手呢；绿水红金鱼；马牛猪的简易画法；马的剪贴法（剪贴）；石榴画上颜色；努力去追；怎样使他成盆花；秋天变色的树叶；用树叶排成的花边；老鼠和兔子有什么不同；瓜皮上画脸儿；再加画些飞雁；三张贺年片等。

第四册：配色练习，了解物体的距离、排列和美观关系等。具体包括：一阵奇怪的飞鸟；配漆花板的颜色；填成二种格子花；要哪种花布做书包；瓶花（着色）；它来做什么的；春天的树；放风筝加画些什么；添画燕子添画杨柳；樱桃花边着颜色；桃子着什么颜色；下面也画成火车；太阳出来了（剪贴）；实在的位置是怎样的；把画错的改好来；黑猫看见什么了不要吵我来分（赏鉴）（着色）；再画些它们的同伴；用黏土来做（塑造）；拣几样配成一幅等。

第五册：色彩的原色和间色，物体的明暗关系，三角板的应用，图案练习等。具体包括：原色和间色；纸球着色；补画圆物和方物；圆形物体的明暗；认认三角板的角度；用三角板来画方格子；方格子上填成数字；填近日的天气表；用色铅笔画成的鼠（赏鉴）；这些点连接起来是什么；手影画（平涂）；正三角形的画法、折法、裁法；葫芦（着色）；哪一幅登高图好（赏鉴）；这是什么，画完全来；先辨认方向，再画成图案；这些样式好么，再画几种；黏土雕的花边和方形图案（塑造）；镂空的图案（刷印）；三种果物（着色）等。

第六册：物体的适合配置，图案的均齐和变化，写生画法等。具体包括：能做泥人么，能画泥人么；枝干上添画梅花，怎样配置；梅花的图案；各种位置的信封；怎样用三角板来画正方形和菱形；叶的图案；正三角形内配画图案；将七巧板拼成人画出来；这些人形也可用七巧板拼的么；棍棒从骨格画起；哑铃从轮廓画起；铃也从骨格画起的；香蕉也从轮廓画起的（鉴赏）；斜方格子和三角格子欢喜填些什么；两种纸盒的写生；要打倒什么，添画上什么；选出几样来画一幅风景画；扇面上画些什么；大鸭和小鸭（刷印）；果子人（着色）等。

第七册：色彩的对比和应用，三角板的应用，简易的透视法和应用，风景画法等。具体包括：颜色的对比和浓淡；各色的光及其混和；松子；怎样用三角板画正五角形和正六角形；正三角形正方形正六角形凑成的图案；船即是月，月即是船（赏鉴）；月夜（剪贴）；葡萄（着色）；把画错的改好来；火柴盒的位置和写生；哪种位置好；怎样画阴影；鸡和兔（黏土雕塑）；牛和牧场（着色）；各种动物图案；取景的方法；四幅风景画；窗外的风景；橙和苹果（静物写生）；没有画完全的橘子等。

第八册：图案的写生、变化，带状模样的画法，简易的平面图与立体图的画法等。具体包括：春天到了，花儿来了（赏鉴）；青天白日徽；画一株蒲公英；蒲公英的图案；蔷薇花（着色）；蔷薇花的图案；各种花和叶的图案；平面图和立体图；三角形盒子要怎样装饰可画在展开图上；蝴蝶的图案；各种虫类的图案；放大和缩小的画法；傍晚（鉴赏）；荆轲刺秦王（古代石刻）；摘花；散点图案怎样画法；点和线拼成的图案；四季画屏；地理模型（塑造）；文字图案等。

（2）《新中华教科书形象艺术课本教授书》

《新中华教科书形象艺术课本教授书》于1927年（民国十六年）8月至1931年（民国二十年）8月初版，共12册，32开，与《新中华教科书形象艺术课本》配套，供小学校初级形象艺术科教员使用。

此书卷首详细说明了形象艺术本身的性质和实施的方法，以供参考；书中所有各课教学法，大都因材制宜，不拘于一定的方案；在实际教学上，择要加列补充教材的教学法，并附例图；此书依据形象艺术课本中各课的排列为编次，但可根据实际教学情况，连带移动教材的顺序。

此书"编辑说明"介绍了什么是形象艺术科：

　　形象艺术，是现行新学制中特创的一种

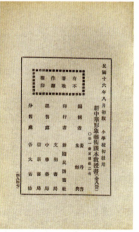

3-3-12

图 3-3-12　姜丹书、朱稣典编辑《新中华教科书形象艺术课本教授书》，上海新国民图书社，1927—1931年

学科目。就是扩充从前图画课的范围，加入一部分塑造和剪贴的工作，属于艺术科，实施于小学校。实际的作业，固注重在造形方面；然于精神的陶冶上，同时亦深加切磋工夫，多给儿童以自动的机会，使得自由发表其思想；所以于练习手眼之外，还加以脑的修养，期望被教育者获得知能并进的效果。而且图画、剪贴，均能将无形的思想，立体的实物，表现于平面上；塑造，更能为实在的立体的表现。形象艺术内容组织上的优点，就是多联络，多变化，多应用，多趣味，比到从前"依样画葫芦"式的图画教学，要改进不少。

此书"编辑说明"认为：

形象艺术从纵的方面来说，是由图画、剪贴、塑造三方面组织而成，其中图画在三种中最占多数。小学校内所应采取的画法，属于自在画的，如自由画（随意画）、记忆画、想象画、临画、写生画、图案画等，此外还应加入些简易的用器画。

剪贴便是旧称切纸细工；本属于工用艺术，现在兼被采用于形艺方面了。因为规则的花纹，与用器画或图案画很有关系；不规则的花纹，与自在画很有关系；所以两方联络应用，更见效益。用品很简单，除图画课内已有兼备者外，只要添置些小剪刀、彩色纸、面糊等便可。

塑造，是黏土细工之一部；也是本来属于工艺方面，而兼被采用于形艺方面的。设有一种想象，欲以造形术把他表现出来，如嫌图画仅限于片面观时，则唯有塑造一法，为能得心应手，完全是立体的实现，简直可谓形象艺术中最彻底的方法。而且取材便当，手续简易，又适于做大设计的作业，所以于小学教学上，很为重视。

从横的方面说，是由欣赏、制作和研究三方面组成。其中欣赏，第一要有施行欣赏的设备；第二要常常利用指导欣赏的机会；第三要知道教学欣赏的注意。

制作，是实行作业，就是形艺教学上主要的活动。

所谓研究，并非说对于学理上，或技巧上，要加怎样抽象的研究，实是对于偶发事项而言的。课程纲要上说道"……是制作或欣赏时遇着了困难才发生的，所以不宜单独教学"。

（三）大陆图书公司编辑出版的图画教科书

《钢笔画临本》

3-3-13

图 3-3-13　赵半部绘图《钢笔画临本》，上海大陆图书公司，1924 年

《钢笔画临本》于1924年（民国十三年）5月初版，共1册，16开，供中等学校学生临摹钢笔画使用，故定名曰钢笔画临本。

此书"凡例"介绍：

> 本书画法从简单的基本入手，先衬笔[1]，次树叶、枝干、山石、风景，按步就班，极由浅入深之妙。

> 本书画法，虽就简单渐趋于繁复，但简单之中有生趣，繁之中有法度，学者仔细求之，自然脉络贯通。

> 本书取材多用本国风景事物，不失国民教育之旨趣，较之剽窃东瀛画帖者，非可同日而语。

此书有20幅图，包括衬笔画法、衬笔之应用、树叶、野草、树干、画山之初步、国旗、鹅、书斋清供、风景之初步、茅屋古树、若有所思、野景、树林、临溪小巷、乡村茅屋、月季、溪桥野色、塔影婆娑等内容。

二、中小学手工教科书

1922年，新学制课程起草委员会将清末以来小学"手工"易名为"工用艺术"，而初中仍称作"手工"。当时新学制课程起草委员会对"工用艺术"这一名称做了解释："工用艺术旧称手工，……但实际作业，不单是手工。各专家又拟名为工艺美术，但与内容亦未尽合。工用艺术，不过以衣、食、住为体，以工为用，非正式工艺，亦非完全艺术，故改今名。"

这时期中小学手工教科书是按照1923年颁布的《小学工用艺术课程纲要》和《初级中学手工课程纲要》规定，以衣食住为主要内容编写的。这时期手工教科书有如下两个特点：

首先，注重日常生活方面的知识与技能学习。如1924年1月至10月，由上海商务印书馆出版，供初级小学学生使用的《新学制工用艺术教科书》（熊翥高、王欣渠编），书中除传统的纸工、黏土工、竹工、木工等手工制作内容外，还有煮糖粥、炒青菜、包馄饨、包水饺、缝手帕、缝抹布、缝运动背心、洗手帕抹布、做糯米饭糕、腌猪肉、做肉圆粉丝汤、红烧豆腐、炒虾仁等日常生活方面的知识和技能学习。

其次，强化职业的平等意识，注重培养学生的劳动意识、平民意识。如1927年5月至1929年5月，由上海新国民图书社出版，供小学校初级工用艺术科使用的《新中华工用艺术课本》（朱稣典、王隐秋编辑），书中提出"职业是平等的"这一观点，并教育学生："劳工是神圣的；例如木匠、铁匠等，都有很好的技巧，能利用材料和工具，做成各种器物，供人生的需要，所以我们对于各种劳工，都应该尊重；不论哪种工作，也都可以去做。"

这时期中小学手工教科书的编辑出版，仍以商务印书馆和中华书局两家为主。

---

[1] 即钢笔线条的曲直、疏密、交替的画法。

（一）商务印书馆编辑出版的手工教科书

"新学制教科书"系列

（1）《新学制工用艺术教科书》（小学校初级用）

《新学制工用艺术教科书》（小学校初级用）
于1924年（民国十三年）1至10月初版，共8册，大
32开，供初级小学校工用艺术科制作、研究时参考
使用。

此书根据1923年民国教育部颁布的《小学工用
艺术课程纲要》编写而成。

此书"编辑大意"介绍：

> 本书所用材料，根据新学制工用艺术纲
> 要的规定，以衣食住为中心。住的一方而，
> 以土、木、金为主体，以竹、纸、藤为补充
> 材料。

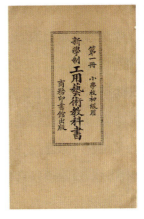

3-3-14

图3-3-14　熊翥高、王欣渠编纂，王岫庐，吴研
因校订《新学制工用艺术教科书》（小学校初级用），
上海商务印书馆，1924年

> 本书取材充足，设备完全和设备简单的学
> 校，都可按着自己的经济力，全用或选用，一
> 部分。

> 本书教材的分配：知识和技能并重，研究和实习并进，以期学生得到真知识真技能，能应
> 用于实地，并能进展改良。

> 本书关于物品的制作图，在一二年级，用自然画表示；在三四年级，兼用投影展开图和工
> 作图表示——图以连续的制作过程为主。

> 本书课文，说明体和故事体并用。

上海商务印书馆还另编有高级小学用书四册与此书衔接，以及教学法一套配套使用，供教师教
授时参考使用。

此书主要教授的内容如下。

第一册：做工；纸风车；剪的纸花；折的纸花；纸龙；纸国旗；纸链；纸的研究；泥做的菱和
石榴；泥做的藕梨和柿子；煮糖粥；煮毛豆荚；缝手帕；缝抹布；洗手帕抹布；竹竿和架子；沙箱
里的校舍模型；沙箱里的房子和树木的做法；手拉陀螺；铜钱陀螺；白果叫子；竹管和鸡毛帚；积
钱的竹管；沙箱里的小花园；独脚泥人；简单的电话机；腌青菜；腌豆腐；刀；钩子；竹管炮；鸡
毛管炮；贺年片；磨粉；蒸年糕等。

第二册：棉纱球；沙袋；煮茶；煮干黄豆；煮蛋；木板的锯法钉法；小凳子；小椅子；小桌

子；沙箱里的文艺表演；研究竹；竹马；竹秤；竹尺；纸匣子一；纸匣子二；活动蝴蝶；拉风车；缝带；缝围裙；打结；花生糖；芝麻糖；枣子粥；沙箱里的农家模型；独木舟；洗衣棒；土做的腌蛋，蚕豆，梅子，樱桃；种花的用具；豆荚水枪；飞的豌豆；麦秆风车；土做的枇杷，蒜头，粽子，菖蒲；花棚架子；芦帘等。

第三册：秋虫笼；萤火虫灯；竹筷；煮饭；煮蛋汤；竹花签；木花牌；木匣子；团子；糯米饭糕；玩偶的展览会；玩偶的身体；玩偶的衣裳；玩偶的手脚；玩偶的屋子；玩偶家里的器具；玩偶床上的被褥；玩偶养的动物；纸球；土做的果子；土做的不倒翁和鞋子；弼针；铅丝手枪；腌猪肉；腌鲤鱼；纸毽子；皮毽子；鸡毛毽子；煮腌鱼腌肉；煮萝卜等。

第四册：纸鸢；双折的动物；活动影戏；纸箭；纸鹰；书袋；笔袋；糊涂面；馄饨；养蚕的用具；丝怎样做成绸缎；蚕茧做的玩具；土可以做些什么东西；砖瓦；窑；纸筋；花台；顶好的住宅；蛋壳不倒翁；蛋壳灯；马口铁叫子；马口铁锅子；瓜签；飞铁；鼗鼓；花插；灭蝇拍；拌绿豆芽；绿豆汤；绿豆糕等。

第五册：灯罩的做法；秋虫笼的做法；竹蜻蜓的做法；直尺的做法；竹簪的做法；风车叫子的做法；笛的做法；盆子的做法；杯子的做法；瓶的做法；茶壶的做法；棉纱布怎样做成的；包袱的做法；国旗的做法；袖套的做法；学校附近的地图模型；小圆藤篮的做法；又一种小圆藤篮的做法；椭圆藤篮的做法；青菜的炒法；菜粥的煮法；菜饭的煮法；糖油番薯的烧法；蚕豆的发芽法；线板的做法；小凳的做法；木松鼠的做法；木马的做法；木人的做法；名牌的做法；白钦钹的做法；日记簿的钉法等。

第六册：木刀木枪的做法；刀枪上揩油法；封袋的做法；一张纸折插成各种形体；装药品或糖果的匣子；水吊水杓的做法；竹面上画画写字的方法；书镇的做法；笔筒帽筒的做法；我们的学校园应该怎样布置；竹篱的做法；木栏杆的做法；花架子的做法；动物棚的做法；乘凉椅子的做法；红烧猪肉；肉圆粉丝汤；红烧豆腐；手钻的做法；铅丝衣钩的做法；箱搭的做法；链条的做法；水盂笔洗画碟的做法；蛭的变态模型；手帕的做法；钱袋的做法；水饺子的烹法；茄丝饼的烹饪；被拍的穿法；花篮的穿法等。

第七册：剪纸剪出花样；一张纸裁成各种形状的方法；剪卍字八结梭子形星形的方法；纸花的做法；工匠做陶瓷器的方法；用手捻法做的陶瓷器；用模型法做的陶瓷器；竹手杖的做法；竹线板的做法；花插的做法；编物针的做法；钱袋的编法；手套的编法；雪菜豆瓣酥的烧法；鱼的红烧法；茄子的蒸法；橘皮的蜜饯法；小藤篮的做法；一段树枝做的动物；木板做的动物；面粉的磨法；面的各种烹法；馒头的烹法；帐钩的做法；烛台的做法等。

第八册：蒸面饺的做法；百果油酥饺的做法；鸡蛋糕的做法；公尺的计算法；手工刀匣的做法；桌垫的做法；画片夹的做法；信插的做法；护书夹的做法；树木的伐法和锯法；小手车的做法；小摇椅的做法；一个巡警的做法；用模型做盆碗的做法；竹棋罐的做法；纸吹管的做法；竹烛

台的做法；小房子的做法；钱袋的缝法；运动背心的缝法；鲜蚕豆的烧法；油炒虾的炒法；炒虾仁的炒法；虾子酱油的做法；白铁调羹的做法；铁丝火筷的做法；木拖鞋的做法；西装衣架的做法；草帽的做法；片四菱瓣的编法；原七平草帽的编法等。

（2）《新学制工用艺术教授书》

《新学制工用艺术教授书》于1924年（民国十三年）4月至1926年（民国十五年）4月初版，共6册，32开，与《新学制工用艺术教科书》配套，供初等小学手工科教师使用。

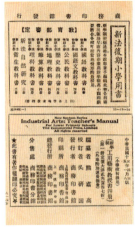

3—3—15

图3—3—15　熊翥高编纂，吴研因校订《新学制工用艺术教授书》，上海商务印书馆，1924—1926年

此书"编辑大意"介绍：

> 本书叙述教学工用艺术的方法，不拘教案的形式。
>
> 各年级各种关于工用艺术的设备方法，以及工场管理法、材料备置法和支配法、工具的修理等各法，在本书各册的头上，都特别叙述。
>
> 各册都有教学实况的举例。
>
> 儿童实习时易发现的失败点和补救法，也载在书中。
>
> 本书并载有许多补充材料，和补充材料的制作法。
>
> 各学年成绩的标准，和考查的方法，也详载书中。
>
> 总之本书以便利教学起见，凡教学方面一切注意点，一切方法，无不详述。

编者指出：

> 教学工艺，除知识技能外，还要使学生对于工艺有正当的态度和见解，并且又要能欣赏这世界上所有的作业。所以经历工作生活，涵养德性，是教学工艺的一个重要目的。
>
> 六七岁的小孩，他的欲望，只有玩和食的需要最切。……这时期的教学工艺，在心理上，在事实上都难在正式的工艺上进行；所以只需把粗浅的问题，用工艺的制作态度，仅小孩子的能力来发表便行了。
>
> 三四学年的儿童，知识较广，体力稍增，在教育的里程上也该稍进。向日任其自然的工作，应该进一步，以切合生活为主。所以这时期的教学工艺，该趋向正式的工艺中去研究实习。
>
> 五六学年的儿童，普通知识已有门径，体力已能应付手制工艺，而且大多数人将要脱离教育的关系；所以工艺上的急切问题，应该给他们知道。所以一切教材，都当在正式的工艺上研究实习。

此书目前只见手册，每册分2编，主要讲授工用艺术的教学方法。

（3）《新学制工用艺术教科书》（小学校高级用）

《新学制工用艺术教科书》于1925年（民国十四年）5至9月初版，至1926年（民国十五年）9月已发行第15版，共4册，大32开，供高等小学手工科教师使用。

3-3-16

图3-3-16　熊赜高、王欣渠编纂，何明斋、王岫庐校订《新学制工用艺术教科书》（小学校高级用），上海商务印书馆，1925年

此书第一册第一章"研究问题"，包括工艺品的基本构成、木工的种类和各种木工的事业、洋钉和螺丝钉；第二章"衣"，包括绸缎的刮浆法、机缝法、沿边滚边的缝法、做鞋底的方法；第三章"食"，包括月饼的制作法、蟹肉馒头的制作法、酱油制作法、五香牛肉的烧法、炸鳜鱼的烹调法；第四章"住"，包括纸工、竹工、藤工、土工、木工、金工等内容。

第二册第一章"研究问题"，包括我们为什么要习工艺、工艺上应用的小聪明；第二章"衣"，包括绣花法、上贴边法、钮孔的开法、装里的方法；第三章"食"，包括八宝饭的烧法、鱼片的熏法、青椒肉丝的炒法；第四章"住"，包括纸工、竹工、藤工、土工石膏工、木工、金工等内容。

第三册第一章"研究问题"，改良工艺品的重要和方法、金工的种类和事业；第二章"衣"，包括裤的裁法、算料的方法、单裤的缝法、夹裤棉裤的缝法；第三章"食"，包括红烧鸡、肉蛋饺、金东菜烧豆腐、炒菠菜；第四章"住"，包括纸工、竹工、藤工、土工、木工、金工等内容。

第四册第一章"研究问题"，包括木工中应用的各种接榫、水泥工艺的事业；第二章"衣"，包括短衫的裁法、裁短衫时材料的计算法、短衫的缝法、夹袄的缝法；第三章"食"，包括西餐的普遍食法、牛肉汤、煎鱼、炸猪排、加辣鸡饭、香蕉布丁、茄菲；第四章"住"，包括纸工、竹工、藤工、水泥工、木工、漆工、金工等内容。

（4）《工艺科教学法》

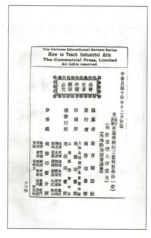

3-3-17

图3-3-17　熊赜高、王欣渠编纂《工艺科教学法》，上海商务印书馆，1925年

《工艺科教学法》于1925年（民国十四年）12月初版，共1册，大32开，供小学手工科教师使用。

此书是为庆祝《教育杂志》创刊十六周年而出版的教育丛著之一。《教育杂志》于1909年2月15日由时任商务印书馆出版部部长陆费逵创刊，每月出一期，每年出一卷。1932年停刊，1934年9月复刊。抗日战争开始后，《教育杂志》从1938年起在香港编印，1941年12月太平洋战争爆发后被迫第二次停刊。1947年6月在上海复刊，至1948年12月停刊。在前后40年的时间里，《教育杂志》共出刊33卷382期，是近代影响最大的教育专业刊物。

此书主要教授的内容有：普通学校的工艺科怎样的、现在应当怎样设施、应当用怎样的目的、应当用怎样的教材、应当用怎样的教学法、应当用怎样的设备、工具怎样管理、材料怎样管理等。

（二）中华书局编辑出版的手工教科书

"新中华教科书"系列

（1）《新中华教科书工用艺术课本》

《新中华教科书工用艺术课本》于1927年（民国十六年）5月至1929年（民国十八年）5月初版，共12册，大32开，供小学校初级学生使用。

王隐秋（1896—1964），名洪钊，浙江仙居人。毕业于浙江两江师范学堂图画手工专修科。曾在国立杭州艺术专科学校图案系任教，后在上海美术专科学校艺术教育专修科担任图画劳作组主任，教授工艺、劳作课程。

此书"编辑大意"介绍：

> 本书是依据新学制工用艺术课程纲要的旨趣编辑的。共分十二册：前八册，供给小学校初级儿童用；后四册，供给小学校高级儿童用；都是每学期用一册。

> 本书取材，平易而适切，多趣味，多应用，尤其是合于民生主义的；不论学校的地位在乡村或在都市，校中的经济充裕或不充裕，都不至感到实施上的困难。

> 本书的教材非常丰富，每多于一课之中，并列几种作业，以便教学时各视所宜，酌量选用。

> 本书多采用全国通用的、四时皆宜的教材，以免发生时地上的窒碍；即有少数无可避免

3-3-18

图 3-3-18　朱穌典、姜丹书、王隐秋编纂《新中华教科书工用艺术课本》，上海新国民图书社，1927-1929年

者，亦可前后调用，或另有补救方法，载在教授书中。

　　本书各课，大都附有精当的图画，很足引起儿童的注意和兴味。所有文字，亦力求浅明，前几册尤多采用歌谣体，以期适合儿童的心理。

　　本书另有教授书十二册，分载各学期的设施法，和各课的教学法，并详细说明工作的方法，或附有制作图，以备教师采用。

此书第九至十二册内容不详，其他分册主要教授的内容如下。

第一册：来动手，纸鹰，纸炮，纸陀螺，搓绳，做纱球，做毽子，活结死结，谈谈衣的工作，纸做的小衣裤，谈谈食物的做法，煮水、泡茶、调浆糊，熬糖，住屋怎样造的，做泥屋子，做小树，纸做的小屋子，沙盘里的小村庄，订本子，装饰本子等。

第二册：国旗，小书桌，煮蛋，不倒翁，叫子，泥果子塑坯，泥果子着色，绣纸，香袋，纸袋、纸匣，炒豆，造纸的谈话，做捕蝇花，熬捕蝇膏，果子羹，萤灯（两种），龟和兔，蝉和蛙，缝抹布，整理工具等。

第三册：做巧果，包物法（两种），扎物法（两种），洗手巾、洗袜，折衣裳，秋虫笼，白果叫子，切萝卜，雕山芋，谈谈两种巧妙的手艺，会跳舞的泥人，染麻，做假胡须，大刀、长枪、花棍，掸帚（两种），做豆囊，洒花的贺年片，信封（两封），腌腊，堆雪的工作等。

第四册：汤团，谈谈米粉和麦粉的工作，蜡烛油做梅花，编辫带法（四种），缝邮寄包裹，传话筒，煮咸肉和笋，双掣结、单掣结，缩短结、系马结，园场的准备工作，砌花坛、做盆栽，搭棚架、编篱笆，苍蝇拍，蜻蜓网，结网袋，雄黄葫芦、菖蒲剑、艾鞭，展览会的准备工作，莲花，玩具展览会的布置，可爱的西瓜等。

第五册：等分六折及应用，三角盒，等分八折及应用，雕凸型，赏鉴古代石刻，刻阴纹，揭阴纹，小钟，小滚筒，镂纸版，印名片，谈谈雕版和印刷，平织，菱织，豆腐的烹调，做纸捻，编小篮，煮七宝粥，日历插，收口袋等。

第六册：磨刀，竹马，弓箭，帐钩，纸弹铳，水箭筒，风动人，草人，纹织（谈谈织物的工作），洗衣裳，除去衣裳上污迹的方法，面的烹调法，等分十折及应用，扇，扇结，等分七折和九折，纸球纸旗等。

第七册：蟋蟀盆，砚坯，像生鸟，白日饼，烧窑的谈话，素烧，继续素烧实习，炼制瓦砚，窑器的赏鉴，扎篾箍，绣花，做手帕，上袜底，装订，继续装订实习，扫帚，糊灯，风筝，煮汤，煮饭等。

第八册：滑稽的纸人，制蜡果，制蜡笔，人造大理石，鱼叉、肉叉，弹簧笔架，三民鼓，筷，刀砧板、茶垫板，小凳，职业平等谈，做小团团，小团团的衣服，蜜饯，果盆，纸花盆，活动纸，纪念国耻的粽子，荷叶粉蒸肉，合作的宴会等。

（2）《新中华工用艺术课本教授书》

图3-3-19　朱稣典、姜丹书、王隐秋编辑《新中华工用艺术课本教授书》，上海新国民图书社，1927—1929年

《新中华工用艺术课本教授书》于1927年（民国十六年）8月至1929年（民国十八年）4月初版，共12册，大32开，与《新中华教科书工用艺术课本》配套，供初等小学校手工科教师使用。

此书"编辑大意"介绍：

工用艺术，是最新建设的学科，所以本书的第一册开宗明义，便从这科的本身上，源源本本的说个明白。

本著者的经验，对于困难各点，都有相当的解决法，详载于各课中，使教学时得免滥用许多不经济脑力和手续。

本书上，关于工具材料的说明，工作的方法，紧要的图样，和应行注意，应行研究的各点，无不详细论列，以备参考。

本书所有各课教授法，大都因材制宜，不拘一定的方案。

本书每册的前头，将该学期应有的设备，和设备方法，管理法等，详加叙述，使采用的学校，得依经济状况，酌量设施，当备则备，可省则省。

本书编制的顺序，是依着工用艺术课本的排列，如实际教授时，教材有所变动，亦当然连带活用。

此书每学期用一册，第一至八册均有本学期的总说明，包括本学期内应有的设备、本学期工具材料管理上的注意、本学期教材一览表，以及各课的教学法等内容；第九至十二册内容不详。

总之，这时期编写的手工教科书开始注重培养学生衣、食、住方面的知识与技能，使他们能尽早地学会生活、学会生存，以此来达到"实用陶冶"的教育目的。

中华民国的建立标志着国家政治体制由两千多年封建帝制向新兴民主共和体制的转变，极大地推动了我国教育的现代化进程，给我国教育带来了生机和活力。

民国初期，首任教育总长蔡元培提出军国民教育、实利教育、道德教育、世界观教育、美感教育"五育并举"的教育方针，剔除了清末教育宗旨中"忠君""尊孔"的规定，体现了民国初期资产阶级教育关于人的德、智、体、美和谐发展的思想，以及对新一代人的要求。

民国初期，中华书局率先推出了"中华教科书"系列，商务印书馆也紧随其后地推出了"共和国教科书"系列。接着，中华书局又相继推出"新制中华教科书"系列和"新编中华教科书"系列，呈现出两家出版社激烈竞争的态势。虽然教育部提出"凡各种教科书，务合乎共和民国宗旨。清学部颁行之教科书，一律禁用"的要求，并强调教科书应"呈请教育部审定"，但这时期的图画和手工教科书的编写结构和体例仍受清末教科书的影响，如图画教科书仍以供学生用铅笔或用毛笔临摹习画的画帖为主，手工教科书仍按照排色板、豆细工、黏土细工、折纸细工、剪纸细工、竹工、木工、金工等内容进行排列。

新文化运动时期，中国思想界空前活跃。西方教育理论的系统输入，新教育思潮的不断涌现，推进了教科书在内容和形式上的更新。这时期，中华书局编写的"新式教科书"系列，商务印书馆编写的"新体教科书"系列和"实用教科书"系列，都是影响极大的教科书。这些图画教科书开始摆脱清末民初教科书的影响，探索多种新的编写体例和内容。手工教科书的编写受到实利主义和实用主义教育思潮影响，开始注重实用性，让学生学习日常生活中会用到的一些知识和技能，为学生今后职业做准备。

1922年新学制和新课程改革是我国近代教育史上一次具有里程碑意义的教育改革。当时，商务印书馆组织了各学科领域著名的专家学者编写和校订"新学制教科书"系列，后又编写了"新著教科书"系列；中华书局则组织了一批专家学者和富有经验的教师编写出版了"新小（中）学教科书"系列和"新中华教科书"系列。在新学制理念的影响下，这时期的图画、手工教科书在以儿童为中心理念指导下，开始突破了传统的编写方式，注重儿童本位的编写角度。当时的图画教科书与清末民初的画帖已有很大不同，不再是单纯提供学生进行临摹习画的范本，而是成为有助于学生学习的教学材料。教科书除让学生学会"制作"外，还将"欣赏"和"研究"作为图画学习的主要内容之一，以此培养学生的审美情趣和探究能力。手工教科书在实用主义教育思潮影响下，除了教授传统的纸工、黏土工、竹工和木工等外，还强调让学生学习实用的知识与技能，并注重培养学生的劳动意识和职业平等意识。

总之，这时期图画和手工教科书的编写和出版，已呈现出蓬勃发展的态势。

第四章

民国图画、手工教科书编写趋于成熟阶段（1927—1949）

1927

1927年，南京国民政府成立后，在学校系统方面承袭了1922年新学制的规定。同年10月，国民政府撤销当时最高教育行政机关——教育行政委员会，成立了中华民国大学院，管理全国学术及教育行政事宜，并任命蔡元培为大学院院长。

1928年5月，在蔡元培领导下，大学院于南京召开了第一次全国教育会议，以1922年新学制为基础，重新制定了《中华民国学校系统》。同年10月24日，大学院被裁撤，相关改革制度被取消，恢复教育部与旧有教育制度。

1929年3月，国民党第三次全国代表大会通过了"三民主义"的教育宗旨及其实施方针，开始对学校教育进行严密控制。

1931年9月18日，日本关东军在沈阳发动了"九一八事变"。次日，日军侵占沈阳，后又陆续侵占了东北三省，中国局部抗战开始。1937年7月7日，日本军队在北平卢沟桥发动"七七事变"，开始全面侵略中国，中国军队奋起抵抗，从此开始全国性抗日战争。1937年11月20日，随着中日战事的进一步升级，国民政府从长远角度出发，决定迁都重庆。同年12月13日，日军占领南京。

1938年4月，国民党临时全国代表大会通过《中国国民党抗战建国纲领》和《战时各级教育实施方案纲要》，规定了抗战时期教育的总纲、方针和要点。此外，这时期为了适应抗战的需要，大会还制定了抗日教育政策，对以前制定的各级各类教育法令、法规与条例等做了必要的修改、补充和完善，还重新制定了一些新的规章制度，采取了一些新的办法以满足长期抗战和后方建设对人才的需求。

1945年8月15日，日本宣布无条件投降。同年9月，国民政府在重庆召开全国教育善后复员会议，对各级各类学校的复员做了政策规定。1946年5月5日，国民政府还都南京，重庆作为战时首都的历史使命随之结束。

抗战胜利后，中国共产党顺应人民要求，提出并坚持实行"和平、民主、团结"三大口号，主张由国共两党及其他民主党派和民主人士组成政治协商会议共同协商建立联合政府。1946年6月26日，国民党挑起了中国历史上空前规模的内战。经历了三年内战，国民党反动统治彻底失败。

1949年4月，中国人民解放军解放南京，结束了国民政府统治大陆的历史。

抗日战争时期，中国共产党先后建立了陕甘宁、晋察冀、晋冀鲁豫等边区[1]。各边区虽然经常遭到敌人的疯狂"扫荡"，物质条件极端困难，但它是全国最进步的地方，政治民主，人民生活不断提高，教育事业蓬勃发展，呈现出一派欣欣向荣的景象。中国共产党制订了抗日的教育方针政策，指导这一时期边区教育的发展道路。

当时，各边区政府采取了一系列的新措施来提高教育质量，包括制订小学教育方针，规定小学

---

[1] 抗日战争时期，共产党领导的革命政权在几个省连接的边缘地带建立的根据地，又称解放区。

教育的目的；拟订小学的课程，精减不必要的科目，增加政治常识的比重，在体育课内增加军事训练等。如1939年8月15日，陕甘宁边区教育厅公布《陕甘宁边区小学规程》的文件，规定"边区小学应依据边区国防教育宗旨及实施原则，以发展儿童的身心、培养他们的民族意识、革命精神及抗战建国所必需的知识技能""边区小学教育应依据新民主主义教育方针，以促进儿童的民族觉悟，养成儿童的审美观念，提高儿童的劳动兴趣，锻炼儿童的健壮体格，增进儿童所必须的知识，培养儿童为大众服务的精神"。[1]小学收7~12岁儿童，修业5年，前3年为义务教育。课程以政治、军事为中心，设国语、算术、常识（政治、自然、历史、地理）、美术、劳作、音乐、体育；社会活动、生产劳动为正式课程，并与其他课程密切联系。这时期，主要"编印适合抗战需要的教材，翻印儿童补充读物等。……在教学方法方面，也由填鸭式教学改变为启发式教学"[2]。目前，有关该时期美术、劳作教科书的编写情况缺少相关资料，但是解放区的小学仍重视美术、音乐和劳作课，并以此培养儿童的审美观念。

[1] 陈元晖. 老解放区教育简史[M]. 北京：教育科学出版社，1982：106.
[2] 陈元晖. 老解放区教育简史[M]. 北京：教育科学出版社，1982：105-106.

第一节
南京国民政府成立之初的美术、手工教科书
（1927—1931）

1927年5月，蒋介石在南京召开的"五四运动纪念大会"上发出了实行"党化教育"的号召，即在国民党的指导下，实行教育革命化和民众化。同年8月，国民政府教育行政委员会制定了《实施党化教育草案》，试图在全国推行党化教育，强化国民党对学校教育的统治。草案规定："要把学校的课程重新改组，使与党义不违背又与教育学和科学相符合，并能发扬党义和党的政策。"同时决定："应赶促审查和编著教科用图书，使与党义及教育宗旨适合。"[1]教育行政委员会还通过了《组织教科书审查会章程》，饬令各书店限期将小学用新学制国文、国语、公民、社会、常识、历史、地理各科教科书呈会听候审核，目的是使学校教科书的编写顺序"党义"，符合"三民主义"教育宗旨。

1927年10月，中华民国大学院替代教育行政委员会。在大学院教育行政处下，专设书报编审组。同年12月，大学院公布《教科图书审查条例》，要求中小学教科书"非经中华民国大学院审定者，不得发行或采用""以不背党的主义、党纲及精神，并适合教育目的、学科程度及教科体裁者，为合格"；已审定的教科书"应在书面上记明某年某月经大学院审定字样"，审定后的教科书"如经过两年时间，经大学院认为不合时宜者，得取消其审定效力"。[2]这个条例明确地把不违背国民党的党义、党纲和精神作为教科书审定合格的首要条件，突出了"党化教育"思想在教科书编写中的统治地位。

1928年5月，大学院在南京举行第一次全国教育会议。会议决议废止"党化教育"名称，改称"三民主义教育"。大会宣言提出："此后中华民国的教育宗旨，就是三民主义的教育。"[3]

1928年，大学院重新改名为"教育部"，办理前大学院一切事宜，教科书的编审则由编审处负责。1929年1月22日，国民政府教育部公布《教科图书审查规程》，规定"学校所用之教科图书，

[1] 李华兴. 民国教育史[M]. 上海：上海教育出版社，1997：489.

[2] 李华兴. 民国教育史[M]. 上海：上海教育出版社，1997：489.

[3] 教育部教育年鉴编纂委员会. 第二次中国教育年鉴：第二编[G]. 上海：商务印书馆，1948：65.

未经国民政府行政院教育部审定或已失审定效力者，不得发行或采用"。[1]同时公布的《审查教科图书共同标准》提出"教材之精神"必须"适合党义，适合国情，适合时代性"[2]等要求。

1929年4月，国民政府正式公布了"三民主义"教育宗旨："中华民国之教育，根据三民主义，以充实人民生活，扶植社会生存，发展国民生计，延续民族生命为目的；务期民族独立，民权普遍，民生发展，以促进世界大同。"[3]与此同时，国民政府还公布了八条实施方针。这次颁布的教育宗旨，又一次强调了以"三民主义"为理论基础的教育要求。

1931年9月3日，国民党中央执行委员会第157次常务会议通过《三民主义教育实施原则》，其中规定初等教育的目标是：使儿童整个的身心，融育于三民主义教育中；使儿童个性、群性，在三民主义教育指导下平均发展；使儿童于三民主义教导下，具有适合于实际生活之初步的智能。[4]中等教育的目标是：确定青年三民主义之信仰，并切实陶冶其忠孝、仁爱、信义、和平之国民道德；注意青年个性，及其身心发育状态，而予以适当的指导及训练；对于青年应予以职业指导，并养成其从事职业所必具之智能。[5] 由此可见，这时期中小学的教育宗旨把三民主义信仰放在了首位，并重视"忠孝、仁爱、信义、和平"等道德观念的灌输。

1929年8月，国民政府教育部颁布了《小学课程暂行标准小学美术》和《初级中学图画暂行课程标准》。其中小学美术将"形象艺术"科名称改为"美术"科。《小学课程暂行标准小学美术》规定了小学美术科课程的目标：顺应爱好美术的本性，引起研究美术的兴趣；增进美的欣赏和识别的程度，陶冶美的发表和创造的能力；引导对于美术原则的学习和应用，以求生活的美化。规定的作业类别有：欣赏，包括自然美的欣赏和艺术美的欣赏两项；制作，包括绘画、剪贴、塑造三种；研究，包括方法的研究和原则的研究两种。此外该标准还对初级、高级小学知识和技能方面的学习列了最低限度的考核标准。[6]

《初级中学图画暂行课程标准》的课程目标为：练习对于人物自然的正确观察力和描写力；善导审美的本能，养成领略美象的鉴赏力；增进自由发表思想感情的创作力；涵养美的态度，以为生活的指导。作业要项包括观察和欣赏、实习、考案等。此外，《暂行课程标准》对初中第一至第三学年每学年的教材大纲、教学要点做了规定，还对初中阶段知识和技能方面的学习列了最低限度的考核标准。[7]

[1] 中国第二历史档案馆. 中华民国史档案资料汇编　第五辑　第一编[G]. 南京：江苏古籍出版社，1994：89.
[2] 中国第二历史档案馆. 中华民国史档案资料汇编　第五辑　第一编[G]. 南京：江苏古籍出版社，1994：92.
[3] 教育部教育年鉴编纂委员会. 第二次中国教育年鉴：第一编[G]. 上海：商务印书馆，1948：4.
[4] 教育部教育年鉴编纂委员会. 第二次中国教育年鉴：第一编[G]. 上海：商务印书馆，1948：5.
[5] 教育部教育年鉴编纂委员会. 第二次中国教育年鉴：第一编[G]. 上海：商务印书馆，1948：5-6.
[6] 课程教材研究所. 20世纪中国中小学课程标准·教学大纲汇编：音乐·美术·劳技卷[G]. 北京：人民教育出版社，2001：199.
[7] 课程教材研究所. 20世纪中国中小学课程标准·教学大纲汇编：音乐·美术·劳技卷[G]. 北京：人民教育出版社，2001：204-206.

与1923年中小学形象艺术科、图画科课程目标相比，这时期的小学美术教育目标强调"引起研究美术的兴趣"，美术学习和应用"以求生活的美化"，中学图画教育目标强调"正确观察力和描写力""鉴赏力"及"创作力"的培养，表明这时期中小学美术教育发生了新的变化。

1929年8月，国民政府教育部颁布了《小学课程暂行标准小学工作》《初级中学农业暂行课程标准》《初级中学工业暂行课程标准》和《初级中学家事暂行课程标准》。小学"工用艺术"改称"工作"，初级中学的"手工"改称"工艺"，包括农业、工业、家事三科，由各校自行择定一科。

这时期小学工作科课程目标是"养成劳动的身手，平等互助的精神；发展建造的思想和能力；增进评价能力、生产兴趣，并启发改良生活，改良农工业等的志愿和知识"。[1] 学习类别分校事、家事、农事、商情、工艺五类。校事是要学生分担学校一切工作，以培养其服务精神；家事是要学生练习家庭生活的相关技能和习惯；农事分园艺、农作、畜养三种，让学生学习这三方面简易的知识和技能；商情包括估价、销售二种，让学生学习商业知识和道德；工艺包括特产工艺、纸、土、竹、木、金等，让学生练习各类工艺上简单的技术。因此，有人认为这时期的小学手工学习内容"远较工用艺术时期为广大，可谓劳作教育范围最庞大时期"。[2]

初中农业的课程目标是"灌输普通农学实用知识，使学生明了农业现状，及各种问题；训练学生有种植和畜养的技能；训练学生有欣赏自然的美感，及爱好田园生活的兴趣；使学生有向上研究，再求深造的准备；养成田园勤劳生活的习惯"。[3]学习内容主要有农学大意，包括农学诸科之大意，以及播种、移植、耕地、除草、施肥、防害、收获等知识与技术；作物，包括栽培作物原理、方法及实习等；蔬菜园艺，包括各种蔬菜的栽培方法及实习；花卉果树园艺，包括普通花卉的栽培法、庭园设计、校园布置及实习、果园的管理与果树品种的辨别及改良等；造林，包括树木育苗、移植、林场管理及实习；畜牧，包括家禽、家畜、养蚕、养蜜等方面的知识。

初中工业的课程目标是"了解近代工业的方法和衣，食，住，行的关系；养成劳动工作的习惯和兴趣；练习编，土，木，金各种普通工艺的技能"。[4]主要研究衣服工艺、饮食工艺、居室工艺等方面的知识。

初中家事的课程目标是"了解家庭与社会的深切关系，能由社会观点，组织及改进家庭生活；在任何环境中，能计划及组织最可爱而有生机的模范家庭；对于家庭中衣、食、住、养育等问题，

---

[1] 课程教材研究所. 20世纪中国中小学课程标准·教学大纲汇编：音乐·美术·劳技卷[G]. 北京：人民教育出版社，2001：332.

[2] 余礼海. 小学劳作教师手册[M]. 上海：中华书局，1949：2.

[3] 课程教材研究所. 20世纪中国中小学课程标准·教学大纲汇编：音乐·美术·劳技卷[G]. 北京：人民教育出版社，2001：338.

[4] 课程教材研究所. 20世纪中国中小学课程标准·教学大纲汇编：音乐·美术·劳技卷[G]. 北京：人民教育出版社，2001：341.

有充分研究，能应用近代科学于家庭生活；能应用及熟练各种家事技能，及养成处理家事的兴趣"。[1]主要学习家庭及社会研究、家政管理及计划、家庭衣服问题、家庭饮食问题、家庭住房问题、看护及摄生法、保育、家庭簿记及会计、礼仪及酬应、家庭娱乐、家庭副业等。

这时期初中工艺学习内容与1923年的男女生手工科学习内容相比，有了明显拓展：男生的重点放在工业、农业方面的理论学习和实践上，女生的重点则放在家事方面的理论学习和实践上。

以上这些课程标准都属于暂行标准，因此带有过渡性质。

一、中小学美术教科书

1927—1931年社会政治、经济、意识形态都发生着前所未有的变化。这时期中小学美术教科书不但为学生提供了美术相关的知识与技能学习内容，而且还让学生通过"欣赏""发表""研究"的学习过程，促进各种能力发展，以及世界观和审美观的形成。因此，这时期我国中小学美术教科书，无论从内容到形式都开始步入成熟的阶段。

这时期美术教科书的编写出版，除老牌的教材出版机构——商务印书馆、中华书局外，还有许多新成立的书局，如共和书局、中央书店、儿童书局、世界书局、大东书局、形象艺术社等也开始纷纷编写和出版供中小学生课内或课外学习美术的教学辅助类参考用书。

（一）商务印书馆编辑出版的美术教科书

1928年，大学院重新改名为教育部。国民政府教育部组织整理了幼稚园、小学、中学课程标准，并于同年令各省市学校试验推行。为与课程标准相适应，商务印书馆组织陈望道等18位专家学者编辑"基本教科书"系列，包括初级小学用5种，高级小学用6种，初级中学用2种，于1931年4月开始出版。1932年1月29日，日本侵略者将上海商务印书馆总厂炸毁，还没来得及出版的"基本教科书"系列书稿也毁于一旦。

《基本教科书美术》

4-1-1

图4-1-1 宗亮寰编辑，何炳松校订《基本教科书美术》，上海商务印书馆，1931年

[1] 课程教材研究所. 20世纪中国中小学课程标准·教学大纲汇编：音乐·美术·劳技卷[G]. 北京：人民教育出版社，2001：345.

《基本教科书美术》属于"基本教科书"系列中的一种。此书于1931年（民国二十年）8月初版，共8册，32开，供初级小学各学年学生使用。

此书依据国民政府教育部1929年颁布的《小学课程暂行标准小学美术》编辑而成，是我国较早使用"美术"名称编写的小学美术教科书。此书将学习内容分为欣赏、发表、研究三种作业。其中欣赏包括自然美的欣赏和艺术美的欣赏，制作包括绘画（单色画和彩色画）、剪贴（单色剪贴和复色剪贴）、塑造（塑造及浮雕线雕）三种，研究包括方法的研究（各种画法、剪法、塑造法研究）、原则的研究（各种形体、排列、设色、明暗、阴影等美术原则的研究）等。此书还另编教学法一套，供教师教学参考之用。

此书"编辑大意"介绍：

> 本书目的，在供给儿童欣赏资料，增进研究兴趣。和旧时的画帖临本专重模仿练习都不相同。

> 本书教材的分配，有纵横两方面：纵的方面，注重美术原则的认识和应用；横的方面，注重儿童实际经验和趣味。

此书主要教授的内容如下。

第一册：谁做得好（研究）；这三朵花要着什么颜色（着色）；用红黄青三种颜色纸，可以剪成许多东西（剪贴）；兔儿（剪贴）；你会把圆形画成多少样的东西（研究）；美丽的果子（着色）；盆里要放什么果子（研究）；国庆纪念日的校门（着色）；菊花（剪贴）；盆里要画什么花（研究）；花子袋上的装饰；怎样画鸡鸭猫狗；狗追什么（添画）；怎么好呢（欣赏）；信送给谁（添画）；哪一张画得好（研究）；哪一张意思好（研究）；怎样画最有意思；这个镜框里要画什么（研究）；哪一张好看（研究）；操场上；体操（添人）；雪中行人（剪贴）；谁来堆雪人。

第二册：买轻气球（着色）；我们也玩玩（欣赏）；放纸鸢；帆船（剪贴）；谁的衣服好看（着色）；浓颜色和淡颜色（研究）；花布样子，要着什么颜色（着色）；燕子来了，下面添画什么（研究）；哪一张意思好（研究）；拉着小弟弟去玩（欣赏）；哪一张好（研究）；哪一种房子好看（剪贴）；这条平线可画成什么（研究）；采野花（添人和景致）；美丽的蝴蝶（剪贴）；蝴蝶花边；到这里来玩（添画景致）；怎样画法最好看（研究）；好看呀（欣赏）；鱼；牛；一个卫生故事；盆里要放什么东西（研究）；扇面上要画什么（研究）。

第三册：纺织娘，下面画什么（研究）；上学，要添画什么（研究）；好听呀（欣赏）；花篮；原色和混色（研究）；花边、花布（着色）；提灯会（剪贴）；大礼堂，要怎样装饰（研究）；哪一所房子高，哪一所大（研究）；这四个长方形里要画什么（研究）；三角形和六角形的格子（研究）；捉小鸡，后面要添多少人（研究）；画人的方法；画中的东西，大小合么，怎样画就合（研究）；秋景，怎样着色（研究）；挑稻的农夫（剪贴）；劳苦的农人，哪一张意思好（研究）；会变色的树叶；他们在什么地方踢毽子；贺年片的装饰；方形剪成的花样；大家请呀（欣赏）；大风，要添画什么（研究）；敲冰（着色）。

第四册：看猴戏（着色）；椭圆形和卵形，里面添画什么（研究）；卵形和椭圆形，可以画成多少东西（研究）；老鼠偷鸡蛋（塑造）；他们做什么（研究）；怎样叫做水平线、垂直线、斜线、曲线（研究）；怎样分出前后（研究）；笔筒、砚子、水盂、哪一种画法最像（研究）；远足（添画景致）；哪几棵树画得最好（研究）；食物来了（着色）；梅花、桃花、樱花都是五角形（研究）；花边，着什么颜色最好看（研究）；下面要画什么（研究）；怎样画成公鸡、母鸡、小鸡（研究）；美丽的公鸡（剪贴）；清溪（欣赏）；怎样画成一幅夏天的景致（研究）；学走路（欣赏）；古时的石刻画（欣赏）；四角形和三角形画成的人和动物（研究）；怎样画最有意思（研究）；扇面上要画什么（研究）；革命军出发北伐，哪一张好（研究）。

第五册：日记簿上的装饰（剪贴）；狐和鹤（剪贴）；西瓜（着色）；哪一张好看（研究）；正方形和长方形的画法（研究）；国旗的画法；辛亥革命纪念塑像（欣赏）；国庆日的校门，要怎样装饰（研究）；编织物图案画；秋郊赛马（欣赏）；怎样分出日景和夜景（研究）；广告画。怎样能使人家注意（研究）；色的明暗（研究）；哪一所房子画得像（研究）；你会把这三条线画成什么房子（研究）；古代人打猎（塑造）；古代人画的画（欣赏）；人的平涂画法；体操（剪贴）；文具匣，要加什么装饰（研究）；平行线和格子的画法（研究）；这个圆形，可画成什么（研究）；圆形的简易画法和剪法（研究）；圆形花样。

第六册：面相的画法（研究）；他们做什么（研究）；仙乐（欣赏）；黏土做的野兽；走兽的简便画法；国民革命宣传品（欣赏）；你能在这纲目上画出什么花样（研究）；整齐的好看，不整齐的不好看（研究）；图中那几样东西画在一起是好看的（研究）；掘土的人（欣赏）；劳动者（塑造）；仿照自然物做成的东西（研究）；国耻纪念标语用字；巧妙的花样。着什么颜色最好看（研究）；大花园，怎样剪贴起来的（研究）；蔷薇花（添画枝叶）；花卉取位置的方法（研究）；选两种好看的花画在里面，须取最好的位置（研究）；形状大小的比例（研究）；花边的式样；竞渡（添景着色）；造船（欣赏）；海景（剪贴）；这两条线可画成什么（研究）。

第七册：虫类简易画法；用虫类画成的图案模样；湖滨夜月（欣赏）；赏月（剪贴）；国技（塑造）；给他们配一身好看的衣服（剪贴着色）；盛大的国庆纪念式，怎样画成的（研究）；风景透视画法（研究）；风景位置取法（研究）；各种古瓶的样子；添画什么装饰最好看（研究）；器物形状的分割（研究）；添画什么东西才好看（研究）；优美的建筑物；黏土凸雕；这是一间客室，怎样装饰才好看（研究）；对称花样（剪贴）；光和色的明暗（研究）；芙蓉花（着色）；这是一个有趣的故事，你可把他平涂出来；母之膝（欣赏）；方形透视法（研究）；护国军雪中行军（剪贴）；滑冰（着色）。

第八册：看手影（欣赏）；光线和阴影（研究）；这幅画上的阴影应该怎样画（研究）；护书夹上的装饰；孙中山先生遗像（欣赏）；这是古代的象形字，你都认识么（研究）；用写字笔法的国画；刷色图案；镂空花样印刷法（研究）；饲蚕（欣赏）；怎样配成优美的景致（研究）；色彩的混合和变化（研究）。

（二）共和书局编辑出版的美术教科书

《初级小学图画教本》

图 4-1-2　葛成宏绘图《初级小学图画教本》，上海共和书局，1929年

《初级小学图画教本》于1929年（民国十八年）12月初版，1930年（民国十九年）6月第2版，共8册，每册有36幅图，32开，供初级小学校图画课参考使用。

复式教学源于德国，1909年由日本引入中国。民国建立后，为发展国民教育，各地小学数量剧增，但师资力量跟不上发展速度，为解决这一难题，复式教学在全国逐步推行起来。此书是提供复式教学用的图画参考书。

此书"编辑例言"介绍：

本书编辑，用大圆周体，各阶段均以同教材，异程度相配置，最合于复式教学之用。

本书取材，一面注重美的欣赏，美的陶冶，另一方面注重图案的实用，最宜于小学校的教学。

本书取材，又以儿童常见之事物为中心，故于教学上易使儿童发生趣味。

本书前四册仅示事物之粗模。教员于教学时，可使儿童尽量添加笔划，各凭他的意象，于粗模上画出各式图形，可资设计教学上引起动机之用。

本书此种编制，完全根据实际教学方法而来，对于单级教学，尤为相宜。

本书为便利学生采用起见，各图概不设色以省书费，教员在教学时，可指导儿童于图中设色，以增兴趣。

本书非小学校的图画范本，是小学生的图画参考本，所以小学校的学生，应该人人要备这一部书，用作描写的根据。

此书主要教授的内容如下。

第一册：党旗、国花、山水初步（水平线练习）、方形图案、蝴蝶、屋子、铅笔、葡萄、花盆、图案（花）、蜻蜓、三角形图案、图案（水仙花）、圆形图案、蝙蝠、桥、知了蝉、萝卜、鱼、图案（叶子）、兔子、帆船、蝌蚪、桃子、鸭、花瓶、老鼠、树枝、小鸡、牵牛花、石榴、乌龟、书、小狗、兰花、鹤等。

第二册：国旗、国花、山水初步（水平线练习）、方形图案、蝴蝶、屋子、毛笔、葡萄、盆花、图案（花）、飞艇、三角图案、图案（水仙花）、圆形图案（蒲扇）、蝙蝠、桥、知了蝉、萝卜、鱼、图案（叶）、兔、帆船、青蛙、桃子、鸭、花瓶、老鼠、叶子、小鸡、牵牛花、石榴、乌龟、书、狗的雏形、兰花、鹤等。

第三册：党旗、国花、山水初步（水平线练习）、方形图案、蝴蝶、草屋、笔和笔筒、葡萄、盆花、图案（花）、蜻蜓、三角形图案、图案（水仙花）、圆形图案（皮球）、蝙蝠、桥、知了蝉、萝卜、鱼、图案（叶）、兔、帆船、蝌蚪、桃子、鸭、花瓶、老鼠、三角形内的树枝和鸟、从卵到雌鸡的过程、牵牛花、石榴、乌龟、洋装书、狗的雏形、兰花、鹤等。

第四册：党国旗、国花、山水初步（水平线练习）、方形图案、蝴蝶、平行式的两间屋子、石板和石笔、葡萄、盆花、图案（双花）、蜻蜓、三角形图案、图案（水仙花）、西瓜、图案（蝙蝠）、桥、知了蝉、萝卜、鱼、图案（叶）、兔子、帆船、青蛙、桃子、小鸭、瓶、老鼠、三角形中的树枝和鸟、从卵到雄鸡的过程、牵牛花、石榴、乌龟、书、狗的雏形、兰花、鹤等。

第五册：军舰上的国旗、国花、灯塔（平线练习）、方形图案、蝶和花、前后两间式的茅屋、毛笔和笔洗、葡萄、盆花、图案（花）、蜻蜓、三角形图案、水仙花、圆形图案、蝙蝠、桥、知了蝉、萝卜、鱼、图案（叶）、兔、捕鱼船、青蛙、桃子、鸭、瓶、老鼠、树枝和老鸦、小鸡、牵牛花、石榴、乌龟、书、狗的雏形、兰花、鹤等。

第六册：气球上的国旗、国花、野外风景（平线练习）、方形图案、蝶和花、屋（远处工厂）、笔砚墨、葡萄、盆花、双花图案、飞艇、三角形图案、水仙花、圆形图案、蝙蝠、桥、芦上知了、萝卜、鱼、图案（叶）、兔、游艇、青蛙、桃子、鸭、瓶、老鼠、树叶和老鸦、雌雏和雄雏、牵牛花、石榴、乌龟、书、二犬追逐、兰花、鹤等。

第七册：电车上的党国旗、国花、铁路桥（平线练习）、方形图案、蝶（图案）、瓦屋两间、钢笔和墨水瓶、葡萄、盆花、图案（花）、蜻蜓、三角形图案、图案（水仙花）、圆形图案、蝙蝠、三屈桥、知了蝉、萝卜、鱼和水草、图案（叶）、兔子赏月、帆船、青蛙、桃子、两只小鸭争食蚯蚓、花瓶和花、老鼠、树枝上的乌鸦、小鸡、牵牛花、石榴、乌龟、书、狗的雏形、兰花、鹤等。

第八册：轮船上的国旗、国花、月夜泛舟（平线练习）、方形图案、蝶、山上住宅、钢笔和书、葡萄、盆松、图案（花）、图案（蜻蜓）、三角形花边、水仙花、圆形图案、蝙蝠、石桥、柳上知了、萝卜和百合、鱼、图案（叶）、兔子、船、青蛙、桃子、鸭、瓶花、老鼠偷油、树叶和乌鸦、老雄鸡、牵牛花、石榴、龟、书、犬、兰花、鹤等。

（三）中央书店编辑出版的美术教科书

《图画教本》

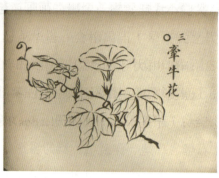

4—1—3

图 4—1—3　葛成宏绘图
《图画教本》，上海中央
书店，1929 年

《图画教本》于1929年（民国十八年）12月初版，共4册，每册有36幅图，32开，供高级小学校图画课参考使用。

此书"编辑"介绍：

> 用大圆周体，各阶段均以同教材，异程度相配置，最合于复式教学之用。

> 本书取材，一面注重美的欣赏，美的陶冶，另一方面注重图案的实用，最宜于小学校的教学。

> 本书取材，又以儿童常见之事物为中心，故于教学上易使儿童发生趣味。

> 本书此种编制，完全根据实际教学方法而来，对于单级教学，尤为相宜。

> 本书为便利学生采用起见，各图概不设色以省书费，教员在教学时，可指导儿童于图中设色，以增兴趣。

> 本书非小学校的图画范本，是小学生的图画参考本，所以小学校的学生，应该人人要备这一部书，用作描写的根据。

此书主要教授的内容如下。

第一册：轮船上的国旗、国花、山水（平线练习）、方形图案、图案（蝴蝶）、两间茅屋、书和笔、葡萄、盆景、图案（花）、图案（蜻蜓）、三角形图案、图案（水仙花）、圆形图案、图案（蝙蝠）、桥、图案（知了蝉）、萝卜和黄瓜、鱼、图案（叶）、兔子、游船、青蛙、桃子、鸭、瓶和花、老鼠等。

第二册：兵轮上的国旗、国花、山野（平线练习）、方形图案、蝶恋花、屋、笔墨纸砚、葡萄、盆景、连续图案（花）、草上蜻蜓、三角形图案、水仙花、圆形图案、图案（福寿双全）、桥、图案（知了）、萝卜、鱼、图案（叶）、兔子、帆船、青蛙、桃子、鸭、瓶花、老鼠偷西瓜吃、树叶和乌鸦、小鸡和黄蜂、牵牛花、石榴、乌龟、书、小妹妹吃大菜、大花狗看吃、兰花、鹤等。

第三册：屋顶国旗、国花、山野（平线练习）、方形图案、蝶恋花、屋、画笔和画盆、葡萄架、盆竹、连续图案（花）、蜻蜓、三角形图案、水仙花图案、圆形图案、图案（蜻蜓）、桥、树上知了、萝卜、鱼、图案（叶）、兔妈妈和兔儿子游戏、渔船、青蛙会议、桃子、鸭、瓶花、猫捉老鼠、树枝上的乌鸦、老雄鸡、牵牛花架、石榴、龟、书和书包、野外犬吠、兰花、松鹤长春等。

第四册：市政厅上的国旗、国花、山水（平线练习）、方形图案、蝶恋花、竹篱瓦屋、写生画用具、松鼠葡萄图案、盆花、图案（花）、飞机、三角形图案、水仙花、圆形图案、蝙蝠图案、桥、知了图案、萝卜、鱼虾笋、图案（叶）、兔子、游船、青蛙、桃子、鸭、瓶花、鼠博士写字、树叶和乌鸦、鸡、牵牛花、石榴、龟、画谱、小狗听姐姐读报、兰花、梅妻鹤子等。

（四）儿童书局编辑出版的美术教科书

儿童书局于1930年2月由张一渠、石芝坤合资创办，是以出版儿童读物为主的专业出版机构。

（1）《儿童画本》

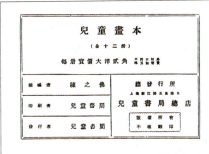

图 4-1-4　陈之佛绘编《儿童画本》，上海儿童书局，出版时间不详

《儿童画本》出版时间不详，版次不详，共12册，每册有16幅图，32开。此书前四册供小学低年级使用，中四册供中年级使用，后四册供高年级使用。

陈之佛（1896—1962），又名陈绍本、陈杰，号雪翁。浙江余姚人。现代美术教育家、工艺美术家、中国画家。1916年毕业于杭州甲种工业学校机织科，后留校教图案课。1918年赴日本留学，次年入东京美术学校工艺图案科学习，1923年学成回国，先后在上海艺术大学、上海美术专科学校和南京中央大学艺术系任教授。新中国成立后历任南京大学教授、南京师范学院美术系主任、南京艺术学院副院长、江苏省国画院副院长。先后出版《图案ABC》《图案构成法》《中国陶瓷图案概观》《表号图案》《图案教材》《艺术人体解剖学》《西洋美术概论》等。

此书依据小学课程标准编制，此书"编辑大意"介绍：

画本的选材，务使切合儿童生活的需要，并顾及儿童的程度与兴趣爱好，以期贯彻教学做合一的主旨。

画本内容包括自在画、用器画、图案画。

画本多用彩色画，以应儿童本能的要求。多插入鉴赏画，以引起美的情趣。多图案画，以

养成儿童创作的能力。

此书第十二册内容不详，其他分册主要教授的内容如下。

第一册：一画和方形（毛笔）、方形圆形和三角形（毛笔）、国旗（毛笔）、屋子（毛笔）、太阳（毛笔）、太阳下的好景（铅笔）、书（毛笔）、各式各样的面孔（图案）、拍球（鉴赏）（毛笔）、球（铅笔）、捉蝴蝶（鉴赏）（水彩）、把那种昆虫画在花上（毛笔）、把未画完的填上去（图案）、妹妹的肖像（鉴赏）（蜡笔）、三个不同的灯笼（蜡笔）、鱼（毛笔）等。

第二册：一盆花（毛笔）、春天的自由画、随意画幅自由画、把这里的各样走兽涂上颜色、画山怎样画（铅笔）、剪下来，怎样贴成一幅画（剪贴）、漂亮的衣服（鉴赏）（毛笔）、花（图案）、剪一件衫子来画花、大家来吃（鉴赏）（彩色）、是老鼠还是茄子（毛笔）、雄鸡（鉴赏）（彩色）、它们都是由卵变来的（铅笔）、椭圆形和三角形可以画成各种东西（毛笔）、马（剪贴）、读书（鉴赏）（影画）等。

第三册：鸭（鉴赏）（毛笔）、星（毛笔）、月夜（毛笔）、这些果还未配颜色、色彩、配配这些花果和叶子的颜色看、整个的果子和切开的果子（毛笔）、鸭与鸡（铅笔）、小鸟（铅笔）、怎样把花和叶布置在圆形内和方形内（图案）、洋囡囡（鉴赏）（粉笔）、玩具（毛笔）、方格里可以填成各种东西（图案）、各种船和车（毛笔）、船·花（图案）、飞艇（鉴赏）（图案）等。

第四册：快乐的春天（鉴赏）（彩色）、三种纸鸢（铅笔）、配些什么景致才对呢？（蜡笔）、怎样画对称的东西（毛笔）、好玩的阿拉伯数字（图案）、吹泡泡（鉴赏）（影画）、快乐的小朋友（铅笔）、三角板的用法、三种不同的窗子（毛笔）、蜗牛（图案）、小狗·老鼠·兔子（毛笔）、黑猫·花猫·白猫（毛笔）、龟和兔的赛跑（毛笔）、人鱼（故事鉴赏）（铅笔淡彩）、夏天的佳果（铅笔）、打猎（鉴赏）（木版画）等。

第五册：行军（鉴赏）（彩色）、色彩、写生与变形（图案）、静物画（鉴赏）（彩色）、美味的蔬菜（铅笔）、适合图案（图案）、适合图案（图案）、壶与杯（蜡笔）、面具（毛笔）、不好习惯的人（剪贴）、街上（鉴赏）（彩色）、平面图和立体图（铅笔）、船（毛笔）、哪一个位置最适合（铅笔）、二方连续图案（图案）、聪明的妹妹（彩色）等。

第六册：跳舞（鉴赏）（彩色）、伞（毛笔）、花（铅笔）、花的图案（图案）、花瓶的画法（铅笔）、写生的次序（铅笔）、花和苹果（毛笔）、早上的用品和晚上的用品（毛笔）、桥（毛笔）、各种草本植物（铅笔）、水中的朋友（毛笔）、野兽（毛笔）、我们的宝贝（鉴赏）（彩色）、那件顶好玩？（毛笔）、二方连续图案（图案）、猫与女孩（彩色）等。

第七册：村里的黄昏（影画）、牵牛花（毛笔）、各种帽子的画法（毛笔）、归家（鉴赏）（彩色）、饼（毛笔）、织纸图案（图案）、各种动作的人物（毛笔）、努力（影画）、时钟（铅笔）、动物的图案（图案）、远近的实验、剪纸图案（图案）、散点法图案（一个散点的画法）（图案）、光暗的画法（铅笔）、印花布（图案）、雪（鉴赏）（彩色）等。

第八册：蝶的图案（鉴赏）（图案）、蝴蝶（毛笔）、日用的东西（铅笔）、儿童节（鉴赏）（毛笔）、肖像（毛笔）、图案、关于艺术的用品（毛笔）、各种鱼的画法（铅笔）、金鱼（毛笔）、火油灯（铅笔画）、纸盒图案（图案）、马车（织纸图案）、风景（铅笔）、窗外的景致（铅笔）、几种常吃的蔬菜（铅笔）、花间（鉴赏）（彩色）等。

第九册：塞外的初秋（鉴赏）（装饰画）、正三角形等的画法（用器画）、广告图案（图案）、玉蜀黍（铅笔）、足（铅笔）、菊花（蜡笔）、虾与蟹（铅笔）、月下的洋楼（毛笔）、小马夫（鉴赏）（毛笔）、菌类（铅笔）、手（铅笔）、男性女性和孩子们的手（铅笔）、百合和帽子（铅笔）、颜面局部的描写（铅笔）、图案化的文字（图案）、贺年片（图案）等。

第十册：戴花的少女（鉴赏）（粉笔）、绣球花（铅笔）、袋的图案（图案）、关于天气的绘画（铅笔）、鸟类的图案（图案）、水禽（铅笔）、鲤鱼（铅笔）、三个有趣的人物（毛笔）、昆虫的画法（铅笔）、提琴（粉笔）、各种颜面的画法（铅笔）、荔枝（水彩）、各种树木的画法（铅笔）、耕田（铅笔）、散点法图案（三个散点、二个散点）（图案）、西瓜与汽水（水彩）等。

第十一册：天真（鉴赏）（彩画）、山村小景（铅笔）、秋蝉（毛笔）、纸片图案（一）（图案）、纸片图案（二）（图案）、面部位置的比例（铅笔）、怎样画一个肖像（铅笔）、风景速写（铅笔）、风景写生（水彩）、封面画（图案）、书籍的装帧（图案）、儿童生活的写真（铅笔）、一个美术的相架（图案）、游戏的描写（铅笔）、运动（铅笔）、编物（西洋名画）（鉴赏）（木炭）等。

（2）《儿童画本教授指要》

《儿童画本教授指要》于1931年（民国二十年）10月初版，1932年（民国二十一年）发行第2版，共1册，32开，供小学美术教师教学参考使用。

画家丰子恺为此书作序，他写道：

4-1-5

图 4-1-5　陈之佛著《儿童画本教授指要》，上海儿童书局，1931 年

> 作画需要画技，同时又需要画兴。两者均等俱足时，即产生艺术家的佳作。画技偏重的极致，成为匠人的制图；画兴偏重的极致，成为儿童的绘画。儿童是画兴旺盛而画技短拙的画家。故儿童画每每不拘物象的实际，而作奇形怪状的描写。他们能随自己的意思而把物象改造成为单纯奇怪的样子，以供他们的画兴的驰使。故儿童画类于象形文字，更与图案画相接近。图案画的便化，与儿童画的单纯化，奇怪化，虽性状不同，但在摆脱客观的拘束的一点上是相似的。故给儿童欣赏参考用的绘画，写实风的不及图案风的为适宜。

此书主要包括以下五个方面的内容：图画教授的目的、图画教授的价值、图画教授的方针、儿童描写心理发达的时期与指导上的关系、儿童画本的内容说明等。

（五）世界书局编辑出版的美术教科书

世界书局成立于1917年，初期以出版小说为主，创办人沈知方原任职于中华书局。1921年世界书局改组为股份有限公司，沈知方任总经理。民国初年，教科书市场几乎为中华、商务所独占。1924年，世界书局开始出版小学教科书。之后，世界书局不断革新教科书内容和形式，使其内容日益改进，价格降低，减轻了学生负担，受到消费者的欢迎。

（1）《中学水彩画》

4-1-6

图 4-1-6　陆尔强编绘，汪亚尘、张聿光校订《中学水彩画》，上海世界书局，1931 年第 3 版

《中学水彩画》初版时间不详，至1931年（民国二十年）10至12月已发行第3版，共4册，16开，是我国较早为中等学校学生编写的水彩画教科书。

陆尔强，生卒年不详。毕业于上海美术专科学校，曾执教于上海新华艺术专科学校、光华大学等。

1929年，国民政府教育部颁布《初级中学图画暂行课程标准》，此书为适应《暂行课程标准》而编写，当时的美术界名流江小鹣、朱应鹏、俞寄凡、丁悚等都专门为此书写了序。

此书"编辑大意"介绍：

本书系根据教育部新颁初级中学国画暂行课程标准编辑，对于自然的各种描写、图解、色彩的配合与调和，灌输美术史、透视学等理论，课程和时间的支配，启发学生个性表现能力等各要项，无不完备而切合。

全编分四册。每册画幅，静物、风景、花卉、动物，悉皆齐备。画法由简而繁，由浅而深，极合中学生临摹之用。

本书每册有水彩图八幅。画法注重写实、色调、气候及物质性格等，俾导学者易入写生制作的正途。

本书每一彩图，有极详细的说明，备述图中画理、透视学、光学、着色法、用笔法等各要点，以便按图讨究。

本书每彩图一幅，附轮廓图一幅。俾作画时对于构图之顺序，易于明了。

本书每册有自由画八幅。系备学者启发个性自由着色的轮廓参考。

本书为符合课程标准内欣赏一项，特于每册之末，附英国名画家（T. Little Johns）氏杰作二幅，及介绍该氏之画派小传一篇，俾学者随时得到欣赏的机会。

此书"水彩画总论"指出：

水彩画是用水分溶和了颜色，运用思想和技巧，来描写自然物体。这种画法，与国粹画画法略同，但画趣则过之。因水彩画的色彩斑烂，有生动和生命表现的精神，并具优秀爽快等优点。即使学校限于设备关系，不能时常写生，但摹绘本书混合编制法的各画幅，亦可以融会贯通，领悟以上各优点，而得到水彩画的真趣味。

此书主要教授的内容如下。

第一册：水彩画总论，用品要录，调色表，轮廓线画法。附图：美人蕉、月色、小桥、苹果、乳鸭、樱桃、鲫鱼、乡村等；欣赏画二幅；参考画二幅。

第二册：色彩学概论，用品要录，调色表，轮廓线画法。附图：香蕉、曙光、万寿菊、雏鸡、薄暮、卷心菜、市街、海潮等；欣赏画二幅；参考画二幅。

第三册：透视学概论，用品要录，调色表，轮廓线画法。附图：积雪、红萝蔔、马、帆船、夕照、白菊花、鸭、雨后等；欣赏画二幅；参考画二幅。

第四册：艺术概论，用品要录，调色表，轮廓线画法。附图：静物、山羊、桃子、花港、静物、枫树、女生、啼婴等；欣赏画二幅；参考画二幅。

（2）《中学铅笔画》

4—1—7

图4—1—7　徐则安编绘，金少梅校订《中学铅笔画》，上海世界书局，1931年

《中学铅笔画》于1931年（民国二十年）6月初版，至1933年（民国二十二年）1月已发行第3版，共3册，16开，每册有10幅图，另附有轮廓、理解、练习等图，供中学生研习、临摹铅笔画使用。

徐则安，生卒年不详。1920年上海美术专科学校西洋画科插班生。

此书"编辑大意"介绍：

本集遵照教育部最近颁布中学图画课程标准编辑，对于铅笔画之功能，有充分的贡献，学理由浅而深，学程由简而繁。可视修习时间和个性好尚，选择临摹，以发展个性，并引起研究艺术的兴趣。

本集所绘材料，务使学者能自行直接描写为主。对于静物、植物、动物、风景、人物，以及位置、光暗、线条……基础方法，悉备无遗。学者得此，可以心领神悟，触类旁通。

此书在"绪论"中指出：

用具简单，携带便利，随处可以描写，这是铅笔画的特长。铅笔画虽不如色彩画容易引起兴味，而质素上，实为水彩画、油画、色粉画修习时必经的阶梯。吾人所绘的彩色画，在没有设色以前，倘不先以铅笔作底稿，试问何由施以色彩？然初学者，普通心理，无铅笔画修习的素质，即喜调弄色彩，冀眩人目，遂对于画学上基础之铅笔画，不愿作深切的修练。如此躐等以求，正如建造高层的大厦，百堵皆兴，而基础不固，未有不倾倒的。

要之善作铅笔画者，其他水彩画、油画、色粉画，亦都易于精进。所以说铅笔画为各种画法上必经之阶梯。

此书主要教授的内容如下。

第一册：党旗、球、圆柱、方圆盒、鸽、金鱼、菊花、藤箱雨伞、瓶花、书等，附练习画。

第二册：雀、呢帽、刀俎、青菜萝卜、松林、瓷钵、城楼、玻瓶瓷瓶、画具、手足等，附练习画。

第三册：野兔、劳工、崇楼高阁、吐绶鸡、郊野、姊弟、牛、天际归帆、暮冬、肖像等，附练习画。

（六）大东书局编辑出版的美术教科书

大东书局成立于1916年，由吕子泉、王幼堂、王均卿、沈骏声合资创办，1924年改组为股份有限公司。20世纪30年代初，大东书局开始涉足教科书出版领域，先行编写了一套初中教科书，1932年又出版一套《新生活小学教科书》，到1933年8月暑期开学前，大东书局在报上宣称"小学中学大学各科用书全部出齐"，以表明自己的教科书编辑出版实力。

《中等学校教本水彩画》

4-1-8

图4-1-8　王济远编，吕凤子、江小鹣、凌善清校订《中等学校教本水彩画》，上海大东书局，1930年

《中等学校教本水彩画》于1930年（民国十九年）6月初版，至1931年（民国二十年）1月已发行第4版，共4册，16开，每册有彩图8页，每页均有写生图（即单色轮廓图）及说明，是我国较早为中等学校和师范学校学生编写的水彩画教科书，也是大东书局最早编写的初中教科书中的一种。

王济远（1893—1975），近代画家。出生于江苏武进，原籍安徽。1912年毕业于江苏第二高等师范学校。1920年参加上海西洋画社团"天马会"，后任上海美术专科学校教授、教务长。1926年赴欧洲旅行，考察西洋美术，1927年创办艺苑绘画研究所，数次赴日考察。1941年赴美国，创办华美画学院，传授中国画和书法。1973年定居台湾，深居简出。1975年1月病逝于纽约。曾编写《济远水彩画集》《复兴高级中学教科书图画》《西洋画法纲要》等。

此书"编辑大意"介绍：

本书各图，皆为实写的创作，由浅入深，以引起学者向上的兴味。

本书各册，皆为引导学者入自由写生之正鹄，并可为课外修习的伴侣。

本书包含写生画学、色彩学、光学、铅笔画诸法，俾使学者能收触类旁通之益。

本书为发展固有文化起见，特就中国水墨画的特点，一方面尽力保存，一方面力求与近代水彩画互相融会贯通，作学者将来贡献新的艺术于全世界的基础。

此书在"总论"中提出"水彩画是我国艺术教育对于绘画教导上革新的推移一个重要点"：

画以水彩名，在欧西各国，为与油画的名称相对而分的。流传极广，已成东西洋现代画坛的统称。其实水彩画，也可以说就是中国画，因为中国画上的设色，就是水彩画，由来我国文人画客惯用墨。拨墨成画而称水墨画，与设色成画而称水彩画同一意味。不过因材料上的差别，而各异其名耳！若以我国水墨画上的特点，宣扬贡献于全世界，则水墨画的名称，亦将与水彩画同一为东西洋画坛之统称。所以水彩画的性质，与我国国民的习惯上，最为适合。

……

明快，爽直，优秀，流畅，就是水彩画的特点。这几种特点，与中国画是十二分接近的，所以水彩画在中国，当然有特殊的地位。近几年来，国内水彩画的勃兴，也是势所必然的。

对于水彩画的学习方法，编者认为：

先摹写，后实写。摹写要选好的画稿，实写要配合乎自己了解的画材。摹写探其奥，实写明其理。从摹写的心得，应用于实写上的探讨，由实写的心得反复推究摹写所临的稿本，以求印证。切忌临摹一种劣等画片及坊间所刊印的一种抄袭劣等画片的那种欺人的画帖，与其没有相当的画稿临，不如胆放大些，把自己所见到的，所欢喜的东西描写出来，只要感着有兴味，就算胜利了。

此书主要教授的内容如下。

第一册：国庆日所见、白鹅雏型模特儿、象牙红、暮云与灯光、盆果、燕子矶、水仙、晚霞等。

第二册：瓷瓶苹果、夏山新绿、一盆鲜花、湖上落日、秋郊、梁溪、小姑、早秋等。

第三册：丛菊、街头春雨、城河、野味、海角、女画家像、暮色苍茫、春郊等。

第四册：芍药、城楼、扇形的静物、申江夕照、炎夏落日、红叶、灯下、船埠等。

（七）形象艺术社编辑出版的美术教科书

1926年4月1日，朱凤竹与友人在上海共同创立形象艺术社，其宗旨是研究古今中外图画艺术。20世纪30年代后，形象艺术社出版了一批供学生课外学习美术的教辅书。

《学生画宝》

4-1-9

图 4-1-9 朱凤竹编绘《学生画宝》，上海形象艺术社，1930 年

《学生画宝》于1930年（民国十九年）5月初版，共4册，64开。书中各图全系毛笔所画，笔法简洁而用意深奥，供初中以下学生学习毛笔画使用。

朱凤竹，生卒年不详。民国画家，以山水名于世。曾历任小学、中学、大学以及师范图画教员。与友人共设形象艺术社。编辑出版《古今中外人体服装画谱》《最新西法图画大全》《铅笔风景画》《形象铅笔画》《五彩活用广告画》《美术图案画》《形象水彩画》《学生蜡笔画》《小学铅笔画》《新美术画帖》《学生毛笔画》等教材。

此书"序"指出：

> 我国学生因习字之故，莫不惯用毛笔，所以毛笔画实为最适宜于我国学生之一种画法，且亦为我华艺术上固有之特长。盖用具既无须另备，手法则早已纯熟，如此轻而易举，自然事半功倍，此编者十余年执教经验所深悉者也。

> 一、本书各图全系毛笔所画；二、笔法简洁而用意深奥；三、画理精确，凡透视远近、光线阴阳，无不处处顾到；四、精神饱满，姿势活泼；五、结构浅近，趣味浓厚；六、取材丰富，包罗万象；七、由浅而深，引人入胜；八、广告图案，注重实用；九、玲珑美观，印刷精良；十、代价低廉，已在提倡。

此书主要教授的内容如下。

第一册：梯、圆形图案、石榴、鼠、亭、笔、蝴蝶、荷花、赏花、图案字、湖光山色、像片、角鸥、百合花、午倦、方形图案、月下渡舟、电灯、小鱼、佛手、渔夫、归鸦、帽、枇杷、夜行、月光、茶壶、麻雀、扫地、带形图案、书成换鹅、梅花、兔、村夜等。

第二册：铅桶、方形图案、苹果、牛、归帆、米颠拜石、岩石、牵牛、蟹、石桥、上学、锁匙、村岸、菊、鹅、圆形图案、塔、卖卜、皮球、风竹、奔马、方格图案、足球、帆船、钉锥、水仙、促织黄瓜、樵夫、枫叶图案、书、葡萄、秋蝉、望月、荒林等。

第三册：砚、笋、商标、猫、乡景、弹子、皮鞋、栗、广告画、鹦鹉、郊雪、卧、蒲扇、桃、羊、竹篱茅屋、携儿、刀纸、松、母鸡、风浪、冒雨、应用图案、帚、兰、鹭、城外、种花、包、柳、纹工图案、猴、山溪板桥、乞儿等。

第四册：瓶碟、蒲公英、犬、广告图案、月夜、汲水、兔灯、莲藕、龟、广告画、蔷薇、山林、放爆、洋火、樱花、蜻蜓、锦文图案、山亭、烹茶、剑、玉米、鸽、实用图案、村落、伞、挑担、枯树、鲤、骑驴、小贩、竹椅、芭蕉、鸳鸯、柳荫独眺等。

二、中小学手工教科书

自1929年8月国民政府教育部颁布《小学课程暂行标准小学工作》《初级中学农业暂行课程标准》《初级中学工业暂行课程标准》和《初级中学家事暂行课程标准》之后，这时期编写的工作科与工艺科教科书，有如下一些新的变化。

其一，采用大单元方式编写。如1930年9月至1932年8月，上海中华书局出版的《新中华工作课本》（姜丹书、朱稣典、王隐秋编辑）。此书以衣、食、住、行为中心，每册围绕一个方面进行编写，以大单元方式来编排学习内容。这种采用大单元方式编写的教科书，有助于学生对各单元有充分的时间作深入、细致的探讨和研究，进而学会和掌握某方面的知识与技能。

其二，具有灵活性和变通性的特点。如1931年8月，上海新国民图书社出版《新中华工作课本教授书》（王隐秋、姜丹书、潘淡明编）。此书虽依照课程标准编辑而成，但其中的设计教师可根据实际教学情况适当采用。编者指出，工作科学习范围甚广："不论在家庭，在田园，在学校，在市场，凡有操作的机会，都是工作的作业；所以关于时间上，不能一一为严格的规定，全在教师能够随时随地，寻求教材，使他们为适量的活动。"

（一）商务印书馆编辑出版的工用艺术教科书

1."新时代教科书"系列

1927年南京国民政府成立，随着"三民主义"教育宗旨的确立与实施，各家书局因应时势推出围绕"三民主义"编写的教科书。1927年，商务印书馆陆续出版的"新时代教科书"系列，就是完全根据"三民主义"教育宗旨编纂而成的教科书。

（1）《新时代工用艺术教科书》

图4-1-10　宗亮寰编辑《新时代工用艺术教科书》，上海商务印书馆，1928年

《新时代工用艺术教科书》于1928年（民国十七年）6月初版，共8册，大32开，供初级小学各学年学生使用。

此书"编辑大意"介绍：

本书系依据新学制小学校工用艺术课程纲要编辑，以衣食住及其他适合儿童需要的物品为中心教材。

本书取材极为普遍，各地小学均可适用。

本书教材的分配，有纵横两方面：纵的方面，注意知识技能的系统；横的方面，注意儿童实际的需要。

本书教材的排列，大都与时令相适合，凡与时令无甚关系者，则与他科联络，或自行设计。

本书各种教材，除用图画表示外，都有简单课文，说明物品的名称、制法、研究要点等。

另编教学法一套，与本书相辅而行，为教师教学参考之用。

此书主要教授的内容如下。

第一册：大家做工，装饰教室，纸龙，纸链，纸旗，纸的研究，煮豆荚，黏土果子，国旗，纸花，纸匾，沙箱里的学校园，纸剪的树和鸡兔，黏土花盆，花子袋，黏土做的鸡鸭猫狗，纸风车，纸炮，白果叫子、转铃，煮糖粥，茴香豆，缝抹布，缝沙袋，黏土人，游戏，贺年卡上的蝴蝶结，雪地气球，雪战，米粉，年糕等。

第二册：跳舞的猴子，花生糖，芝麻饼，洋娃娃衣服的做法，洋娃娃裤子的做法，简易纸鸢（一），简易纸鸢（二），打线器，打线法，纸折的燕子，纸折的飞机，洋娃娃的屋子（一），洋娃娃的屋子（二），木材的研究，洋娃娃的家具（一），洋娃娃的家具（二），洋娃娃的家具（三），洋娃娃的运动器具，烧蚕豆，大麦饼，麦秆做的玩具，黏土做的牛，划龙船，小水枪，竹管炮，樟脑丸袋，捕蝇笼，孑孓网，团扇等。

第三册：秋虫盒，校舍模型，厚纸做的洋房，黏土做的洋房，糖藕，毛边手帕，别针和纸夹，扎彩法，纸卷花，竹的研究，竹子的锯法劈法削法，竹尺，花签和括浆刀，简便电话，煮饭，炒青菜，笔袋，秋季的农村，草屋的造法，桥，做树叶标本，贴树叶的簿子，纸毽，毛皮毽，空中伞，手拉陀螺，果盒，煮菜粥，白日风车，炒米等。

第四册：猴子骑马，猴子的折法，马的折法，蛋汤，蛋壳不倒翁，蛋壳做的花瓶，蛋壳做的金鱼，蛇形纸鸢，风筝，地方模型，发芽豆，远足用的旗，简便画纸夹，大力士，手秤，鸡毛帚，鸡叫子，蚕筷蚕匾，制丝和织绸，蚕网，抽丝，制丝线，香袋，活动蚕蛾，弹簧和链条，金属丝的用处和做法，苍蝇拍，洗衣和折衣，绿豆汤等。

第五册：日记簿，本装书订法，黏土果子，烧芋头，过汤面，纸花，纸彩，国庆纪念灯（一），国庆纪念灯（二），棉纱布的研究，简易织带法，织带用的工具，级旗国旗和徽章，简易绣花法，豆腐浆，豆腐的普通食法，造屋的方法，模范住宅，弓箭，飞铁片，马口铁叫子，铅丝圈套，腌菜，腌萝卜，文具匣，信封，灯罩，金钱过眼，洋房式积钱箱，摇鼓等。

第六册：不倒翁，肉圆粉丝汤，馄饨，动物园，篱笆和栅栏，动物笼（一），动物笼（二），简便刺绣框，十字布做花，十字布钱袋，笋，黏土的工艺用途，黏土篦，黏土做的书桌用品，砖瓦的造法，砌花坛，石灰，煤炼假山，藤被拍，藤花篮，补衣服的方法，挂衣架，七巧板，案头照相架，粽子，竹蜻蜓，竹筒做的器具，做甜酱（一），做甜酱（二），做酱油等。

第七册：秋虫笼，竹弹枪，小竹篮，十字布提包，油酥饼，糖，国旗的做法，三面见字的扁，重阳糕，做陶瓷器的方法（一），做陶瓷器的方法（二），做陶瓷器的重要用具和装窑法，黏土花瓶，假大理石，模范市，工业上通用的尺，制图法和缩尺，杂件盒，线板和袜底板，做袜底，马口铁烛台，烹蛋法，裱褙法，裱褙的贺年片，信插，绒线围巾，面的各种烹法，纸匣（一），纸匣（二）等。

第八册：暗龙灯，红烧肉和红烧鱼，护书夹，缝袖套，纪念碑，速写簿，活动老鼠，老鼠闸，几种油炸的粥菜，小藤篮（一），小藤篮（二），简易染色法，运动背心，花插，花盆架，锯和刨的研究，鸟笼和养虫箱，养兔园，草帽的做法（一），草帽的做法（二），几种草帽辫的编法（一），几种草帽辫的编法（二），几种草帽辫的编法（三），帐钩，笔架，果酱，做馒头，翻杠人，拖鞋，鱼网，虾的烹法等。

（2）《新时代工用艺术教授书》

图 4-1-11

图 4-1-11 宗亮寰、宗振寰编纂《新时代工用艺术教授书》，上海商务印书馆，1930 年

《新时代工用艺术教授书》于1930年（民国十九年）3至9月初版，共8册，32开，供初等小学工用艺术科教师教授使用。

此书"编辑大意"介绍：

本书共分八册，和工用艺术教科书相辅而行，专供工艺教师教学参考之用。

本书各单元的教学法，都用教案形式详细说明；关于制作实习的手续，分条列举，解释清楚，对于教者甚为便利。

关于研究问题的参考资料，都有系统的说明，教者可用作研究的根据，可省却许多搜集的工夫。

本书各单元之后，大都附有补充教材若干种，制作法或用文字说明，或用图解，教者可以相机选用，不受一种教材的拘束。

儿童实习及指导所应注意的事项，和处理成绩的方法，也详载于书中。

各学年所需要的设备和材料的置备法等，在本书各册的前面，都有说明；各单元中，叙述也很详备。

此书第一册至第八册教学内容包括本学期教科书的使用法、本学期所需用的设备、各课的教学法等。

2. "基本教科书"系列

1929年8月，国民政府教育部颁发了《小学课程暂行标准》《初中课程暂行标准》。商务印书馆根据新的要求编辑出版了"基本教科书"系列。该系列教科书1931年7月开始陆续出版，1932年1月29日，商务印书馆遭到日军轰炸，损失惨重，部分书稿被毁。

《基本初小劳作教本》

图4-1-12 宗亮寰、倪祝华编辑，熊燽高校订《基本初小劳作教本》，上海商务印书馆，1931年

《基本初小劳作教本》于1931年（民国二十年）8月初版，共8册，32开，供小学校劳作科及师范科教师教学参考使用。

此书"编辑大意"介绍：

本书都用大单元的设计组织，把劳作科有关系的各种作业，依着自然的需要和机会联络起来，使它成为整个的有机的结合，以求精神一贯而免不相统属和漫无目的的弊病。

本书每册有十至十三个大单元，每个单元平均可供二周之用，最多的可扩大为五六周间的作业，即使采用全书的三分之二的材料，也很足够了。

本书每一单元都分"目的""作业要项""教学做""注意事项"和"参考资料"等五项，对于设计作业的方法和适用材料等都有详细的说明或图解，参考极为便利。

本书除劳作科自身多作大单元的联络设计外，对于别科的联络，也很注意。

此书第三至八册内容不详，其他分册主要教授的内容如下。

第一册：初步的工作、装饰教室设计、种花设计、农作设计、养兔设计、玩偶设计、玩具展览会设计、过年设计、冬景模型设计、假期作业设计等。

第二册：教室的整洁设计、教室的装饰设计、种花设计、农作设计、养鱼设计、养蚕设计、玩偶设计、大扫除设计、自制玩具设计、土产展览会设计、过夏设计、假期作业设计等。

（二）中华书局编辑出版的工作教科书

1."新中华教科书"系列

1927年，在商务印书馆出版"新时代教科书"系列的同时，中华书局的"新中华教科书"系列也开始出版。"新中华教科书"系列根据当时国民党的"三民主义"教育宗旨，取材注重民族、民权、民生三项，同时与生活联系密切，内容通俗，实用性强。

（1）《新中华工作课本》

图4-1-13 姜丹书、朱稣典、王隐秋编辑《新中华工作课本》，上海中华书局，1930—1932年

《新中华工作课本》于1930年（民国十九年）9月至1932年（民国二十一年）8月初版，共4册，大32开，供高等小学校学生使用。

此书"编辑大意"介绍：

本书是根据暂行小学工作课程标准编辑，除注重工艺的作业外，参加关于校务、家事、农业、商情等的作业。

本书以食、衣、住、行为中心，每册为一大单元的设计。

本书的教材，都与新中华小学初级工艺课本相衔接。

本书取用的教材，以实地操作为主，兼及计划、创造、调查、研究等。

本书关于校务、家事、农事、商情等作业，可先在教学时讨论、研究、计划，再分别使儿童在校中、家庭、田园、市场等处实习或考察；并须随时指导方法，纠正谬误，展览成绩。

本书有教授书四册，分载各课教学法，并详细说明工作方法及制作图，以备教师采用。

此书主要教授的内容如下。

第一册：关于食的工作谈、做炉子、研究打气炉、做蒸架、蒸糯米饭、做甜酒酿、种蔬菜、釉烧试验、食器商店的调查、制秤、发酵、制油酥、竹制筷筒、竹工业谈、豆的制造品、家畜的饲养、漏勺、食物的贮藏法、纸制果、焦画的茶垫板等。

第二册：关于衣的工作谈、尺的制作、衣服上各部的名称和身材的量法、练习裁短衫裤、布类的调查和衣料的计算法、缝法的基本练习、养蚕、做工场衣、纽襻、缝纫机器的研究、种棉、织带器的制作和织带实习、衣挂、书袋制作、麦秆辫、帽架、石膏型造法等。

第三册：关于住的工作谈、做拖帚畚箕、花卉园艺、刨和锯的研究、刨木条、养鸡、造鸡舍、油漆和粉饰、估价、风轮机、避灾练习、木材的研究、建筑工人职业谈、工具箱、住所的卫生、家具价值的调查研究、小储蓄银行、工作图等。

第四册：谈谈筑路、改良港湾的雏型、车和船的雏型、做小飞机、骑马的人、合作事业、组织消费合作社、新奇的匾额、做箱夹板、手提藤篮、字纸篓、做鞋、蚀雕、藤工和金工的职业谈、油土塑造、改良农业的重要、乡土地型的制作、社会上的职业等。

（2）《新中华工作课本教授书》

4—1—14

图 4—1—14　王隐秋、姜丹书、潘淡明编，朱稣典校《新中华工作课本教授书》，上海新国民图书社，1931 年

《新中华工作课本教授书》于1931年（民国二十年）8月初版，共4册，大32开，供高等小学劳作教员使用。

民国时期，各民营书业除了用自己正式店名出版图书外，还会使用各种副牌，以适应潮流、应付查究。中华书局就曾以"新国民图书社"的名义出书。

潘淡明，生卒年不详。曾与朱稣典合编《小学音乐指导书》《小学音乐课本（初级）》《小学音乐课本（高级）》《小学美术课本教学法（初级）》《小学美术课本教学法（高级）》《小学美术课本》《图案构成法》等中小学美术与音乐教科书多套，独立编著有《校园里》《艺术简说》《看图认数》《编织和刺绣》等。

本书"总说明"介绍：

> 本书是依照课程标准编辑的，但有许多活动的教材，必须伴着偶发事项，或临时设计，或特殊需要而发生的；虽则有些已分编在教科书的各册里，但教学时仍可随时斟酌情形，利用机会，适当采用。

> 这个课程标准的意义，是以工作一科，为指导儿童一切活动的中心，范围甚广，不论在家庭，在田园，在学校，在市场，凡有操作的机会，都是工作的作业；所以关于时间上，不能一一为严格的规定，全在教师能够随时随地，寻求教材，使他们为适量的活动。

此书目前只见第一册，根据《新中华工作课本》第一册内容而编写的。

2. "新教材教科书"系列

《手工新教材》

 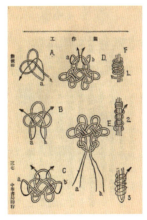

4-1-15

图 4-1-15　汪畏之编，姜丹书增订《手工新教材》，上海中华书局，1929 年

《手工新教材》于1929年（民国十八年）4月初版，至1930年（民国十九年）10月已发行第4版，共1册，32开，供中小学校教师参考使用。

汪畏之，生卒年不详。曾在江苏省立第一师范学校担任工艺科教师。

此书"序"写道：

> 学习工用艺术之有益于我人甚巨，除身心可藉以修养外，对于日常生活，亦有极大便利；是以学校中有此项功课之研究。但工艺研究之范围，极为广博，以一人之智力，欲广行收集，

非事实所可能；且对于工艺方面之参考书，目今又极为缺乏，故教工艺者，每易流于敷衍苟且，而学工艺者，遂致厌倦之味，彼此仍仍相因，而欲达教学工艺之本旨，不慕难乎。编者有感于中，爰不揣谫陋，将平时所应用之教材，择其较新颖而易于引起制作之兴趣者二十种，先行录述付梓。惟于定名一事：一以此所谓工艺，究与普通所谓工艺不同；二以现行教育法令，关于小学课程上，固已改称工用艺术，而于中学课程上，则仍称手工。此书实际的取材，系兼适用于中小学校者；取其意义明显，故名之曰手工新教材。世多贤达，幸共教之！

此书"凡例"介绍：

> 本书取材，难简并列，故中小学校，均可取为参考用书。本书各种教材，所应用之材料，均择易于购得，而制成之结果，则极为美观，或切合实用者。本书所取教材，均经编者试用，得有完美之结果。凡遇有困难及应须注意之处，另行列有"注意事项"一门，故依法制作，可无失败之虞。

此书主要教授的内容有：人造大理石、纸剪立体动物（鸡犬鼠兔）、晴雨花、绒布狗、书形匣、书案吸墨水板、摇摆人、粉笔、藤被拍、玻璃七巧板、竹排操、曲视眼、藤花篮、银光刻花别针、液体表面涨力试验器、粉笔匣、鸡卵优劣检定器、轻便书夹、离心力轨道、石膏像等。

3."女子教科书"系列

《中等造花课本》

《中等造花课本》于1928年（民国十七年）3月初版，共1册，32开，适用于中等学校、女子职业学校及艺术专门学校学生使用。

阮达人，生卒年不详。曾在杭州女子师范学校就读，是姜丹书的学生。

此书"编辑大意"介绍：

> 本书系著者历年研究及教授之心得，凡关于造花之特殊经验和方法，皆详述之。家庭间得此一书，亦可依法制作，无用师授。
>
> 本书分上下二编，上编总论造花术之基础方法；下编分述各种花卉之实习制作法；说理均求浅显详尽。

4-1-16

图 4-1-16　阮达人编著，姜丹书、朱稣典校阅《中等造花课本》，上海中华书局，1928 年

> 本书附有工作说明图及花卉姿态图，实大的切形图等，以谋实习时充分之便利。
>
> 本书所述材料，工具，多注重国货，但于舶来品之用法，亦加以说明，俾资参考。

此书上编为总论，共有三章：第一章，工具；第二章，材料；第三章，方法，包括染料配合法、叶之制作法、花瓣之制作法、蕾之制作法、萼之制作法、蕊之制作法，并附花卉各部之名称图。

此书下编为实习，共有三十章，包括菊（粉装楼、蟹爪、金背大红、银针、花绞丝）、小洋菊、蔷薇、梅、大丽菊、牵牛花、芍药、香豌、棣棠花、虞美人、葱兰、石竹、牡丹、卷丹、紫藤、铃兰花、木笔、桔梗、蒲公英、堇花、山茶、游蝶花、水仙、紫阳花、樱花、南天烛等造花方法，此外还附有造花姿态图。

（三）儿童书局编辑出版的手工教科书

《儿童活叶（页）手工教材》

图 4-1-17　陈鹤琴著《儿童活叶（页）手工教材》，上海儿童书局，1931 年

《儿童活叶（页）手工教材》于1931年（民国二十年）1月初版，共4册（活页），大32开，供幼稚园及小学低年级学生使用。

陈鹤琴（1892—1982），浙江省上虞县人，儿童教育家、儿童心理学家、教授，中国现代幼儿教育的奠基人。早年毕业于清华大学，曾留学美国五年，1919年获得哥伦比亚大学硕士学位。"五四运动"期间回国，担任南京高等师范学校教授，讲授儿童心理学。东南大学成立后，任教授和教务主任。后担任中央大学师范学院院长和南京师范学院校长。主要从事开创性幼儿教育的研究与实践，有《家庭教育》等著作。

此书"做法说明"介绍：

> 这些手工图是给小孩子玩的，玩的方法是很简单的，先用蜡笔或颜色铅笔把图画着起色来，再用绒线或别的粗线照着圆点子穿上去，就得了。

此书第一册有十二幅鸟类图画，包括雄鸡、鹤、鹦鹉、麻雀、猫头鹰、燕子、鹅、鸽子、老鹰等。

第二册有十二幅兽类图画，包括兔子、猪、骆驼、熊、狮子、松鼠、马、象、猴子、猫、老虎等。

第三册有十二幅虫类图画，包括蜻蜓、蚱蜢、蟋蟀、蜘蛛、知了、螳螂、蝴蝶、蜜蜂、纺织娘、天牛等。

第四册有十二幅果类图画，包括枇杷、柿子、紫葡萄、荸荠、菱、苹果、橘子、桃子、香蕉、樱桃等。

第二节
抗日战争时期的美术、劳作教科书
（1931—1945）

1931年"九一八事变"后，日本帝国主义侵占了中国东北地区。1932年3月9日，日本在中国东北地区成立伪满洲国傀儡政权，制定并颁布殖民主义教育方针。其核心是要对东北的青少年儿童进行思想奴化教育，向其灌输所谓"王道主义"与"惟神之道"，以养成所谓的"建国精神"[1]。

1932年6月，国民政府设立编审教科书的学术机构——国立编译馆。编译馆以"发展文化，促进学术暨审查中等以下学校用书"为宗旨[2]，规范了教科书的编审制度，有助于提高教科书的学术质量，也强化了国民政府对教育的控制。

1935年5月，国民政府教育部设立中小学教科书编审委员会，编辑审定中小学各科标准教科书；1936年7月设立教科图书编辑委员会，依据课程标准、教学大纲，编辑修订中小学教科书。这一系列动作使教科书的编审工作更加专门化和专业化。

1932年10月，国民政府教育部颁布了《小学美术课程标准》和《小学劳作课程标准》。小学美术科课程目标与1929年颁布的课程标准大体相似；作业类别修正为"欣赏"（自然美和艺术美的欣赏）、"发表"（绘画、剪贴）、"研究"（方法的研究和原则的研究）三类。

小学"工作"科易名为"劳作"科，据说："工作科的名称不如劳作科的与其科目主旨相符合，所以改称今名——劳作科。"[3] 劳作科课程目标除了养成儿童劳动的技能，培养平等、互助的品质外，还强调合作的精神；作业类别包括校事、家事、农事和工艺等。

1932年10月，国民政府教育部颁布了《初级中学图画课程标准》《初级中学劳作（工艺）课程标准》《初级中学劳作（农业）课程标准》《初级中学劳作（家事）课程标准》。初中图画科的课程目标与1929年颁布的课程标准中的目标相比，强调"使学生了解美术与认识之关系，以增进其生

[1] 毛礼锐，沈灌群. 中国教育通史：第五卷[M]. 济南：山东教育出版社，2005：337.

[2] 李华兴. 民国教育史[M]. 上海：上海教育出版社，1997：491.

[3] 吴守谦，吴文鸣. 小学劳作教学法及教材[M]. 上海：中华书局，1935：5.

活之意义"，以及"灌输学生艺术真理、常识、技术，以养成其应用艺术应付环境之能力"。[1]作业要项由"观察和欣赏""实习""考案"三项，修正为"观察和欣赏""实习"两项。

初中"工艺"科易名为"劳作"科，并增加每周教学时长，取消选修职业科目，劳作科分工艺、农业、家事三种。工艺与农业二科由各校酌量环境及设备任设一种，家事则为女生设置。

1932年11月，国民政府教育部颁行《高中各科课程标准》，其中颁布的《高级中学图画课程标准》是我国美术教育史上第一个高中图画课程标准，因此其意义非凡。《高级中学图画课程标准》中提出课程目标："继续培养美的德性与兴趣；增进关于应用艺术之制作能力；提高图画程度，为深造之预备；培养表现思想感情之创造能力，以促进新生活之实现。"[2]标准中还规定了高中三学年图画课所学习的内容。

1936年7月，国民政府教育部又将上述各标准加以修正，颁布了《小学中高年级美术课程标准》《小学低年级工作课程标准》和《小学中高年级劳作课程标准》。其中小学一、二年级的劳作、美术科合并为工作科。小学美术科课程目标与1932年课程标准中的目标相比，强调"实际的应用"[3]，作业类别与1932年的课程标准基本一致。

小学劳作科课程目标增加了"指导儿童经济生活的实际历程"[4]，作业类别是对衣、食、住、行方面的调查、观察与研究。

1936年7月，国民政府教育部颁布了《初级中学图画课程标准》《初级中学劳作（男生）课程标准》《初级中学劳作（女生）课程标准》。其中初级中学图画科课程目标与1932年课程标准中的目标基本相同；作业要项仍分为"观察和欣赏""实习"两项。

初级中学劳作将农业、工业并为一种，第一学年学习木工，第二学年学习金工，第三学年有金木工、竹工、土工及农业畜养四组，学生可任选一组学习，女生劳作仍注重家事。

1936年国民政府教育部还颁布了修订后的《高级中学图画课程标准》，从其课程目标与作业要项来看，与1932年课程标准基本一致。但在教学时间上，由原来第一学年每周一小时，第二、三学年每周两小时，改为"与音乐每两周轮流教学一次，每次一小时，共三学年"，并指出"学生如愿专习图画者，得以音乐时间改习图画"。[5]

[1] 课程教材研究所. 20世纪中国中小学课程标准·教学大纲汇编：音乐·美术·劳技卷[G]. 北京：人民教育出版社，2001：211.

[2] 课程教材研究所. 20世纪中国中小学课程标准·教学大纲汇编：音乐·美术·劳技卷[G]. 北京：人民教育出版社，2001：214.

[3] 课程教材研究所. 20世纪中国中小学课程标准·教学大纲汇编：音乐·美术·劳技卷[G]. 北京：人民教育出版社，2001：216.

[4] 课程教材研究所. 20世纪中国中小学课程标准·教学大纲汇编：音乐·美术·劳技卷[G]. 北京：人民教育出版社，2001：365.

[5] 课程教材研究所. 20世纪中国中小学课程标准·教学大纲汇编：音乐·美术·劳技卷[G]. 北京：人民教育出版社，2001：223.

1937年7月7日卢沟桥事变发生后，中国进入全面抗战时期。同年8月27日，国民政府教育部颁布《总动员时督导教育工作办法纲领》，要求全国各地各级学校在战时"务力持镇静，以就地维持课务为原则"[1]，表明当时教育督导仍以维持正常教育及管理秩序为主旨。

1938年3月29日至4月1日，国民党在武汉召开临时全国代表大会，通过了《中国国民党抗战建国纲领》，提出："改订教育制度及教材，推行战时教程，注重于国民道德之修养，提高科学之研究，与扩充其设备"；"训练青年，俾能服务于战区及农村"；"训练妇女，俾能服务于社会事业，以增加抗战力量"；等等。[2] 同时，还制订了《战时各级教育实施方案纲要》，明确规定了战时教育的九大方针和十七项要点，提出"教育目的与政治目的一贯"的方针。

国民政府教育部根据九大方针，设定各级教育设施之目标："小学教育应为国民基础教育，以发展儿童身心，培育其健全体格，陶冶其良善德性，教授以生活之基本智能。施教之对象，应及于全体学龄儿童，并应在预定年限达普及教育之目的。中学教育应为继续小学施行国民基础教育，以造就社会之中级中坚份子，及准备进修专门学术为二大目的。初级中学应普遍设立于各县，招收小学之优秀儿童；高级中学由省分区设立，招收初中毕业之优秀学生。"[3]

1939年3月，国民政府教育部在重庆召开第三次全国教育会议，研究和改进各级教育，并提出"战时须作平时看"的方针。

1941年1月，国民政府教育部颁布了《修正初级中学图画课程标准》《修正初级中学劳作（男生）课程标准》《修正初级中学劳作（女生家事）课程标准》。其中初中图画科课程目标与1936年的课程标准基本一致。主要在课时以及内容要求方面做了一些增删。

《初中劳作（男生）课程标准》与1936年的课程标准基本一致。《初中劳作（女生家事）课程标准》则更强调学生对家庭中衣、食、住，以及保健、护病、育儿、园艺、家庭管理等方面知识和技能的学习。

1941年1月，国民政府教育部颁布了《修正高级中学图画课程标准》。其中高级中学图画课程标准与1936年的课程标准相比，在课程目标方面大体一致；在时间支配方面，将"与音乐每两周轮流教学一次，每次一小时，共三学年"改为"第一、二学年每周一小时"；在教材大纲方面，则修订得更具体、详尽一些；在作业要项方面，增加了"国画技巧上用笔用墨之研究"一条。[4]

[1] 教育部教育年鉴编纂委员会. 第二次中国教育年鉴：第一编 第二章 抗战时期教育[G]. 上海：商务印书馆，1948：10.

[2] 教育部教育年鉴编纂委员会. 第二次中国教育年鉴：第一编 第二章 抗战时期教育[G]. 上海：商务印书馆，1948：10-11.

[3] 教育部教育年鉴编纂委员会. 第二次中国教育年鉴：第一编 第二章 抗战时期教育[G]. 上海：商务印书馆，1948：11-12.

[4] 课程教材研究所. 20世纪中国中小学课程标准·教学大纲汇编：音乐·美术·劳技卷[G]. 北京：人民教育出版社，2001：228-229.

　　1941年1月颁布的《高级中学劳作（男生）课程标准》和《高级中学（女生）课程标准》，是我国美术教育史上第一个高中劳作课程标准。其中男生主要培养"研究农工业之兴趣，及习得从事农工职业之基本技能"，女生主要培养"对于家事具有较完备之知识"。[1]

　　1942年10月，国民政府教育部颁布了《小学图画科课程标准》和《小学劳作科课程标准》。其中《小学图画科课程标准》与1936年相比，将"美术"科又改名为"图画"科；在课程目标方面，强调"培养儿童正确的认识、进而陶冶其对于美的欣赏和识别；利用儿童审美的观念，以引起其学习绘图的兴趣；指导儿童了解绘画原则，并注意实际应用，以培养其发表和创造的能力"[2]。在内容方面，删去了"手工"的相关内容。在教学要点方面，强调"绘画"的教学。此外，在时间配置上，也作了修改。

　　《小学劳作科课程标准》将1936年课程标准中一、二年级"图画""劳作"合科的"工作"科又改为分科教学。在课程目标方面，强调"利用儿童活动的本领，训练其手脑并用，使明了双手万能的意义"[3]。

　　1937年8月13日，上海淞沪会战爆发后，以上海为中心的中国出版业遭受到前所未有的沉重打击。上海各书局奉命疏散或内迁。1937年9月1日，商务印书馆宣告"所有日出新书及各种期刊、预定书籍等，一律暂停出版"，并将总管理处内迁至湖南长沙，后又迁往重庆，在上海、香港两地设办事处。1937年11月5日，中华书局创办人陆费逵将中华书局的总管理处迁往香港，中华书局在香港的印刷厂印刷图书并发行各地。此后，中华书局大批员工迁到重庆、成都，在当地设厂印刷。同一时期，世界书局总厂被日军占领作为军营，大批教科书被没收，送回造纸厂回炉作原料。1941年12月8日，太平洋战争爆发，日本军队侵占上海租界，上海完全沦陷。这时期中小学美术教科书出版的数量大为减少，业务急剧萎缩，处于停顿和衰败的阶段。

　　1942年，国民政府教育部将中小学教科书编审委员会、教科图书编辑委员会、大学用书编辑委员会并入或改隶国立编译馆，由国民政府教育部长兼任国立编译馆馆长实行统一管理，并明确规定，中小学各科教科书由商务、中华、正中、世界、大东、开明、交通7家书局联合刊印。

一、中小学美术教科书

　　自1927年南京国民政府成立，至1937年卢沟桥事变之前的阶段，是民国经济快速发展时期。据

[1] 课程教材研究所. 20世纪中国中小学课程标准·教学大纲汇编：音乐·美术·劳技卷[G]. 北京：人民教育出版社，2001：390，393.

[2] 课程教材研究所. 20世纪中国中小学课程标准·教学大纲汇编：音乐·美术·劳技卷[G]. 北京：人民教育出版社，2001：233.

[3] 课程教材研究所. 20世纪中国中小学课程标准·教学大纲汇编：音乐·美术·劳技卷[G]. 北京：人民教育出版社，2001：416.

统计，1927—1937年间，工业产值平均每年增长率为8.4%。[1] 经济的繁荣带动了教科书出版的蓬勃发展，民国时期中小学图画教科书的编写出版进入了黄金阶段。

当时，商务印书馆和中华书局一统天下的局面被打破，各种民间和私人出版机构，如新亚书店、形象艺术社、大东书局、世界书局、新国民图书社、亚细亚书局、中央书店、开明书店、徐进画室等，纷纷加入美术教科书的编写与出版中。当时商务印书馆与中华书局两家出版机构以编写供在校学生和教师课堂教学使用的美术教科书为主，而其他一些出版机构则编写诸如铅笔画、蜡笔画、水彩画、钢笔画、墨影画、图案画、剪贴画等图书，供学生在课堂中或课余时辅助学习之用。当时，教科书编纂者和校订者多是现代美术史上著名的艺术家和艺术教育家，如陈之佛、姜丹书、丰子恺、陈抱一、沈子丞、倪贻德、王济远、江小鹣、宗亮寰、张辰伯、吴梦非、吕凤子、汪亚尘、张聿光等。这些专家的参与，让教科书质量得到了很好的保证。

这时期的美术教科书非常注重"增进儿童美的欣赏和识别的程度"。如1933年中华书局《小学美术课本》（朱稣典、潘淡明编），此书收录富于艺术趣味的欣赏图及各种方法的参考图、美术原则研究图等，以培养儿童的欣赏能力，增进儿童对于美的发表和创造能力。又如1934年商务印书馆《复兴美术教科书》（吴中望编绘），"在欣赏和应用方面，最为注重"。此书多选名家作品作为欣赏材料，以期激发儿童的兴趣；注意衣食住行装饰等的实际问题，以期适应学生生活的需要。再如1933年商务印书馆《复兴初中图画教科书》（王济远编著），此书取材显明、实用，使学生了解艺术与人生的关系；阐发东方绘画的特殊优点，宣扬中华民族的固有文化，同时结合欧西绘画的技术与原理，以"合乎世界潮流，贯通时代思想"。

（一）商务印书馆编辑出版的美术教科书

1. "复兴教科书"系列

1932年1月29日上午，商务印书馆被日军战斗机轰炸，厂房、机器、所藏图书全部被毁于一旦。1932年8月，商务印书馆重新开业后，按照当年国民政府教育部颁布的课程标准，编制各科中小学课本，取名"复兴教科书"以纪念灾后复兴。商务印书馆为出版"复兴教科书"系列，组织了一大批出色的学者和编辑人员参与编写和校订，以确保教科书的质量。

（1）《复兴教科书美术》

4-2-1

图4-2-1 吴中望编绘，吴梦飞、宗亮寰校订《复兴教科书美术》，上海商务印书馆，1934年

[1] 李华兴.民国教育史[M].上海：上海教育出版社，1997：160.

《复兴教科书美术》于1934年（民国二十三年）10月初版，共4册，32开，供高级小学学生使用。

编者吴中望，生卒年不详，曾任上海艺术专科师范学校教师。

此书依据1932年国民政府教育部颁布的《小学美术课程标准》编辑。

此书"编辑大意"介绍：

本书目的，在供给儿童适当的欣赏、参考、研究及试验的资料，与普通专供临摹用的画帖，性质完全不同。

本书取材，在欣赏和应用方面，最为注重；欣赏材料，多选名家作品，以期增进儿童的兴趣；应用方面，注意衣食住行装饰等的实际问题，以期适合生活的需要。

本书中的作业，以绘画为主体，其次为剪贴，塑造等，凡课程中所规定的事项，皆罗列无遗。

本书各册材料，均依时令排列。每册分作若干单元，前后互相联络，教学最为便利。

本书另编教学法一套，详述各单元各种教材之性质及实施方法补充教材等，以供教师教学时参考之用。

此书主要教授的内容如下。

第一册：大鸡和小鸡（蜡笔画）、家禽的便化（图案参考）、鸭的浮雕（法国蓬蓬作）、公鸡（塑造）、鹅（剪贴）、秋夜（平涂）、谁的衣服好看（着色）、埃及古代的雕刻（欣赏）、写生测量和取景框的用法（说明）、轮廓的描法（说明）、构图和背景的变化、静物（欣赏——板仓氏作）、梨（铅笔明暗画法）、笔筒和水盂（明暗说明）、菊花（写生参考）、菊花的便化（图案参考）、菊花模样（剪贴）、石榴（写生参考）、石榴形的应用（图案参考）、各种叶子（平涂）、用叶子排成的模样、色彩的明暗、城楼（着色）、建筑物（塑造）、室内的布置（要加什么装饰）、兔儿（名画欣赏——卢素作）、草地上的兔儿（写生参考）、冬季的树林（写生参考）、几种小桥（着色）、壮志凌云（剪贴）等。

第二册：花（名画欣赏——谷诃作）、水仙（写生参考）、水仙模样（图案参考）、蝴蝶、蝴蝶模样的应用、色带和对色图、配色的例子、萝卜（写生参考）、红萝卜（剪贴）、用三角板画并行线法、连续模样的画例、白菜和葱头、饮食器图案（加装饰）、各种树的画法、风景的构图、乡村小景（写生参考）、犬（自由画参考）、羊（塑造）、枇杷（写生参考）、枇杷（着色）、鞋和帽（写生参考）、服装设计、鸟类的略画、果物构图的研究、生活漫画（自由画参考）、交通器的描写、汽车（方向美丑的说明）、我国的优秀建筑（欣赏）、我国的新建筑（中山陵）、住宅设计等。

第三册：水果（写生参考——色粉画）、雷雨云风（自由画参考）、海潮（欣赏——谷诃作）、海中的水族（自由画参考）、水族的模样（图案参考）、书和行装（透视说明）、动物的姿态（略画参考）、动物（剪贴）、旅行（自由画参考）、山景（写生参考）、归舟（写生参考）、秋色（写生参考）、六角多角椭圆形的画法及圆的应用、陶器图案（由球茎变化而成）、盥洗用具（写生参考）、绿荫夹道（透视说明）、桥的倒影（写生参考）、马（自由画参考）、军官（塑造参考）、西洋宗教画（欣赏——沛尔蒂诺作）、围裙设计（衣服装饰参考）、手足（写生参考）、用字数构成的带状模样、书室和卧室的布置（着色和设计）、兔牛马鸭（塑造）、应用图案、中国建筑（欣赏——山东乡县的砖塔）、国画山水（欣赏——唐岱作）、小猪（塑造——蓬蓬原作）、山桥（剪贴）等。

第四册：风景（欣赏——可洛作）、风景的画法（写生参考）、江山雪霁图（欣赏——王维作）、塔（写生参考）、风景速写、船（写生参考）、蔷薇花的写生和组织图案、蔷薇花的轮廓图案、单独模样（剪贴）、静物（写生参考）、小品模样（图案参考）、校门（写生参考）、春景（自由画参考）、广告图案、锦标（图案参考）、运动衣设计、运动的姿势（剪贴）、学校生活的断片（参考——丰子恺作）、农家（欣赏——米勒作）、自画像（欣赏——米勒作）、头面的画法（写生参考）、手帕的装饰（图案参考）、西湖的牌坊（写生参考）、花坛设计、袁翁胸像（欣赏——张辰伯作）、小孩胸像（塑造）、日本建筑和西洋建筑、中国石刻（欣赏——云冈石刻之一部）、瓷器图案、陆军演习（速写参考）等。

（2）《复兴美术教学法》

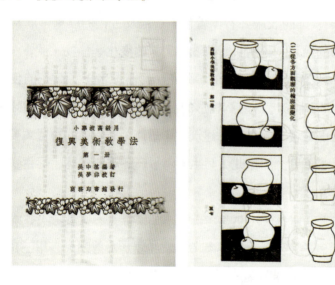

图 4-2-2　吴中望编著，吴梦非校订《复兴美术教学法》，上海商务印书馆，1936 年

《复兴美术教学法》于1936年（民国二十五年）8月初版，共4册，32开，供高级小学美术教师参考使用。

此书依照商务印书馆出版的《复兴教科书美术》编辑而成。

此书第一册首列《高小美术教学法概要》一篇，提出美术科的目标："启发儿童天赋底美的本能""提高儿童底美的欣赏力""养成儿童底美的创作力""使儿童懂得美术原则并能够应用""求生活的美化"。

关于美术指导法，可分为"制作的""欣赏的""研究的"三方面：

制作的指导，可略分为绘画的、图案的、剪贴的、塑造的四方面：

绘画的指导过程。绘画包括自由画、写生画，它的指导程序大致如次：（甲）决定题材（即先决定所画的对象）；（乙）观察（即用眼观察，或用心观察）；（丙）表现（即把握观察所得的印象后，才可从事表现）；（丁）吟味（"吟味"含有"订正""推敲"意义，表现完成尚需再吟味）。

图案的指导过程大致和绘画的指导过程相同，不过绘画方面要先决定所描写的题材，而图案方面却是要先确定如何施工……第二步便须蒐集所描写的参考品，并准备一切；再次即着手构想设计便化……等表现工作；等到表现完了，再作最后的吟味，反复省察、详细订正，使达于完成。

剪贴和塑造的指导过程，也大致如写生、图案的指导过程：（甲）题材底决定；（乙）材料及工具底准备；（丙）作业及表现；（丁）吟味。

至于欣赏方面的指导过程，却和制作底指导，大异其趣：（甲）观照（可向儿童提出"感到什么？"底问题，使他们把各自对于所欣赏品的感情，很率直地回答）；（乙）说明（可把作家姓名、国籍、传记、逸话、特征、经验谈、时代及美术作品所在地等加以用言语底说明）；（丙）形式底吟味（即使儿童欣赏美术品底形式方面的美，也即使其欣赏技巧的形式及构图的形式）；（丁）欣赏（能和别的美术品比较起来欣赏，更可显出特征）。

至于研究方面的指导过程，又和自然、算学等知识教科的指导法大致相同，它的顺序约示如次：（甲）动机；（乙）目的指示；（丙）讨论；（丁）应用。

（3）《复兴初中图画教科书》

4-2-3

图4-2-3 王济远编著《复兴初中图画教科书》，上海商务印书馆，1933—1934年

《复兴初中图画教科书》于1933年（民国二十二年）7月至1934年（民国二十三年）4月初版，共6册，16开，每册有创作图16至18幅，每学期应用一册，供初级中学三学年学生使用，其他同等程度的师范学校或职业学校亦适用。

此书"编辑大意"指出：

本书取材务求显明，期切合实用，并使学生了解艺术与人生之关系。对于东方绘画之特殊优点一再阐发，表扬中华民族固有之文化，并采用欧西绘画之技术与原理，合乎世界潮流，贯通时代思想。

本书启迪学生审美本能，注重艺术之应用，养成学生健全之思想与技能。每图均附说明，以资灌输艺术常识真理及描写能力，并重意于自然形态观察之指示，以增进艺术兴趣。

此书主要教授的内容如下。

第一册：第一图，瓶（铅笔画、毛笔画），材料、位置、轮廓、明暗、附图；第二图，书（粉笔、毛笔、图案），线的美、力的美、清洁的美、附图；第三图，草菊（毛笔画），线的运用、对象的观察、题款；第四图，应用图案（铅笔画），图案的意味、装饰美；第五图，折枝写生练习（毛笔画），白描与渲染、叶的描写法；第六图，静物写生（铅笔画），章法、明暗的变化、倒影；第七图，果物练习（毛笔画），位置的变化、散开式、聚合式；第八图，荸荠（毛笔画设色），国画之特点、形式简单、气韵生动；第九图，布纹图案（铅笔画），菊形的便化、绘画的实用；第十图，杯（毛笔画），圆形的变化、装饰图案的实例、工艺图案与自由图案的对照；第十一图，茶杯茶碟（铅笔画），圆形的重叠式、主体与陪衬、形式统一、影的变化；第十二图，莱菔（铅笔画），画幅之解释、背影之说明；第十三图，颜面速写（铅笔画），速写的方式、速写的取材、颜面速写法；第十四图，女孩之颜（水墨画），画的顺序、画幅上的天地；第十五图，玄武湖之冬（水墨画），风景画的远近、风景画的联想；第十六图，云山古寺（水墨设色），云气、意趣、色感、塔；美术起源浅说（上）；第十七图，装饰图案参考；第十八图、水墨设色参考。

第二册：美术起源浅说（下）；第一图，兵士、飞机（水墨平涂画法），平涂画法、平面影的描写、纪念“一·二八”；第二图，百合花（铅笔画），力的表现、画面的力；第三图，百合花之便化（单色图案），形体的组合、自由变化的三个带模样；第四图，大丽花的白描（毛笔），白描练习的重要、天性与自然形态、位置的平稳；第五图，大丽花的着色（铅笔、淡彩），着色的次序、前后的描写；第六图，芒鞋与拖鞋（铅笔画）、乡村与都市的风趣，鞋的写实、物体的俯视；第七图，动物标本写生——鸽（铅笔画）、描写飞禽的初步，鸽的特性、羽毛画法、形体的重心；第八图，水中之鸳（水墨白描），水禽的分别、水的描写法、卵形的重复练习；第九图，鸽的动作（水墨画），动物的表情、点睛的意义、白描与写意；第十图，水壶（铅笔画），圆形的透视、水壶的透视画法；第十一图，一部书（铅笔画），方的透视、方形画法、背景的衬托；第十二图，西湖风景（铅笔画），山色湖光的描写、湖面倒影、远近画法；第十三图，荷花（铅笔画），荷花的雅号、荷花的姿态、特点的描写；第十四图，速写着色练习（淡彩），农夫、学生、妇女，民族的特征、男女颜面的特点、色彩的象征；第十五图，枇杷（毛笔着色练习），颜色的种类、色彩的变化；第十六图，舟山风景（铅笔着色练习），淡彩的画法、用色的浓淡和远近法、风景画须注意气候。

第三册：第一图，耳目口鼻之练习（素描），素描之意义、耳目口鼻之石膏模型练习；第二图，手与足之练习（素描），单色与调子、手与足的石膏模型练习；第三图，墨梅（毛笔水墨），梅花的特点、位置配列法、写枝干及点苔法；第四图，单色图案各种模样的便化，填充模样、带状模样、物形的便化法；第五图，平面图案与自然模样，图案的种类、人为形式与自然形式之采取、自然形式的线条美、月季花的便化；第六图，静物写生（铅笔画），静物写生的意义、运用线条的种种区别、素描与色彩的关系；第七图，静物写生（水彩画），色彩画的种类、水彩颜料的区别、颜料的种类、水彩画法、应用的器具；第八图，海景（水彩画），光与色的关系、色带与色环、外光的变化；第九图，苍鹭（水彩画），色彩的明暗性、描写苍鹭之用色法；第十图，雉（动物标本写生），透明色与不透明色、雉身羽毛之美、用色之分解；第十一图，大丽花（没骨法），色彩的寒热、没骨画法；第十二图，明孝陵前之石象（毛笔着色），色彩的感情、古代遗物之描写；第十三图，淞沪战区遗迹（水墨着色），战区遗迹之描写、劫后的江湾魁星阁、水墨着色的程序；第十四图，风景实习（钢笔画），钢笔画之特点、钢笔画与书报插图之关系、水乡风景之清趣、运用线条之粗细与疏密；第十五图，室内写生（钢笔画），线条的韵律、用笔的省略与物体表现；第十六图，肖像（钢笔画），钢笔肖像与插图、时代英雄的肖像、体相庄严与运用线条的关系；中国绘画沿革浅说。

第四册：第一图，少女（钢笔画），西洋画的种类、用笔的疏密与明暗；第二图，昆虫（毛笔着色），草虫画法、入画的虫类、昆虫的特性；第三图，花卉（水墨画），文人画的风趣、民族的美术思想、自然的法度；第四图，丝瓜、茄子、飞蝗（水墨画），中西画的不同、水墨画的优点、中国画的分类；第五图，静物（粉笔画），粉笔画用的颜色、粉笔画的基础、粉笔画用的纸；第六图，白浪（粉笔画），粉笔画的史略、印度洋之白浪；第七图，男之颜（粉笔画），粉笔画之颜面速写、粉笔画的保存法、附图（喷雾器二种）；第八图，图案的种种（黑白画），单模样的构成、单模样的骨法、黑与白的组合、附图四种；第九图，封面图案（水粉画），图案用的颜色、图案的新奇与形式美、东方式的花纹；第十图，织物图案（水粉画），图案的单纯化、配色的冷静与活动、复叶形的便化与连续；第十一图，西瓜（水粉画），水粉画之意义、绿色的情调、水粉画的明暗与水彩画的明暗相反；第十二图，西湖风景（水粉画），色调的统一、春的湖山、丛树的描写；第十三图，殿——普陀风景（水粉画），东方式的建筑、热烈的色调表现、形式的庄严；第十四图，巴黎塞纳河畔风景（水粉画），风景画与气候、名胜区域之描写；西洋画沿革浅说（古代绘画、近代绘画、现代绘画）；第十五图，名作之欣赏（一）（素描风景），艺术品的欣赏、欣赏艺术与感情移入、名家的历略；第十六图，名作之欣赏（二）（素描人物），欣赏名画之意义、艺术品之价值、文西氏之传略。

第五册：第一图，花边图案（水粉画）；第二图，花边图案，圆圈、卍字、几何模样的变化；第三图，印染图案，椅垫、阳伞、台毯、桌灯；第四图，印染图案（植物花纹）；第五图，磁器工作图，茶杯、茶碟；第六图，印染图案，应用于手帕、台毯、窗帘、枕套等；第七图，玄武湖远眺

（毛笔山水），东方绘画的特点；第八图，松竹石（国画小品），国画之品格；第九图，木器工作图，方凳的投影；第十图，手与颜面（木刻画），养成自动能力及创造精神；第十一图，磁器雕绘图案，云、鹤、松树、磁器上的装饰；第十二图，磁瓶上两种装饰图案，花叶的便化、故事的描写；第十三图，普陀山风景（水彩画），名胜区域的实地写生；第十四图，名作之欣赏，印象派大师蒙纳氏之风景画。

第六册：第一图，几何画的带模样图案，圆圈的连续组合；第二图，应用图案，几何形体与自然物形体的配合、色彩的配合；第三图，竹笋、香菌（毛笔画），田园风味的描写；第四图，青菜、萝卜（水墨画），艺术含有时代的背景、农村风物的描写；第五图，苦闷（木刻画），大众艺术的意义、新兴艺术的研究；第六图，少女的肖像（毛笔画着色），肖像画的意义、肖像画的主要点、正侧仰俯的例图；第七图，几何图案，方与圆的线纹组合；第八图，家具工作设计，床与椅几的变化、都市生活的经济化；第九图，翠鸟、红蓼、芦花（中国画），花鸟着色画法；第十图，秋江夕照（中国画），毛笔山水练习、仿摹古人画法；第十一图，人物（水粉画），人物与裸体画的关系、在人类的真实状态中去追求新生命；第十二图，海上春朝（水彩画），实地写生的练习、水彩画用法与气候变化的关系；第十三图，肖像素描（钢笔画），名作之欣赏——荷兰画家伦勃朗特的自画像；第十四图，鼓山烟云（水粉画），描写晦明变化的景色、取景的主要点；第十五图，参考（水粉画），封面图案；第十六图，参考（水粉画），广告图案。

（4）《复兴美术教本》

4-2-4

图 4-2-4　胡葆良、沈祖光编著，赵欲仁、宗亮寰校订《复兴美术教本》，上海商务印书馆，1934—1937 年

《复兴美术教本》于1934年（民国二十三年）8月至1937年（民国二十六年）2月初版，共8册，32开，供小学校美术科教师及师范科的教师参考使用。

此书共有八册，其中第一册至第四册由胡葆良编著，第五册至第八册由沈祖光编著。

据此书"编辑大意"介绍，此书每册都设计12～13个大单元，每个单元平均可供2周的教学之用，最多的可扩大为3～4周的作业：

本书都用大单元的设计组织，把美术科有关系的各科作业，应着自然的需要联络结合起来，成一整个的活动，在适合儿童兴味的条件之下，施行各种变化的方法从事指导。

本书每一单元都分"目的""作业要项""教学做""注意事项"和"参考资料"等五项，对于作业的方法和适用材料等，都有详细的说明及各种插图，参考极为便利。

本书每册附应用材料有若干幅，用另纸印成大张，教者可随时应用，极为便利。

本书取材普遍，对于乡村材料，尤为注意。不论城市乡村小学，均甚合用。

本科教学要点，除课程标准中所规定的以外，在各单元各个过程中应特别注意的事情及其他新颖的教学方法，都在"注意事项"及"参考资料"中详细说明，教学时可先行参考。

此书主要教授的内容如下。

第一册：我们的学校、装饰教室设计、小宝最喜欢的动物、秋季远足会设计、秋果设计、菊花展览会设计、玩偶设计、运动会设计、好学生故事设计、贺年设计、赏雪设计、恳亲会设计等。

第二册：假期作业展览会设计、收集好玩物品设计、蝴蝶设计、赏花设计、儿童节设计、迎燕设计、图画日记设计、玩偶请客设计、关于大扫除的设计、关于驱除害虫的设计、游艺会设计、关于消夏的设计等。

第三册：交谊会设计、装饰教室设计、描画动物故事设计、赏月设计、国庆纪念设计、秋季花卉写生设计、中山公园设计、自制六面画设计、冬季生活故事设计、美术展览会设计、编辑新年画报设计、消寒会设计等。

第四册：用品装饰设计、放纸鸢设计、鸟的故事发表设计、剪贴春景图设计、庆祝儿童节设计、赏花设计、装排动物园设计、塑造小鸡模型设计、编辑卫生画报设计、玩偶过夏设计、成绩展览会设计、假期作业设计等。

第五册：假期作业展览设计、装饰教室设计、秋虫设计、赏月设计、国庆纪念设计、秋果写生设计、赏菊设计、孙中山先生诞辰设计、过冬设计、过年设计、成绩展览设计、假期作业设计等。

第六册：继续上学期的作业、梅花设计、欢迎春天设计、纸鸢设计、孙中山先生逝世纪念设计、金鱼设计、劳苦的农夫发表设计、餐具的装饰设计、劳工生活设计、小青蛙设计、成绩展览设计、假期作业设计等。

第七册：继续上学期的作业、改进学校环境设计、编秋光画册设计、庆祝双十节设计、远足设计、秋收设计、房屋的研究设计、编交通利器画册设计、装饰冬季用具设计、赏雪设计、新年设计、假期作业设计等。

第八册：继续上学期的作业、野外写生设计、革命先烈纪念设计、编春光好画册设计、儿童节设计、运动会设计、蝴蝶的描写和应用设计、夏季用具装饰设计、初夏的花果写生设计、夏令卫生宣传设计、编绘毕业纪念册设计、假期作业设计等。

2. 其他教科书

《小学美术科教材和教法》

《小学美术科教材和教法》于1939年（民国二十八年）10月初版，共1册，32开，供师范美术教师、师范生、小学美术教师及留心美术教育者参考研究使用。

温肇桐（1909—1990），江苏常熟虞山镇人。笔名虞复。美术教育家、中国绘画史论家、教授、现代画家。1930年毕业于上海艺术大学。1929年秋，与庞薰琹等美术青年在常熟组成旭光画会，倡导新美术运动。1937年起在上海美术专科学校任教授、艺术教育科主任、图书馆主任、出版部主任，主编《美术界月刊》《艺术生活周刊》等。抗战胜利后一度兼任上海师范高等专科学校教授、艺术系主任。1952年起历任华东艺术专科学校教授兼图书馆主任、美术系副主任、硕士研究生导师，南京艺术学院教授，中国美术家协会会员，江苏省美学学会顾问。毕生致力于美术教育及中国绘画史论研究，成绩卓著，撰写《新美术与新美育》《中小学美术教学法》等专著30余种。

4—2—5

图4—2—5 温肇桐编著《小学美术科教材和教法》，长沙商务印书馆，1939年

此书是商务印书馆总管理处设在长沙时出版的教科书。

此书共有五章。其中第一章美术科的认识，内容包括：美术教育的功能、美术科的沿革、修正美术课程标准的特点等。第二章美术教材的研究，内容包括：美术教材的范围和示例、美术教材的选择、美术教材的组织和排列、美术教材的分量分配等。第三章美术教学方法的实际，内容包括：美术教学的原则和要点、美术科的开始教学、美术教学的过程和实例、美术教学的几种新设施、复式学级里的美术教学等。第四章美术成绩的处理，内容包括：发表成绩的批订、三项成绩的考查方法、儿童作品的揭示和保存等。第五章美术科的设备布置和教学用品，内容包括：美术教学应有的设备、美术教具的自制、一个美术室布置的实例、美术科的教学用品等。

此外，书后附录列入了国民政府教育部编订的《全国小学美术教材要目草案》，方便教师试用，另提供了美术教学参考图书目录，供读者学习、研究。

（二）中华书局编辑出版的美术教科书

1932年10月，国民政府教育部颁布新修订的课程标准。1933年开始，中华书局根据新课程标准，编写出版了一套教科书，封面题名为"新课程标准适用课本"。

（1）《小学美术课本》（小学初级）

图 4-2-6　朱稣典、潘淡明编，姜丹书校《小学美术课本》（小学初级），上海中华书局，1933 年

《小学美术课本》（小学初级）于1933年（民国二十二年）7月初版，共8册，32开，供小学初级四学年学生使用。

此书依据1932年国民政府教育部颁布的《小学美术课程标准》编辑而成。

此书"编例"介绍：

本书教材，有富于艺术趣味的欣赏图，以培养儿童的欣赏能力；有各种方法的参考图，美术原则的研究图，以增进儿童对于美的发表和创造能力；和专作临摹用的临本画帖等不同。其他如讽刺画寓意画建筑物雕刻品等，须由教师随时随地使儿童欣赏或发表。

本书选材，以能引起研究美术的兴趣为主，切合儿童的生活环境，顾到儿童的学习和应用能力，务使儿童不致感到枯燥困难。

本书编制，一方面依着美术本身的系统，由浅入深；一方面依着儿童学年的程度，反复应用。

本书另编教学法四册，供教师在教学时参考之用，书中除详述本书各教材的教学法外，并备具一倍以上的联络教材，以便教师的选用。

此书主要教授的内容如下。

第一册：认识常用颜色、认识基本形、涂色练习、添画练习、物体排列练习等。内容包括：大家来看，来画，来做；认认这些颜色；涂些什么颜色；一个饼，咬了一口，再咬一口；两块方糕，姐姐这样切开，哥哥这样切开；把这些灯笼都画好来；再添画些甚么；白猫变黑猫；上学，讲故事，游戏；剪贴三角形，再加自由画；许多有趣的脸儿；把这三个圆也画成东西；我们的国旗是怎样的；添画些花纹；画一盘自己欢喜的水果；快快来吃啊；最好拣哪几样画成一幅；白手怎样画，红手怎样画；用铁钉排成的花样；剪贴的花等。

第二册：涂色练习、添画练习、物体排列练习等。内容包括：三个气球；画些有用的铁器；上面是甚么，下面画起来也是甚么；好风景；三只蝴蝶；剪贴的蝴蝶；看，这幅燕子图，怎样成功的；再画一幅猫和鼠；甚么意思，怎样着色；画鸡从蛋画起；开步走；欢喜画哪个圆十字形；这些花样我们也能排吗；枇杷、桃子着上颜色；一笔划只猫头鹰；撞着网就黏住了；到底谁胜利，涂上颜色更好看；青蛙摆渡；两个圆形可画成甚么；吹喇叭等。

第三册：动物的简易画法、涂色练习、添画练习、排列的统一和变化等。内容包括：撕下来，贴上去；队形；记事的画；盆花；用油纸来雕，用颜色来印；蚱蜢是怎样画的；纺织娘；秋季远足；他们在望甚么；马、牛、猪的简易画法；马的剪贴法；小白兔；石榴，画上颜色；秋天变色的树叶；树叶排成的花边；努力去追；每种画成三只；再加画些飞雁；画一幅堆雪人；贺年片的花样等。

第四册：物体的明暗、涂色练习、添画练习、组合画面练习等。内容包括：要哪种画布做书包；填成两种格子花；花篮，可惜没有颜色；他来做甚么的；春天的树；放风筝，加画些什么；添画燕子，添画杨柳；花瓣贴成的蝴蝶；把樱桃的花边着上颜色；雕芋版，印花样；美丽的书签；把画错的改他好来；圆形物体的明暗；看有几种对象，分开画出来；下面也画成火车；飞机、轮船，喜欢着色还是剪贴；太阳出来了；不要吵，我来分；再画些他们的同伴；拣几样配成一幅画等。

第五册：原色和间色的知识、着色练习、剪贴练习、图案的制作和应用、画统计表等。内容包括：原色和间色；纸球，用哪几种色纸做的；把你知道的圆物、方物补画上去；三角板的角度和应用；用三角板来画方格子；方格子填成数字；正三角形的剪贴；葫芦（着色）；近日的天气怎样，填在表上；运动会的速写；利用旧报纸的剪贴；用色铅笔画成的鼠；手影画（平涂）；小鸡不相信从此处出来的；这是什么，画他完全来；先辨认方向，再画成图案；这些样式好么，再画几种；簿面上的装饰；三种果物（着色）；雪景和夜景等。

第六册：写生画法、添画、图案画、三角板的应用、物体的基本形等。内容包括：泥人的写生；这枝干上添画梅花怎样配置；梅花的图案；各种位置的信封；两种纸盒的写生；怎样用三角板来画正方形和菱形；正三角形内如何配画图案；将七巧板拼成了画出来；这些人形也可用七巧板拼的么；剪贴的图案；棍棒，从骨格画起；哑铃，从轮廓画起；一件有趣的故事画；铃，也从骨格画起，香蕉，也从轮廓画起；要打倒甚么，添画上去；选出几样来，画一幅风景画；扇面上画些甚么；飞车和飞机（剪贴）等。

第七册：色彩的对比和应用、三角板的应用、风景画法等。内容包括：颜色的对比和浓淡；各色的光及其混合；松子；怎样用三角板画成正五角形和正六角形；正三角形正方形正六角形凑成的图案；船即是月，月即是船；月夜（剪贴）；葡萄（着色）；画错么，把错的改好来；火柴盒的位置和写生；那种位置好；牛和牧场；各种动物图案；取景的画法；四幅风景画；画窗外的风景；两张广告画；在看什么表演；橙和苹果；没有画完全的橘子等。

第八册：各种图案画法、平面图和立体图画法等。内容包括：春天到了，花儿来了；两幅不同的景色（着色）；画一株蒲公英；蒲公英的图案；蔷薇花（着色）；蔷薇花的图案；各种花和叶的图案；青天白日徽；平面图和立体图；三角形盒子要怎样装饰可画在展开图上；蝴蝶的图案；各种虫类的图案；放大和缩小的画法；傍晚；荆轲刺秦王（古石刻）；摘花；木版画法；填画散点图案；怎样画地图；文字图案等。

（2）《小学美术课本教学法》（小学初级）

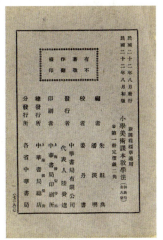

4-2-7

图 4-2-7 朱稣典、潘淡明编，姜丹书校《小学美术课本教学法》（小学初级），上海中华书局，1933-1934 年

《小学美术课本教学法》（小学初级）于1933年（民国二十二年）8月至1934年（民国二十三年）7月初版，共8册，32开，供小学初级美术科教师参考使用。

此书"编例"介绍：

本书编制，每册依课本分为二十单元，以一周为一单元，分二次教学。

本书的教学过程，分谈话、观察、欣赏、研讨、练习、订正、批评等。每次开始，先由谈话及欣赏图画等，以引起儿童学习的动机；再提出关于图中的知识和画法等问题，使儿童共同作详细的研讨；研讨后，儿童各就所得的知识，自由练习；末以展览批评结束。

此书"总说明"提出了关于美术教材的编写原则：

美术的教材，宜视儿童的年龄和能力，选取切合儿童需要的，日常习见的事物而富于美术意味的，兴趣丰富的，色彩鲜明的。练习发表的教材，更宜工作简便而易于成功的；如利用树叶、草叶、花瓣、种子、鸟羽、鱼鳞、贝壳、蝶翅、蚕茧、沙土、破碎的陶瓷器等来装排成有趣的美术品；或再酌量加画的；方法简单，成功容易，极合于初级儿童的心情。

"总说明"还对学校美术作业的安排有如下提示：

美术科的作业，有些不能在教室以内施行的，有些不能在课程时间以内学习的，也有不能在课本以内包含的。如本地的名胜，伟大的建筑物，精美的雕刻品等，应随时引导儿童去鉴赏。如日常习见的美术品，应随时收集，随时指导儿童欣赏研究。如本地有各种美术品的展览会时，应带儿童前去参观欣赏研究。如校内的空场墙壁等，应指导利用，以布置美的环境。学校中应常有美术展览会的设计，或每月一次，或若干星期一次。展览的美术品，除儿童的作品外，亦可由儿童搜集各种美术品，如美丽的陶瓷器、漆器、照相、名画及玩具等，展览起来，使儿童得常和美术品接触，藉以启发其爱美的天性，养成其欣赏的能力。

"总说明"还指出关于儿童成绩的考查有两种方法：

儿童成绩的考查，有二种方法：一种是应用量表来测量的，这种方法，因为是有具体标准，对照量表，容易辨别相当于何种阶段，且使儿童能自知技术的进步率。另一种方法，是依据各个人前后各次的成绩，列成表格，以考核各个人努力进步状况的。

（3）《小学美术课本》（小学高级）

图 4-2-8　朱稣典、潘淡明编，姜丹书校《小学美术课本》（小学高级），上海中华书局，1933 年

《小学美术课本》（小学高级）于1933年（民国二十二年）4月初版，至1934年（民国二十三年）1月已发行第4版，共4册，32开，供小学高级二学年使用。

此书"编例"介绍：

本书教材，有富于艺术趣味的欣赏图，以培养儿童的欣赏能力；有各种方法的参考图，美术原则的研究图，以增进儿童对于美的发表和创造能力；和专作临摹用的临本画帖等不同。其他如讽刺画寓意画建筑物雕刻品等，须由教师随时随地使儿童欣赏或发表。

本书选材，以能引起研究美术的兴趣为主，切合儿童的生活环境，顾到儿童的学习和应用能力，务使儿童不致感到枯燥困难。

本书编制，一方面依着美术本书的系统，由浅入深；一方面依着儿童学年的程度，反复应用。

本书另编教学法四册，供教师在教学时参考之用；书中除详述本书各教材的教学法外，并备具一倍以上的联络教材，以便教师的选用。

此书主要教授的内容如下。

第一册：色彩的明度和对比；物体的明暗和背景；用笔的方法；主副线和阴阳线的用法；轮廓线的画法；利用什么东西印成的；杂物印成的图案；用三角板画平行线的方法；方格子填成图案；画些果菜类；怎样做模型，怎样制蜡果；轮廓和阴影；钟表（换个方向来描写）；三原色的混合（三色套印）；动物的略画；二方连续模样制作法（动物资料）；正五角形正六角形等的画法；单独模样的制作法；五角形模样怎样剪贴；雪景（剪贴）等。

第二册：国旗；六角形模样怎样剪贴；空间的分割；怎样练习风景写生；树的描写（铅笔画）；着色的顺序；鸟类的简易画法；兽类的简易画法；平涂或剪贴（兽类）；光线和阴影；阴影怎样画；画材要选取配置么；宾主的配置；静物写生（铅笔淡彩）；光线和色彩；透雕和刷印（图

案）；石工（欣赏）；人体部分的写生；照相架的应用图案；四方连续模样方形组织法等。

第三册：牵牛花写生；牵牛花的应用图案；明暗和浓淡；方向的美丑；四幅画有什么不同；风景画怎样取景；树的描写（钢笔画）；曲线形的简易画法；面积的分割；人体动作的姿势（骨格画法）；人体动作的姿势（平涂画法）；运动会会场的速写；掷铁饼（古代雕刻欣赏）；平涂或剪贴（鸟类）；角隅图案；四方连续模样菱形组织法；拾落穗（欣赏）；白兔（剪贴）；花坛的设计图；怎样布置，怎样制图等。

第四册：收集来的布类图案；书架的应用图案；印刷图案；听泉图（欣赏）；人体部分的写生（手足）；关于各种颜面的比例和画法；哥哥妹妹（身体和头的比例）；画个小弟弟；面貌的表情；制图线的用法；画在剖展图上的图案；利用蛋壳制作的图案；照片上的建筑物怎样看出远近来；河岸倒影（欣赏）；耕、上工（木刻画欣赏）；枇杷；乘风破浪（剪贴）；器物形状都由九种基本形组成的；瓷器图案（茶杯和茶碟）；图案字体五种等。

（4）《小学美术课本教学法》（小学高级）

《小学美术课本教学法》（小学高级）于1933年（民国二十二年）5至6月初版，共4册，32开，供小学校高级美术科教师参考使用。

此书"总说明"介绍，此书依照小学五六学年的作业要项编辑而成，因此，编者要求教师在教学时按照儿童的程度需要不断增加内容，如在欣赏方面应增加雕刻作品、图案画、本国名画和描写平民生活的外国名画等鉴赏内容；在发表方面应注重创造，如写生图画等。

关于美术科的作业，编者认为学习美术不应该受教室和课本的限制，应引导儿童走出去，在生活中鉴赏和应用。除课本中的中外名画、图案画和各种原则的研究之外，教师可以利用本地的名胜古

4-2-9

图 4-2-9　朱稣典、潘淡明编，姜丹书校《小学美术课本教学法》（小学高级），上海中华书局，1933 年

迹、建筑、自然景观和自然物，随时引导儿童去鉴赏，或引导儿童利用树叶、草叶、花瓣、种子、鸟羽、鱼鳞、贝壳、蝶翅、蚕茧、沙土、破碎的陶瓷器等材料，来装排成有趣的美术品。教师还可以利用远足旅行等时间，组织儿童野外练习风景写生。编者提倡，教师应带儿童前往参观、欣赏研究本地各种美术品的展览会，也可以利用校内的空场、墙壁和会场等，引导儿童布置美的环境。

编者还提出了关于美术科的教学方法、美术研究和成绩考查的观点：

关于美术科的教学方法：大约每次教学开始，用相当的问题，引起儿童学习的动机。教学时，随时注意前后的系统，教材的联络，及旧知识的复习和整理。

关于美术研究：最好能收集些半成的样品或已成的作品，作儿童的参考资料。因为对儿童抽象的讲解，远不若依据实际资料的研究较有实效；所以在研究某项问题，儿童不易明了时，最好的方法，是提供许多参考资料，使儿童从直接观察中，自能领悟。

关于美术科的成绩考查：一种是应用量表来测量的，这种方法，因为是有具体标准，对照量表，容易辨别相当于何种阶段，且使儿童，能自知技术的进步度。另一种方法，是依据各个人前后各次的成绩，列成表格以考核各个人的努力进步状况的。

此外，编者提倡学校中应常有美术展览会的设计，以培养儿童的审美和实践能力：

每经若干期间，应有小规模的展览会一次，每学期应有全校展览会至少一次。一方面以养成儿童的办事能力，缜密儿童的设计思想；一方面使常与美术品接触，以启发儿童爱美恶恶的天性，而思所以设计改良，完成美术教学的一大任务。

（三）大东书局编辑出版的美术教科书

"新生活教科书"系列

大东书局1916年由吕子泉、王幼堂、沈骏声、王俊卿合资创办。20世纪30年代，大东书局逐渐进入教科书编写出版领域。1933年，大东书局为适应国民政府教育部新课程标准的要求，编写出版了"新生活教科书"系列。此套教科书贯彻"三民主义"教育宗旨，所选素材均与生活关系密切，符合儿童生活上的实际和心理发展需要。

（1）《新生活教科书美术》

4-2-10

图 4-2-10　叶元珪编，张辰伯、凌善清校订《新生活教科书美术》，上海大东书局，1932 年

《新生活教科书美术》于1932年（民国二十一年）9月初版，1933年（民国二十二年）7月发行第2版，共8册，32开，每册均印有8幅彩色图，以蜡笔画为主，供初级小学学生使用。

叶元珪（1897—1985），字志成，又名善昌，浙江省丽水碧湖镇人。1918年考入上海美术专科学校，毕业后留校任教，与画家黄宾虹、徐悲鸿、潘天寿等组织"一八艺社"切磋画事。曾先后在浙江省立高级商业职业学校、处州中学、浙江省立临时联合师范学校、浙江省立英士大学、省立处州师范学校等任教。著有《水彩画技法》《绘画透视画法》《中学图画教材》《小学工艺新教材》等。

此书"编辑纲要"介绍：

本书目的，在供儿童欣赏、练习、发表、参考之用，非作临摹范本之需。

本书取材，以儿童生活上常见之事物为中心，依艺术本身的系统，由浅入深，以求适合儿童心理。

本书教材之排列和形式，主联络，多变化、反复，籍以引起儿童对于艺术之兴趣。

此书主要教授的内容如下。

第一册：执笔运笔的方法，对各种形的认识，三原色的混合等。内容包括：看美术展览会去；谁认得这些画；我们来试试看怎样执笔；许多的线；这个方形、那个圆形；一张方纸对半剪开又对角剪开；把这张色纸贴起来；再添画些甚么；从一个圆形画出来的东西；三个气球；把上面所爱的果子画在下面；中央两个形也画成东西；我们的党旗和国旗是怎样的；这旗子的颜色是甚么意思；青叶子变黄又变红；用三原色着起来；哪一幅画得好；儿戏；戴了爹爹的帽子；两个脸儿变四个；拣几样画成一幅；雪中；这是雪达摩；一个小朋友画的鱼等。

第二册：对垂直线、水平线的认识和应用，色彩的浓淡比较等。内容包括：灯彩；请帖上的装饰；小朋友请客；动气了；怕得来，把那些线连起来看是甚么；放风筝；把桃花插在瓶子里；桃花怎样剪法；鸽子叙会；哪一种是垂直线，哪一种是水平线；垂直线和水平线排成的花纹；三原色的深淡；纸球谁分得出深淡；照哪一幅画起来好看；慈爱的母亲；吾儿；花猫想吃甚么；无数的萝卜；把这个轮廓线加好；黏土做的一个脸儿；剪贴的鸟；扇形的平面再加自由画；脚踏车；红鼻子的爸爸等。

第三册：三间色的混合法，物体排列的统一和变化，简易图案画等。内容包括：两个桃子；拔河游戏；步月，应该要添画些甚么才有意思；菊花展览会；把所看见的菊花画成两盆；用油纸来剪，用颜色来印；飞禽从卵画起（鸟鸡鸭）；把雀儿的身上都画好来；国庆日所见；白狗变花狗；黄包车；间色的配法；柿和葡萄（着色）；一个黏土的戏子脸儿，着上颜色呢，还是画花脸；画成两种格子花纹；跳过去；三盏电灯的形象为甚么不同；哪一幅位置顶好；木器怎样陈列好看；从三角形范围画出来的东西；再贴一幅；跟老公公晒太阳；贺年片的式样；一个小朋友画的案头等。

第四册：物体的大小远近变化，对称花样与散点图案的制作，多角形的剪法等。内容包括：水仙花；梅花；欢舞；春天的树；图中有些为甚么更小；育儿；一对蝴蝶；用蝴蝶排成的花边；未来的一个美术家；把画错的改他好来；雨中；烧吃的用具还有哪几样；偷吃；色的明暗辨得出吗；打翻的枇杷篮（着色）；两正三角形贴成菱形，三个菱形贴成是甚么；多角形的剪法；山；两个黏土可做成甚么；一个立体的面上添画哪种花纹好看；群蛙会议；走兽的简便画法（猪牛狗）；太阳出来了（剪贴）；一个小朋友画的游戏等。

第五册：三角板的应用，对比色的应用，物体的明暗关系等。内容包括：池畔；一笔画个猴子捧桃；红叶；昆虫的简便画法（蚱蜢、蝴蝶、蜻蜓、蝉）；提灯会；一刀剪成的双十节纪念碑；不同样的三角旗，比比角度的大小；用三角板来画平行线和格子；方格子填成的文字图案；再用三角板来画正方形和长方形；铁路唱歌；小朋友的功课；苹果写生；足球的明暗怎样画；卖鱼者；鱼的图案；用黏土做的鱼；色的对比；用对比色怎样着得好看；自修室；纸剪的一个雄鸡；儿子装长子吓坏了老子；山茶花；一个小朋友画的白鹅两只等。

第六册：画面的组合，色彩的混合，三角板的应用等。内容包括：游春；春景；风景的材料（拣几样画成一幅风景画）；这几条线可画成甚么；色的调和；嫩绿可爱的小麦盆景怎样着色；樱桃好多呀（着色）；纸剪的果篮；人从骨格画起；地黄牛写生；用三角板来画正三角形和菱形；把正三角形和菱形里面配画图案；能做泥虎吗；要打倒甚么添画起来；囚徒之歌；遇赦；鸟的影；夜渡的倒影怎样画；空中飞机；谁跑得快；早操（剪贴）；一张剪破的画你会把他拼成整幅吗；两匣自来火写生；一个小朋友画的影戏中的一幕等。

第七册：物体的基本形，三角板的应用，静物写生法，色彩的冷与暖，图案的变化和应用等。内容包括：塔；怎样画成登高图；月夜（剪贴）；再添画几个他们的同伴；器物形象的基本形；汽车；模样的变化；平衡花样（对称花样）；袋物图案；用三角板来画正五角形和正六角形；单独图样的画法；平面图和立面图；书包写生；光线和阴影；成绩簿上的装饰；和平；寒热色的区别；早晨；静物写生的切取法；花边模样的形式；黏土玩具；牧豕；松间的音乐队；一个小朋友剪贴的雪车等。

第八册：简易的透视画法，风景写生法，散点图案画法等。内容包括：小朋友庆祝新年图；他拍球我踢毽；鸭；水青柳绿桃花红（着色）；先辨认花叶的方向，再把枝干上配置好来；蔷薇花写生；未画完全的蔷薇花填补上去；砚匣子要怎样装饰可画在展开图上剪贴；方形和圆形的透视画法；不透明色和透明色及半透明色；散点图案的画法；画一幅散点图案；军舰；风景写生的截取法；风景画的透视法；孙中山先生遗像（剪贴）；平等；废除不平等条约；端阳节的食品；文字图案；古时的文字和石刻；小学生；脸儿位置的画法；一个小朋友画的外婆与阿黄等。

（2）《新生活美术教材》

4-2-11

图4-2-11　叶元珪编，张辰伯、凌善清校订《新生活美术教材》，上海大东书局，1933年

《新生活美术教材》于1933年（民国二十二年）8月初版，共4册，32开，每册有24幅图，适合高级小学学生使用。

此书"编辑纲要"介绍：

本书目的在供儿童欣赏练习发表研究之用。

本书取材以切合儿童生活需要为中心，务使在可能范围内和小学各科课程联络，俾成整个单元教学。

本书教材力求儿童在学习各项设计中，寻求美术原则的应用以增进美的经验。

本书各册中均有名家作品广告画等，使于儿童欣赏艺术。

此书主要教授的内容如下。

第一册：茄子和黄瓜写生、着起色来更好看、用黏土和蜡来做几样菜蔬、她做什么、写生的测量法、物体各部的比例、你也试试看、金鱼写生、什么叫做平涂、四方连续模样的画法、色彩的象征、秋海棠（着色）、柿（国画）、物体和位置、物体和背景、视点和形象的变化、锦鸡写生、清洁运动、昆虫、船埠、荆轲刺秦王（汉代石刻）、跳舞场（剪贴）、岁寒三友（图案）、猪（塑造）等。

第二册：柳和黄燕、走马灯（剪贴）、会客室怎样装饰、植树、树的画法、农家的生活、蚕食、鱼介、母子（塑造）、儿童节、同心协力、大无畏精神、再间色的配法、旅具（着色）、上车、车站、萝卜写生、器物图案、物体上的正面平面侧面、绣球写生、汉雕、放大和缩小、鹅影（剪贴）、月下乘凉等。

第三册：丛林、几人相忆在江楼、你也来画一帧、西瓜写生、禽类、书物图案、国庆纪念、纪念塔（塑造）、色彩小间隔的递变、家乡（着色）、少女、脸面的变化、脸面的表情、佛像、四肢的动作、东坡（塑造）、野外写生、采取风景的位置、阴影怎样添补起来、工场、制图线的名称和用法、唐代杨惠之塑的罗汉、文具店的广告、大风（木刻）等。

第四册：橘子写生、牡丹花（着色）、兽类、白马、鹰（塑造）、今日何日、椭圆形和卵形的画法、几何图案的画法、香蕉写生、上海租界上所见、希腊名雕、着色顺序、仙女（着色）、西洋名画、课桌怎样画、美术摄影、西湖保叔塔写生、速写、小孩（木雕）、卫生广告画、国画西画的比较、中西的建筑、毕业、染织图案等。

（四）开明书店编辑出版的图画教科书

1926年8月章锡琛创办开明书店，聘请一批知名学者、作家担任编辑。开明书局成立不久便编辑出版了一些适应新学制的教科书，在教科书市场上打开了良好局面。1932年国民政府教育部颁布新课程标准后，开明书店开始系统组织编写并出版适用于课程标准的"开明教科书"。

《开明图画讲义》

《开明图画讲义》于1934年（民国二十三年）11月初版，共1册，32开，供初中图画科教学参考之用。

丰子恺（1898—1975），原名丰润，堂号缘缘堂。浙江桐乡人。中国现代画家、散文家、美术教育家、音乐教育家、漫画家和翻译家。师从弘一法师，以创作漫画以及散文而闻名。

此书"编写例言"介绍：

> 本书以独习者为对手而讲述，说理务求详尽。为图画入门的指导。

图 4-2-12　丰子恺编著《开明图画讲义》，上海开明书店，1934 年

> 图画是技术的学科，不能全凭理论而学得。技术亦不能全部用言语说明。故本书所述只是正当的方针及必要的知识。读者可以此为指津而自向技术进修。

> 本书一部分材料取自日本早稻田函授中学《图画讲义》。但大部分系编者所讲述。特附记于此。

可见，这是一本入门级的美术学习书，认为画图画需要多加练习，不能只停留在理论层面。

此书主要教授的内容有：图画是什么、为什么要学图画、中学生应习什样的画法、中学生应描什样的题材、图画的用具、姿势与位置、眼的准备、手的准备、学画的方针、画的看法、画的派别、三种的绘画、工致的绘画、模糊的绘画、奇形的绘画、形的描法、色的描法、图案画法、水彩画法、用器画序说、平面几何画法、投影画法等。

（五）世界书局编辑出版的美术教科书

《高中师范教本小学教师应用美术》

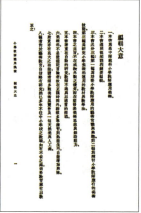

图 4-2-13　俞寄凡编著《高中师范教本小学教师应用美术》，上海世界书局，1933 年

《高中师范教本小学教师应用美术》于1933年（民国二十二年）6月初版，至1934年（民国二十三年）10月已发行第3版，共1册，大32开，供高中师范科小学教师应用美术教学使用。

此书"编辑大意"介绍：

本书之主旨，不在成绩外观之优劣，而在能发表美术思想与创造能力。

本书着重在自动的研究，教师不过与以适当的指导。

美术科，不是能徒诧言论者；故在正课时间外，务须多事练习，则熟能生巧，自能增加兴味。

欣赏亦有莫大之功能，读者须多观美术展览会及一切天然美与人工美。

此书共分三编，第一编培养小学教师应用的艺术常识与兴趣。其中第一章"关于艺术的常识"，内容包括：艺术是什么、艺术之起源、艺术之分类、艺术与个人及社会之关系。第二章"关于绘画的常识"，内容包括：绘画之起源、国画史略、洋画史略、最近洋画派别之略解。第三章"关于艺术教育的常识"，内容包括：艺术教育的意义、艺术教育史略。第四章"儿童心理之常识"，内容包括：研究儿童艺术心理之方法、描写的心理、方法与结果。第五章"小学校之美术科"，内容包括：图画的意义、图画之本质、直观与图画的表现、知育与图画之关系、情育与图画之关系、德育与图画之关系、图画之活用、各教科与图画之关系、图画与国民生活之关系。第六章"描画能力之启发与指导"，内容包括：描画能力之启发、图画教材与儿童之生活、描画能力之指导。

第二编练习小学教师应有的美术技能。其中第一章"单色画"，内容包括：单色画之意义、木炭画、石膏像写生、单色画之技巧、垂铅与笔竿（测棒）、明暗法与立体、明暗之强弱、线描、定着、木炭画与材料、铅笔画等。第二章"彩色画"，内容包括：各种色彩画之材料性质上的区别、水彩画、水彩画之材料与用具、水贴法、写生之法、静物写生、风景写生、人物写生等。第三章"油画"，内容包括：描写前所应注意者、材料与用具、必要的颜料、使用颜料之说明、油之种类、描写上之要点、设色之顺序、风景中之人物及动物等。第四章"图画上之三大要件"，内容包括：物体与目之距离关系、从物体的上面或下面观察、从物体的右面或左面观察、眼之复角度的视线、变更物体位置与变更眼之位置结果相同等。第五章"透视画法"，内容包括：水平线及消失点、视点及距离点、平行透视画法、成角透视画法等。第六章"图案画法"，内容包括：平面模样、模样的单位、几何形状之模样单位、自然形状的模样单位、模样之配列等。第七章"中国画法要录"，内容包括：总论、气韵、画病、点法、设色法、布局法、用笔用墨法、勾皴擦染法、临摹法、树木画法、山石画法、水泉画法、时景画法、点缀画法等。第八章"剪贴"，内容包括：静物剪贴、风景剪贴、动物剪贴、人物剪贴、图案剪贴等。第九章"塑造"，内容包括：黏土原型之制作法、雄型与雌型、石膏型之制作法、石膏塑像之制作法、洋菜型之制作法、各种塑造之图解等。

第三编研究小学美术科适用的教材与教学法。其中第一章"儿童描写上最适宜的材料"，内容包括：材料之选择标准、蜡笔之选择、蜡笔与色铅笔、蜡笔与水彩颜料、蜡笔画线等。第二章"单色之表现法"，内容包括：不用辅助线之表现法、用黑轮廓线之表现法、用同色轮廓线之表现法、无须用轮廓线之表现法、平涂的方法、手指之练习等。第三章"混色法"，内容包括：色彩怎样的映入我人之眼、原色、混色、混色法之指导等。第四章"色之观察及表现法"，内容包括：指导之必要、阳色阴色影色、黄色之二种调子、赤色之二种调子、青色之三种调子、绿色之三种调子、各种色之表现法等。第五章"调子"，内容包括：调子是什么、调子之表现法、光阴影反射、调子之指导等。第六章"静物写生"，内容包括：绘画教育上之静物写生、没有光泽的物体、稍有光泽的物体、有光泽的物体、透明的物体、软的物体与硬的物体、花卉类、叶类及果制类、背景、莫特儿之位置及选择等。第七章"构图"，内容包括：何为构图、只可有一个主眼点、主眼点不宜置于画面之正中、依据区分面积之构图、天秤状之构图、金字塔形之构图、S字形及涡线状之构图、构图上之注意等。第八章"室外写生"，内容包括：绘画教育上之室外写生、室外写生之准备、构图之采取、被写物与画者之距离、省略、远景中景近景、室外写生之注意等。第九章"指导上之要点"，内容包括：记忆画与写生画、记忆画之指导、写生画之指导、用器画之指导、图案画之指导等。第十章"剪贴与塑造"，内容包括：艺术教育之主张与工作科、综合图画工作之美术科、英国小学之剪贴、德国小学之剪贴、法国小学之剪贴、剪贴的材料与工具、塑造之价值、塑造的材料与工具等。

（六）开华书局编辑出版的美术教科书

1929年8月，高尔松、高尔柏兄弟在上海福州路创办平凡书店，主要出版发行自己和其他人士的著作译本，包括《社会科学大纲》《社会主义大纲》《唯物史观大纲》《列宁主义基础》等进步书籍。不久，国民党政府以书店宣传"赤化"为由，通过租界工部局横加封闭，没收大批书籍。高尔松、高尔柏将平凡书店更名为开华书局，继续出版事业。但开华书局后又以同样理由被工部局关停。于是，他们又创办中学生书局，主要出版中学语文、历史教科书。

《实际的小学美术教学法》

图 4-2-14 刘社延编著《实际的小学美术教学法》，上海开华书局，1935 年

《实际的小学美术教学法》于1935年（民国二十四年）3月初版，共1册，32开，是由开华书局编辑出版的"实际的小学教育丛书"中的一本。

丛书"编辑旨趣"指出：

教育者如只注意教育理论的研究，而不注意教育事实的体验，那对于教育的设施，是没有什么把握的。反过来说，如只注意教育事实的改进，而没有适当的教育理论可资依据，仍不免盲人骑瞎马的危险。可是一般教育者的情形怎样？我们可以知道，许许多多研究教育或从事教育的人，他们多喜欢高谈教育理论，忽略了教育的事实问题。而坊间所出版的教育书籍，更是理论多而事实少。所以师范生研究教育的时候，只能得到抽象的原理原则，不能得到应用原理原则的具体方法；小学教师从事教育的时候，也只是依样画葫芦的做，很少具体而有效的方法，可资模仿和应用；教育视导人员视导的时候，更找不到实际的材料和具体的方法，作为视导的参考。因此我们觉得要谋小学教育的改进，除去要注意教育理论的研究外，尤要注意教育实际材料的供给，教育实际方法的介绍，教育实际问题的讨论，以应目前小学教育界迫切的需要。我们认定了这一点，所以不揣浅薄，决定来编这一套实际的小学教育丛书。以贡献给小学教育同志。

本丛书的重要使命，在解决小学教育上各种重要问题，指示改进及实施的途径。我们在编辑的时候，除注意教育理论的根据外，更特别注意实际材料的搜集与整理，具体方法的介绍与应用，实际问题的研究与讨论，务使读者每读一本书，可以找到他所需要的材料与方法而能实地应用起来。这是我们的理想，也就是我们努力的途径。

此外本丛书，除研究各种教育问题外，对于各种教育问题研究的方法，直接间接也有很多的指示，这是希望读者特别注意的。

此书共有八章。其中第一章美术科的沿革，内容包括：引言、不列科目时期、可有可无时期、确定为图画科时期、由图画改为形象艺术、现在的名称——美术等。第二章美术科教学的目标，内容包括：目标的演进、目标的含义等。第三章美术科的教材，内容包括：教材的演进、教材的选择、教材的范围等。第四章儿童的美术心理和能力，内容包括：儿童对于色彩上的好恶、欣赏心理、发表心理、儿童作画的能力、男女儿童绘画上的差异等。第五章美术科的教学法，内容包括：教学方法的演进、教学的过程、欣赏教学的方法、发表教学的方法、研究教学的方法等。第六章教学实例，内容包括：低年级的教学实例、中年级的教学实例、高年级的教学实例等。第七章成绩品处理，内容包括：成绩品的批评与订正、成绩品的考查、成绩品的保存等。第八章设备和教具，内容包括：教室设备、环境设备、教具等。

（七）亚细亚书局编辑出版的图画教科书

《亚细亚图画教本》

4-2-15

图 4-2-15　沈子丞编绘《亚细亚图画教本》，上海亚细亚书局，1932 年

《亚细亚图画教本》于1932年（民国二十一年）7月初版，共6册，24开，供初级中学作为图画教本或自修时临摹使用。

沈子丞（1904—1996），原名德坚，别名之淳，号听蛙翁，浙江嘉兴人。早年就职于上海中华书局，任编辑所图画部主任。1949年后曾任中共一大纪念馆副馆长。1957年后一度在苏州市工艺美术研究所任顾问。1976年曾在江苏省东台县（今东台市）工艺品总厂工作。擅长人物、山水，笔墨静雅，气格清和。曾任上海市文史研究馆馆员、上海中国画院画师。出版有《历代论画名著汇编》《沈子丞书画集》等。

此书"例言"介绍：

本书图画种类，包含：铅笔画，钢笔画，毛笔画，水彩画，及图案画等，凡学者在本学期所应学的，无不选择最适当而必要的教材，依照学习上的程序，按次排列。

本书对于论理，观察，实习三者并重。关于图画之各种要点，——形体练习的基本智识，如透视，光线，投影，以及色彩等——均有浅显的说明，以期学者能澈底了解，俾实地写生时，可以自由应用。但又力避呆板，故采取最新颖而有兴趣的方法，启发个人本能的表现力，引起自动创作的趣味；在每幅正图之外，又附加副图多种，以供写生的参考；每卷中，又插入名家作品数幅，以资学者的研究和欣赏，俾可增进美的鉴赏力。

此书第四至六册内容不详，其他分册主要教授的内容如下。

第一册：书（铅笔画）、透视（论理）、箱（铅笔画）、桶·莱菔（铅笔画）；光和明暗的关系（论理）、瓷瓶（单色平涂）（写生参考）、壶·瓶·杯（铅笔画）；影·倒影（论理）、圆柱之阴影（钢笔画）（参考图）、倒影（钢笔画）（写生参考）、银杏（铅笔画·单色平涂·黑白画）、运动用具（铅笔水彩）、昆虫之种种（写生参考）、梅花（毛笔画）、水仙花（铅笔水彩）、燕子花（钢笔画·铅笔画·单色平涂）；位置和背景（论理）、萝卜（两色画）、机·书本·瓮（写生参考）、画具（毛笔两色画）、犬（钢笔画）、犬之起稿法（参考图）、雀·及其起稿法（钢笔画）；图案的意义（论理）、图案画（四方连续之起稿法）、图案画（便化）、两色图案画等。

第二册：色轮（参考图）、色彩（论理）、火柴盒（水彩画）、书籍（铅笔画）、壶（铅笔画）、苹果（水彩画）、篮果（铅笔画）、胡瓜（钢笔淡彩）；植物写生（论理）、叶之变化（铅笔画）（参考图）、桔梗·瞿麦（水彩画）、截取法作例（参考图）、山茶花（水彩画）；动物写生（论理）、鸽（铅笔画）、鸟翼之变化（钢笔画）（参考图）、鸡（铅笔画）、鸟类之种种（铅笔画）（参考图）、骆驼（铅笔画·毛笔速写）、狮（铅笔画）、兽类之种种（铅笔画）（参考图）；速写（论理）、兽类速写作例（毛笔画）（参考图）；范围模样（论理）、范围模样作法例图（单色图案）、二方连续·四方连续作法例图（单色图案）、立体图案（采取自然物形状作例）等。

第三册：图案（铅笔画）、树木（论理）、树干及树枝（铅笔画）、树木（单色平涂）、树木的远近法（钢笔画）；说明、风景（铅笔水彩）、熊（铅笔画）、猫（铅笔画）、猫之各种姿态（毛笔画）、鸡（钢笔画）、鸡群（铅笔画）、鸳鸯（毛笔画）；说明、玻璃瓶（水彩画）、小鸟（铅笔画）、无花果（铅笔淡彩）、萱花（水彩画）；人物画之初步练习（论理）、眼·嘴（铅笔画）（练习图）、耳·鼻（铅笔画）（练习图）、手（铅笔画·钢笔画）（练习图）、脚（铅笔画·钢笔画）（练习图）；花之象征（论理）、蝶之图案化应用（彩色图案）、自然物形体之应用（单色图案）、连续图案举例（单色图案）等。

（八）新亚书店编辑出版的美术教科书

1927年，陈邦桢在上海创办新亚书店。新亚书店自成立后，出版了一系列教育挂图、挂表及中小学美术劳作教本。

（1）《新式画范本》

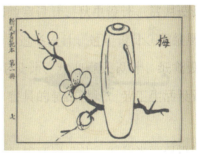

图4-2-16 王念航绘画，陈华编《新式画范本》，上海新亚书店，1932年第10版

《新式画范本》于1929年（民国十八年）4月初版，至1932年（民国二十一年）6月已发行第10版，共4册，64开，每册有15至16幅图，供现代小学校教授习画使用。

王念航（1892—1972），江苏江阴人。毕业于上海技术专修学校。曾在江阴担任小学教师和校长。王念航一生热爱教育事业，于1916年创办了江阴四明书店。后来到上海新亚书店工作，1944年兼任上海新华印刷公司经理，1956年被任命为上海市第二印刷公司副经理。

此书"例言"介绍：

本书画法极简单，编制又完美，深合现代儿童心理美术之天趣。

本书绘有人物、风景、山水、翎毛、花果，各式新颖，笔法优美。

各册中插入黑影画及广告图案画数幅，更使儿童学画之欣趣。

本书教材均取本国画，学生购备，可以引起学者之爱国。

此书主要教授的内容如下。

第一册：党国旗、桶、壶、笔筒西书、菱莲、茶壶、梅、梨、竹、柿、鸟、鱼、花、村等。

第二册：孙文、梨、蝶、茄子、手、足、兰花、船、鸡、萝卜、犬、山茶、雀、人、马（黑影画）、壶等。

第三册：石榴、洋狗、夫哥西亚花（译音）、画眉、芙蓉、猫、佛手、鹤、兔（黑影画）、马、牵牛花、风景、桃花、图案、农家（黑影画）等。

第四册：角隅图案（一）、角隅图案（二）、水仙、小孩、花卉、百合花、鸡、六角形图案、天竹、人物（黑影画）、船行、菊、花卉（黑影画）、虎、工厂、方形图案等。

（2）《墨影画》

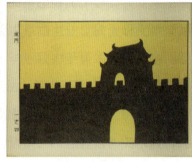

4-2-17

图4-2-17 张慧雄编辑，沈士秋校订《墨影画》，上海新亚书店，1933年

《墨影画》于1933年（民国二十二年）3月初版，共4册，32开，每册有15至16幅图，供小学和完全小学教授习画使用。

此书主要教授的内容如下。

第一册：萝卜、双蝶、山峰、城门、凉亭、小洋房、飞机、丛林、小麻雀、宝塔、牧童、读者、江干、骆驼、骑兵等。

第二册：金鱼、郊外、都市、鸟、炮车、窗下独葵、古阁、岩崖、前门、书斋、寺外、对话、汽车、跳栏、竹、偶耕等。

第三册：鹅、桐月、童话、长城、雉鸡、冲锋、野渡、归雁、和平之神、踢球、鸟、湖口、侦敌、军人、货轮、飞奔等。

第四册：教室、图案、耕种、海帆、对鸡、清洁、鹭影、巡查车、好鸟、休息、双雁、儿戏、音乐队、启程、私计、冲锋等。

（3）《图画范本》

4-2-18

图4-2-18　沈士秋编绘，张眉孙校阅《图画范本》，上海新亚书店，1932年第4版

《图画范本》初版时间不详，至1932年（民国二十一年）8月已发行第4版，共6册，每册有24幅图，32开，供初级小学、高级小学教授习画使用。

张眉孙（1894—1973），号麋公。浙江海宁人。现代水彩画家。1917年，协助美术教育家周湘开办中华美术专门学校。1924年与友人合办大华美术公司，并组织上海美术绘画学社。1928年任上海市教育局艺术视察。1937年上海沦陷后，迁居租界以教学和卖画为生。1945年抗战胜利后，进上海市立美术馆工作。曾在上海美术专科学校及清心女子中学、坤范女子中学、明德女子中学、怀文女子中学等任教，又在上海《申报》、《儿童晨报》、新亚书店等主持图画方面的编务。新中国成立后，先后任学林书店、新美术出版社、上海人民美术出版社编辑。晚年被聘为上海文史馆馆员、中国美术家协会会员。

此书主要教授的内容如下。

第一册：升、远景、兔、镜子、海、钢笔尖、荷花、秋云、鹅、看报、洋房图案、小桥、草帽、云、香蕉、博士、图案、秋叶、茶、路、花、狗、小溪、盼归等。

第二册：顺风、儿童小帽、骆驼、山村、巡警、蝶、顽皮、树林、乒乓球、枇杷、花边花角、睡猫、山溪泉流、鸭、乡、石榴、吃、铅桶拖布、外国花、奔兔、画具、孟宗哭竹、大树、归家等。

第三册：印匣、蜗居、儿戏、梅花、百合、松、小鱼、塔、乡妇、图案花、砂锅、鸵鸟、种树、花边图案、佛手、长桥、渔翁、乳虎、摄影、农家、手套、花红、地球图案、卖糖等。

第四册：毛巾、江帆、乞化、蔷薇、人头图案、蜻蜓、山路、脚踏车、笔洗、赛跑图案、笋竹、虾、岸、工笔、呢帽、远足、燕子、龙华血花公园、想（漫画）、刷发具、花、到上海去、戏猫、西施浣纱等。

第五册：飞机图案、水溪、农、桃花、犬蝶、芜菁、鱼、洗面具、劝人识字、人图案、前途、电熨、打鸟、野鸡、生梨苹果、夫妇、城外、花边、水鸟、游泳、觅食、玩具、购物、象等。

第六册：牛、菊、小车、卵、河、烟盒、飞雁、姜子牙遇文王、葡萄、别墅、姊弟、锦纹图案、黄牛、树下、孔雀、花景、栗、球鞋、广告、欢喜、归鹭、园亭、望远、看鹅等。

（4）《小学生蜡笔画》

4-2-19

图 4-2-19　蔡忱毅编绘，沈士秋校订《小学生蜡笔画》，上海新亚书店，1933 年

《小学生蜡笔画》于1933年（民国二十二年）1月初版，至1933年（民国二十二年）10月已发行第8版，共4册，64开，每册有12至13幅图，供小学教授习画使用。

此书"编者话"介绍：

教育部最近颁行的《幼稚园小学课程标准》，美术科教学要点，关于绘画的，有下面的话："发表的绘画，要以彩色为主（先用硬笔，后用软笔），非因经济缺乏等不得已的关系，不得用单色——不得已而用单色绘画时，欣赏研究等作业，仍须充分应用彩色。"儿童爱美，出于天性，教者理宜设法顺应，以引起其研究的兴趣。最重要的，先要有适当的教学工具，编者这部小画帖，就是为适应这项需要，在短时期内写成的，表面上好似投机，实在我国出版界，关于这一类的刊物太缺乏了；环顾市上，彩色绘画帖，虽不算少。大都是属于软笔的，要找几种硬笔的，那真是凤毛麟角了！因此编者在标准未颁行以前，已经编了一部《彩色铅笔画》，出版未满两月，虽已不胫而走；但为幼年儿童着想，使用蜡笔比较铅笔便利得多，所以再编此帖。

此书主要教授的内容如下。

第一册：童车、翔、瓶、鸽、雪后、柿子、市梢、飞、大鸟、木马、山麓、气球等。

第二册：山寺、庙、笼中、帆船、雪、黄瓜番茄、渡、轮船、兔子、跑马、香蕉、跳绳等。

第三册：南瓜、秋云、郊外、萝卜、玩具、青鸟、交通、静物、枇杷、橡皮猫、茶壶、蛙舞、滚铁环等。

第四册：果子、蚱蜢、小火轮、竹狗、跑狗、花、金鱼、放风筝、塔、索哺、雷雨、勇敢、汽车等。

（5）《彩色铅笔画》

4-2-20

图 4-2-20　蔡忱毅编绘，沈士秋校订《彩色铅笔画》，上海新亚书店，1932 年

《彩色铅笔画》于1932年（民国二十一年）10月初版，至1936年（民国二十五年）9月已发行第11版，共4册，每册有12幅图，32开，属于中小衔接教材。

此书"卷语头"指出：

　　彩色铅笔画和单色铅笔画不同，它不但能显出事物的色彩，并且对于构造的区别，能更进一层的表现。用具既不像水彩画那样的复杂，绘写时更不像单色画那样的干燥和单调。这种别具一格的图画，一般都公认它在艺术的兴趣培养上有很高的价值。编者这部小画集，可说是一种尝试。但在编辑之先，却抱定一种目标，以引起学者的兴趣为前提，务求获得欣赏的反应，所以搜集新颖的材料，运用简洁的笔墨，写成这部浅深递进的画集，来弥补现代出版界上的缺陷。

此书主要教授的内容如下。

第一册：陀螺、青菜、面巾、蜻蜓、月野、鱼、蝴蝶、树根、猛进、假面具、火柴、花脸等。

第二册：足球、公园、莱菔、小鸟、书和墨水瓶、乡、茶壶、不倒翁、花、白兔、颜色和书、鹦鹉等。

第三册：飞燕、村舍、虾、树、蜻蜓、公鸡、空钟、茅屋、西书、飞鸟、母鸡、西妇等。

第四册：小鸡、乡村、食品、小猫、熊、小皮鞋、食欲、柳丝、野渡、鸵鸟、树林、哭等。

（6）《剪贴与图案》

图 4-2-21　蔡忱毅编辑，沈士秋校订《剪贴与图案》，上海新亚书店，1934年

《剪贴与图案》于1934年（民国二十三年）9月初版，共4册，32开，供小学生练习剪贴与图案画使用。

此书"编辑话"指出：

　　教材是随着时代而衍进的，美术的教材，也当然不是例外。自从小学课程标准革新，关于施行新标准的新工具——教科书，教学法等——各科都已产生不少，只有美术一科，还没有见到适切的用书。编者为救济这项贫乏的需要，写成这部小册子；取材力避陈腐。虽不能处处站在前线，也还不甘于落伍。如果用作儿童的参考资料，或者于陶冶美的发表和创造的能力上，能有几分贡献；所以敢毅然付印。

此书主要教授的内容如下。

第一册：海阔天空、什么叶、只想吃、野草闲花、幽寂、那里出了岔子、有何贵干、狗走掉没有、诗人底海、古典式的花、淘气的小猴子、虫儿们不来做媒、鲜、透露光明、后面有什么、小草唯一的朋友。

第二册：牛大哥辛苦、不要动、小小的工作场、草花、怡然自得、冲、花草纵横、米吃完了、茶花、老鹰没有来呀、豪放、穷人心里的王宫、向着光明、我什么东西、浆声里、快乐之歌。

第三册：修竹、双蝶、鸭公公来了吗、它报了早晨的音信、看见老鼠没有、洗礼前的幻梦、一对宝贝、不要太高兴了、闲、净、月光下的怪东西、孔雀王后、情侣、后面快追上来了、你怨谁、奇异的伴侣。

第四册：鹣鹣蝶蝶、花花绿绿、悠游、花瓶、期待着蜂蝶儿、晨光不早了、什么东西、跳，一二三、喁啾着春光曲、懂吗、幽静，奔放、小鹦哥、路柳墙花、啊呵、热血之花、萌芽。

（7）《小学涂色轮廓画》

 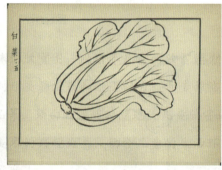

图 4-2-22 蔡忱毅编绘，沈士秋校订《小学涂色轮廓画》，上海新亚书店，1934 年

《小学涂色轮廓画》于1934年（民国二十三年）9月初版，共4册，每册各有16幅图，32开（活页），供小学第一、二学年轮廓着色使用。

此书主要教授的内容如下。

第一册：皮箱子、竹、画图的蜡笔、呢帽、白菜、红菱和黄瓜、烫衣裳的电熨、柿子、水仙花、猪、墨水瓶和吸水纸、野蔷薇花、蜻蜓、外国花、西瓜、花带等。

第二册：洋伞、狗、山茶花、芦雁和月亮、两只蜻蜓、书和小刀、鸟、杨柳树、轮船、洋装书、芦草和船、白鹅、梅花、小鱼、花带、小汽船等。

第三册：枇杷、远望的北平前门、月季花、大小铜鼓、海滨、白鹤、芜菁、老鼠吃萝卜、河边、绵羊、想吃东西的老鹰、金鱼、兔子和叶、蝶采花、坛、墙垣等。

第四册：鸭、宝塔、骑马的兵、他在看报、大风中的树林、石榴、燕子、装货的马车、青蛙、械器脚踏车、背纤、火车、柠檬杏子、萱花、锅子、酒菜等。

（8）《小学生钢笔画》

4-2-23

图 4-2-23　蔡忱毅编绘，沈士秋校订《小学生钢笔画》，上海新亚书店，1934 年

《小学生钢笔画》于1934年（民国二十三年）10月初版，册数不详，每册各有12幅图，小32开，是我国较早供小学学生学习钢笔画的教科书。

此书"编者话"介绍：

在近几年来小学校里，用着钢笔写字的时候也渐渐很多了，因为钢笔写出来笔划是一样粗细，所以在写的时候是轻而易举，不像毛笔那样费力。铅笔呢，太不清楚，而且容易模糊，所以小朋友们便很欢迎钢笔了。

编这小册子的动机，就为了便利小朋友们。钢笔画本来只适用于中等学校，适宜的理由，就是因为他们能运用钢笔，现在小朋友们用钢笔，也能像毛笔一样自然，那钢笔画当然也能适合小学生。

此书"编者话"中还提出了对钢笔画的见解：

图的构成，只靠一种色彩来表现对象的阴阳、向背、远近、主副，完全是线条的疏密错综，运用得宜，使得画面生动有致，栩栩欲活。

画法，先用铅笔构成图案的基本轮廓，参照一集第一图然后详细描准，再用钢笔画上，候墨水干后，用橡皮揩去铅笔痕迹，便告完成。

此书第一、四册主要教授的内容如下。

第一册：书、水仙花、呢帽、冬景、颜料、萝卜、山麓、杯子、桥前、枇杷、花瓶、乡居等。

第四册：鸭、河畔、文具、富乡、鸡、牌楼、果酒、庙、农家、鸠、月色、水乡人家等。

（9）《小学生铅笔画》

4-2-24

图 4-2-24　蔡忱毅编绘，沈士秋校订《小学生铅笔画》，上海新亚书店，1936 年第 8 版

第二节　抗日战争时期的美术、劳作教科书（1931—1945）

《小学生铅笔画》初版时间不详，至1936年（民国二十五年）1月已发行第8版，共4册，每册有16幅图，32开，供小学生学习铅笔画使用。

此书"编者话"介绍：

铅笔画是学画者必经的阶级，是各种色彩画的基础。虽然仅凭着各种线条，来表现一切的印象，却和我国固有的"素描"法相似，只要轻重浓淡适宜，自能跃现纸上，令人神往。所以在艺术上，确有十分可贵的真价值。初学绘画的人，要想对于一切绘画能有几分把握，那就非从铅笔画入手，并加充分的练习不可。铅笔画的材料简单，携手便利。只要几件东西，便可随时随地，找到画材描写，别种绘画决没有这样迅速便利。

此书主要教授的内容如下。

第一册：皮鞋、水仙、小凳、飞鸟、方形画法、飞机、梨子、台子、铅桶、树枝、小刀苹果、蛋、铅笔、长瓶、木马、火车头等。

第二册：冬树、木桶、郊外、萝卜、热水瓶、罐、道路、鹅、鸭、门口、野景、香蕉、菊花、屋角、树、狗等。

第三册：钟楼、兵舰、小阜、瓷瓶、门墙、塔、毛刷、庙、小鸟、头部画法、烛盘、藕、汽水瓶、鱼、虎头、鸡等。

第四册：匙碟、大蒜、鸽子、小猫、菱、驴子、荸荠、吐绶鸡、绵羊、鸣鸟、蝉、黄牛、猫、小囡、马、小儿等。

（10）《美丽的画宝》

图 4-2-25　沈士秋编绘，张眉孙校阅《美丽的画宝》，上海新亚书店，1930年

《美丽的画宝》于1930年（民国十九年）8月初版，至1936年（民国二十五年）2月已发行第50版，共4册，每册有33幅图，64开，供初中以下学校学生使用。

水彩画家张眉孙为此书写序：

学友士秋编绘一儿童画谱，示予曰得毋太简单乎。余曰，简单乎正合儿童意旨，非简单不能画也。当见一儿童就墙门铜环画一人面，加上一个大圆圈，一个鼻子，一只嘴就成了一个人面。这聪明的儿童利用两个铜环形成了两只巨眼，儿童的技能的确是单纯化的，决不能曲曲折折画的。今观是篇，举凡静物、风景、人物、动物，无一不具。用笔简单而生动有致，诚儿童的乐园学画之至宝也是为序。

此书介绍：

> 本书取材适合儿童环境，凡日常习见者，莫不搜罗编入。
>
> 材料丰富，凡静物、风景、动物、人物以及图案等应有尽有。
>
> 画法完全用毛笔，适应我国籍贯，可毋须另备画具。
>
> 儿童心理活泼，本书编法变换吻合儿童心理。
>
> 笔法力求单纯避免复杂，俾合儿童意旨。
>
> 本书画法由简而繁，循秩渐进，颇合初中以下儿童欣赏练习。
>
> 本书每幅画图，可以合并或分开，尽可使儿童自由练习。

此书主要教授的内容如下。

第一册：三角尺、远景、西书、钢笔尖、校门图案、草帽、鹅、晚霞、蝶、农夫、画字图案、草菊、遮光帽、夜帆、柿子辣椒、花蕊、鼠、花边图案、扇子、西湖、水仙、睡猫、花、童子军、秋云、烛、鹤、大树、博士、虾、孟宗哭竹、顺风、春柳、狗等。

第二册：茶、国花图案、生梨苹果、鸭、叶秋、巡警、文具、花、鱼、树林、钓鱼、画具、塔、梅花、燕子、广告图案、松茶、脚踏车、花红、货船、鸡、鞋头图案、柳下、孤居、灯花、笋竹、奔兔、卖糖、滑稽图案、佛手、想（漫画）、牛、儿戏等。

第三册：墨水瓶、枇杷、图案字、猪、路、盼归、铅桶拖布、芜菁、图案、犬蝶、劝人识字、上学、呢帽、花图案、葡萄、乳虎、山村、打鸟、旗、牡丹、野鸡、山路、中西合装、刷发具、蔷薇、归鹭、水溪、西施浣纱、毛巾、月下、花边花角、戏猫、游泳等。

第四册：伞、百合、骡子、野营、广告、到上海去、石榴、玩具、飞雁、战、菊、农家、吃、球鞋、桃花、黄牛、花边、雪、农、电熨、栗、孔雀、锦文图案、园亭、洗面具、归家、岸、卵、小车、赛跑、烟盆、河、摄影、欢喜等。

（11）《学生铅笔画》

4-2-26

图 4-2-26 蔡忱毅编绘，沈士秋校订《学生铅笔画》，上海新亚书店，1936 年第 10 版

《学生铅笔画》初版时间不详，至1936年（民国二十五年）2月已发行第10版，共4册，每册有11至13幅图，64开，供小学校学生使用。

此书主要教授的内容如下。

第一册：蒲扇、海帆、斧、书、冬笋、城垣、兰花、文具、箱子、莱菔、小鸟等。

第二册：手、匙、梅花、鲶鱼、铅桶、橘子、残冬、玩具、枇杷、夏色、蝶、枪、池塘等。

第三册：香蕉、瓶、屋角、鳜鱼、果子、瓷瓶、木梳、乡居、荸荠、香炉、竹叶青、村野、獐等。

第四册：小鸭、茶壶、暮景、木头、白头翁、莲蓬、竹篮、雁、水乡、马、小孩、河畔、老人等。

（12）《小学生水彩画》

4-2-27

图4-2-27　沈士秋编绘，张眉孙校阅《小学生水彩画》，上海新亚书店，1936年第10版

《小学生水彩画》初版时间不详，至1936年（民国二十五年）4月已发行第10版，共4册，每册有11幅图，64开，供小学校学生使用。

此书"水彩画要旨"指出：

水彩画比较铅笔画、毛笔画、钢笔等较有兴趣，但是也比较深一点，所以在学画的次序，必须先从铅笔画、毛笔画起始，再进为水彩画。

此书主要教授的内容如下。

第一册：枫叶、铃、青竹桃花、鹅、佛手、前进、夏景、花瓶和书、南天竹、小鱼、跳绳等。

第二册：生梨荸荠、扁舟一叶、黄犬、牵牛花、蜻蜓、洋囝囝、萝卜青菜、画眉、茶具、轮船、水壶等。

第三册：电灯、出游、西瓜蒲扇、蔷薇花、象、代步、玫瑰花、秋景、飞燕、墨水瓶钢笔、古装等。

第四册：玩具、荷花、苹果、乡村、鹦哥、公鸡、红秋葵、雪后、汽车、小狗、战争等。

（13）《活页习画帖》

4-2-28

图4-2-28　张慧雄编绘，沈士秋校订《活页习画帖》，上海新亚书店，1933年

《活页习画帖》于1933年（民国二十二年）1月初版，共4册，每册有32幅图，32开，供初级小学学生使用。

此书主要教授的内容如下。

第一帙（册）：旗、圆圆、新月、荒野、扑满、兔、枫叶、拖鞋、蜜橘、江帆、灯笼、铅桶、毛笔、凉亭、方盒、庖刀、梨、书、九一八痕迹、江舟、砚台、茶碗、夜航、瓶、水盂、雁、萝卜、小帽、河道、小鸟、雪人、呢帽等。

第二帙（册）：铃、山脚、枇杷、扫帚和畚箕、花瓶、蝶、夜景、飞艇、猫、汤匙、拖粪、鼠、郊外、水桶、青菜、残冬、电灯、足球、瓶、小鸡、花蕊、鸡、香蕉和苹果、荒乡、兔子、静物、图案、柿子、凫、印度人、吕宋帽、瓶花等。

第三帙（册）：茶壶、海滩、黄瓜和茄子、兰、蜻蜓、残花、皮鞋、孔雀、江岸、赛跑姿势、笔洗、图案、熊、山茶、鹅、书包、跑狗、蝉、舞、美羹、孤舟、黄牛、鸭、牵牛花、鲤鱼、独树、渔翁、骆驼、早操、大树、白种人、兵士等。

第四帙（册）：桃子、手、扁豆、山居、漱口用具、奔马、图案、落伍的童装、图案、玉兰、山顶、鹭鸶、兵舰、小东洋人、运动、麻雀、鹿、寂乡、鹦鹉、长跑、金鱼、脚踏车、农家、飞机、坦克车、猛虎、现代的童装、前进、上工、杀敌、狮子、奔驰等。

（14）《新派画范本》

图4-2-29 蔡忱毅编绘，陈华编订《新派画范本》，上海新亚书店，1929年

《新派画范本》于1929年（民国十八年）12月初版，至1932年（民国二十一年）11月已发行第15版，共2册，每册有21幅图，32开，供高级小学学生自修及教师教授使用。

此书"编辑大意"介绍：

本书内容，有山水、人物、花鸟、动物等，无不应有尽有，完全陶养儿童天真，启迪其审美观念。并每册中插入钢笔画数张，更使学画者之有趣。书用木造纸五彩精印，装订极美，合购分购，均可随意。

此书主要教授的内容如下。

第一册：小孩、雀、萝卜、鼠、文具、小狗、小鸟、蝴蝶、百合荸荠、龙虾、山水、鱼、小猫、蜂、兔、桑叶蚕蛾、雁、碗、菊花、花盆花瓶、绵羊等。

第二册：鱼翁、鹿、鱼、飞雁、松鼠、草蜢、西瓜、文具、大树、象、秋虫、玻璃杯、花篮、孔雀、蝉、狮子、罗鱼、树鸟、果篮、汽车、牛等。

（15）《新时代图画范本》

4-2-30

图4-2-30　谢曼绘图，陈华编订《新时代图画范本》，上海新亚书店，1930年

《新时代图画范本》于1930年（民国十九年）7月初版，共2册，每册有26幅图，32开。此书为适应新时代中小学学生研究形象艺术之需要而编著。

此书"编辑大意"介绍：

本书以高级小学及初级中学之程度为依据，故最适合于初级中学及高级小学学生及教师参考之用。

本书既可为学生自习之用，复可为教师作为教材之用，故编著对于两方面都尽量顾及。

本书内容之各种图画皆力求其兼备，故钢笔画，毛笔画，点画，曲线画，版画，图案画……各参刊数种，以求详尽；其各式画法，亦力求其完备新进。

此书主要教授的内容如下。

第一册：黑和白（雪景）、赏月、波浪、花的式样（图案画）、鱼、小猫、冬景（远近法）、玉蜀黍、山茶、放风筝、春景（透视法）、石、表情、帽、茶壶、梅花的画法、墨水、葡萄、期待、苹果、风、梅干、烟、古城、母亲、竹干等。

第二册：炸、女人的手、脚（一）、脚（二）、人体、人体美、人体速写、汽车、和谐、画、奏、读、嗔、欣赏、表情、点画、凝视、影画、行人、晚景、山屋和海轮、夏景、装饰画、骑、春意、沉醉等。

（16）《活页习画帖》

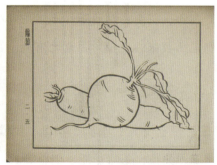

4-2-31

图4-2-31　沈士秋编绘《活页习画帖》，上海新亚书店，1932年第4版

《活页习画帖》（又名《活页图画范本》）初版时间不详，至1932年（民国二十一年）10月已发行第4版，共2册，每册有30幅图，16开（活页），供高级小学学生使用。

此书"编辑大意"介绍：

本范本根据最新课程标准编辑，全书分订上下两厚册，共计图画六十幅。举凡人物、山水、花鸟、虫鱼无不应有尽有，极合陶养儿童天真，启迪儿童审美观念之用。

本范本不仅使儿童徒供绘画，尤在激发儿童之爱国思想，特编绘时事画，如马占山将军之忠勇卫国等类，均酌量加入，尤为特色。

本范本之画法，由浅入深，循序渐进，极合小学校习画之用。初学者手持一本，既不感觉艰深，即造诣较高者，亦可作楷模，诚属良好之图画范本。

此书主要教授的内容如下。

上册：残冬、我们的仇敌、纸折的老人、蜻蜓、竹、橘子、上学、白堤帆舟、燕子、水壶、梅花、孙中山先生、草屋、蝉、演说、苹果、扫除、和平、山茶花、公鸡、河浜、树下、网球拍、螳螂、百合花、热茶老菱、远烟、鹤、小军人、天真等。

下册：清洁、国旗、小港、雁、萝卜、金鱼、松、铜像、黄牛、军帽、山脚凉亭、葡萄、鹦鹉、勤劳的农人、洗澡、月季花、石桥、青蛙、玉兰、花瓶扇子、足球、麻雀、古庙、杜鹃花、马占山将军、海帆、菊花、出游、母鸡、哭笑等。

（17）《小学高年级蜡笔画范本》

4-2-32

图4-2-32　作者不详《小学高年级蜡笔画范本》，上海新亚书店，1936年

《小学高年级蜡笔画范本》于1936年（民国二十五年）7月初版，共4册，每册有10幅图，32开，供小学高年级学生使用。

此书主要教授的内容如下。

第一册：香蕉和橘子、春郊、文具和西书、排雪火车、书籍、花卉、兔、游艇、梵哑铃、骆驼等。

第二册：金鱼、水蜜桃、秋色、汽车墨水钢笔、苹果、山羊、猎犬、汽车、茶杯和漱口杯、虎等。

第三册：狮、坛和苹果、火车、金丝雀和太阳鸟、花卉、雄鸡、樱桃和梨、狗、汽车和飞机、电车等。

第四册：果品、猪、桥、袋鼠和鹿、马、花卉、坦克车、牵牛花和鹦鹉、兵舰和潜水艇、火车等。

（18）《小学低年级蜡笔涂色轮廓画》

4-2-33

图 4-2-33　蔡忱毅编绘，沈士秋校订《小学低年级蜡笔涂色轮廓画》，上海新亚书店，1936 年

《小学低年级蜡笔涂色轮廓画》于1936年（民国二十五年）5月初版，共2册，每册有16幅图，32开，供小学低年级学生使用。

此书"编绘旨趣及使用法"介绍：

> 本画集依据部颁小学课程标准编绘，专供小学低年级轮廓涂色之用。
>
> 本画集系采活页式，得随时令及儿童兴趣而自由使用。
>
> 涂色为儿童描画时自由运用色彩之最初步，教者宜随时示以实物，俾正其色彩观念。
>
> 对于使用画具及运笔方法，教者宜加以相当指导。
>
> 涂色而外，对于轮廓之描画，亦应令其练习以发挥儿童本能。

此书主要教授的内容如下。

第一册：国旗、房子、枇杷、汽车、金鱼、兔子吃萝卜、石榴、房子、狗、小火轮、猫、海棠花、休息、开汽车、小洋房、抱囝囝等。

第二册：房子、鱼、飞虫、麻雀、树木、花、小狗、水果、兔子、党国旗、军舰、花、猫、车、小孩、孩子等。

（19）《小学中年级蜡笔画范本》

4-2-34

图 4-2-34　作者不详《小学中年级蜡笔画范本》，上海新亚书店，1936 年

《小学中年级蜡笔画范本》于1936年（民国二十五年）5月初版，共4册，每册有10幅图，16

开，供小学中年级学生使用。

此书主要教授的内容如下。

第一册：莱菔、万年青、伽蓝鸟、春色、汽车、陀螺、香蕉、河马、冬笋、洋物等。

第二册：桃子、泥狗、乡路、凤蝶、玩具车、花卉、茶壶、丽春花、玩具和书、枫树等。

第三册：洋房、西瓜、橘子、海滨、军舰、苹果、蜻蜓、郁金香、槭树叶、鹦鹉等。

第四册：栗子、木鸟、慈姑、腊红、玩具火车、花卉、小孩、电车、山茶花、乔装等。

（20）《小学低年级蜡笔画范本》

4-2-35

图 4-2-35 作者不详《小学低年级蜡笔画范本》，上海新亚书店，1936 年第 2 版

《小学低年级蜡笔画范本》初版时间不详，至1936年（民国二十五年）7月已发行第2版，共4册，64开，每册有12幅图，供小学低年级学生使用。

此书"序言"指出：

假使一个人完全没有爱美的思想和审美的能力，我们试想，他的生活是多么枯燥、单调呢？人生的真趣，决非他们所可梦期的。因此培养儿童爱美的思想和审美的能力，是贤明的教师和家长们一件很重要的工作。

讲到培养，一方面固然应把世界上艺术名作做范例，示导儿童怎样才是真美，一方面也应叫儿童亲自去练习体验，而随时加以订正和指导，使他能自由发展天赋的才能，或者从这方面获得的利益更大。

"序言"还提出关于蜡笔画的观点：

关于低年级儿童练习的图画所用的材料，我觉得蜡笔是很适用的。蜡笔有种种色彩，因而蜡笔画不如铅笔画单调，从这里还可使儿童知道怎样调配颜色，才能使作品美丽。蜡笔的运用，又是非常简便，四五岁的儿童就会用来作画。至于我编这部小书的动机，无非示一些蜡笔画的范例，以帮助初学画的儿童，使他们先从临摹上得到作画的技能。当然，有了相当技能后，我们应该鼓励儿童自由作画不要常去模仿已成的作品。

此书主要教授的内容如下。

第一册：书、书桌、认清日本国旗、皮包、枪、村舍、香蕉、盆景、西书、野炮、猪、白兔等。

第二册：伞、童子军帽、青果橘子、雁、军帽、小鸭、洗面具、皮鞋、日本人穿的木屐、木制火车头、小孩、农家等。

第三册：国旗、呢帽、电灯、茅舍、小鸡、军舰、坦克车、羊、母鸡、香烟盆、小火轮、孩儿和飞机等。

第四册：闹钟、青蛙、老树、马、麻雀、汽车、不倒翁、飞机帽、鹤、日本妇人服装、垦植、火车和放地笼等。

（21）《水彩画教本》

图 4-2-36　蔡忱毅绘图，沈士秋撰说，徐悲鸿校阅《水彩画教本》，上海新亚书店，1932 年

《水彩画教本》于1932年（民国二十一年）1月初版，1933年（民国二十二年）10月修订第10版，共4册，每册有8幅图，16开。此书前两册以静物写生为主，后两册渐涉及人体写生及风景画等，程度由浅入深，供中等学校教本及自修使用。

此书"编辑大意"介绍：

本书对于水彩画的理论与实际，设色与光暗，均能增进学者的审美观念，作艺术上的修养而诱起其自动摹写的兴味。

绘画史上，由艺术表现的不同，而有写实、印象、浪漫、未来各派的分别；主意高超，各极其诣，但不足以语初学者。故本书所列之图，不敢过于新奇，亦不墨守旧法，率皆平正可学，以便学者。

本书所收材料，颇为平均，不论静物、动物、人体、风景，均各备一格，以期学者得此，对于种种事物之形态，均收实际观察与描写之经验。

本书于第一册有水彩要旨一篇，详述工具及法则，作概括的讨论，以饷读者。

本书各图，均有极详细之说明，备述画意、画理、画法等各要点，以便学者按图讨究。

本书每彩图一幅，均附有轮廓图一幅，以指导构图之方法，俾学者易于领悟。

此书主要教授的内容如下。

第一册：调色表、池莲、绣球花、茶壶与杯、笋与萝卜、瓶与花、香蕉、小鸟等。

第二册：菊、鱼虾、马、墨水瓶及纸、西瓜、春郊、莱菔、篮花等。

第三册：瓶与水盂、书、海船、朝颜、小鸟、池、鲹、秋野等。

第四册：航空、鱼、虾与蟹、苹果与酒樽、野之霁雪、鸡、白兔、海船等。

（22）《现代图案画》

图 4-2-37　沈士秋绘图，张眉孙校阅《现代图案画》，上海新亚书店，1932 年

《现代图案画》于1932年（民国二十一年）3月初版，1933年（民国二十二年）3月发行第2版，共2册，每册有24幅图，16开，用五彩精印，供初级中学与高级小学学生使用。

此书"编辑说明"介绍：

　　本图根据最新课程标编绘，举凡飞禽，走兽，花鸟，虫鱼等，无不收罗殆尽。画法由简而繁，引人入胜。

　　本图为用甚广，不独集图案之大成，即以此为黑白画之范本，亦甚合宜，而用此图作为剪纸手工之教材，使学者按图剪纸依式黏贴，尤为合宜。

此书主要教授的内容如下。

上册：犬、菊花、人影、枇杷、灯光、戏球、图案字、竹、地毯织物、猪、鸡、归家、春松、小狗、飞机、小学生、黄牛、山、网球、归来、远行、摄影等。

下册：文具、乡居、橘子、金鱼、麦、葡萄、鹅、春、月下、都市乡村、上街去、交通、蝶、雁、夜雪、海帆、伞下、雪后、休息、遥望、瓶、山居等。

（23）《钢笔画教本》

图 4-2-38　张慧雄编绘，沈士秋校阅《钢笔画教本》，上海新亚书店，1933 年

《钢笔画教本》于1933年（民国二十二年）4月初版，共4册，每册有10幅图，16开，供中等学校学生使用。

此书"钢笔画法举要"指出：

　　钢笔画是单色画的一种。画面的构成，只靠一种色彩来表现。对象的阴阳，向背，远近，主副，完全是线条的疏密，错综，运用得宜；使得画面生动有致，栩栩欲活。

在作画之先，务要确定何种对象是画面的主要点，或中心点；再估量着有几许物景，须把它容纳在所绘范围之内。有了成竹在胸，然后下笔，自然结果美满。

取景既定，先用铅笔描写轮廓；把对象的基本直线形，来构成基本的轮廓，再在直线的周围，写成对象的草图。那么整个的轮廓自然准确。

轮廓既成，然后着手用钢笔绘画，先画对象的外形，次再留光衬影。至于线条的纵横，粗细，疏密，须随物景而分别运用。

此书主要教授的内容如下。

第一册：皮包、执笔、芦舟、休息、乘风破浪、战后、吠、茅舍、整冠、溪畔等。

第二册：咖啡、美味两色、书桌上（一）、扁舟一叶、枝头小鸟、归樵、萝卜、古寺之前、骆驼、乡居一瞥等。

第三册：阴谋、一寸光阴、飞瀑、差堪醉饱、翱翔、道旁、倦鸟归塔、优游、一对、红鱼黄花等。

第四册：亭畔野渡、任重道远、闲望、饭香时节、佳偶、奔驰、书桌上（二）、慈母之爱、凝视、伴侣等。

（24）《铅笔画教本》

4-2-39

图 4-2-39　蔡忱毅编绘，沈士秋校阅《铅笔画教本》，上海新亚书店，1936 年第 11 版

《铅笔画教本》初版时间不详，至1936年（民国二十五年）3月已发行第11版，共4册，每册有10幅图，16开，适合高级小学或中等学校学生欣赏或习作使用。

此书"编辑大意"介绍：

本集内选辑教材，悉系写生而来，绝无理想错误之弊。

本集材料以风景、静物、人物、动物均平常习见者，尤便初学。

本集编绘注重笔法，无论描写衬笔，以及物质的表现，光影的写法，学者按图索骥，不难豁然贯通也。

本集以引导写生为主，习练初步描写为辅，尽可活用。

此书主要教授的内容如下。

第一册：画法（一）、画法（二）、皴法、眼镜、草屋、帽和书、蔬菜、牵牛花、石桥、母鸡等。

第二册：郊外、树影、葡萄、西书、楼台、小鸟、静物、乡居、街道、小儿等。

第三册：屋角、月季花、苹果、木桥、池畔、乡景、大树、亭子、犬、劳动等。

第四册：牌楼、街道、萝卜、草舍、花、鸭、菊花、乡村、风中、老人等。

（25）《小学美术教材及教法》

图 4-2-40　王士林编《小学美术教材及教法》，上海新亚书店，1936 年

《小学美术教材及教法》于1936年（民国二十五年）5月初版，共1册，32开，供小学美术教师使用。

此书是新亚书店编辑出版的"小学教师进修丛书"中的一本，丛书主编是中国教育研究社。此书"小学教师进修丛书编辑缘起"指出：

> 本丛书的重要目的在介绍有效的教育方法，供给具体的教育资料，讨论实际的教育问题，使一般小学教师研究实施的时候，有所依据，以增进研究的兴趣，和工作的效能。

此书共八章。其中第一章小学美术教材之研究（一），内容包括小学美术教材的范围、小学美术教材的选择、小学美术教材的排列、小学美术教材的分配、小学美术教材的试验研究等。第二章小学美术教材之研究（二），内容包括各学年欣赏教材的纲领、各学年发表教材的纲领、各学年研究教材的纲领等。第三章小学美术教材之研究（三），内容包括利用自然物的教材和利用的方法、利用废物的教材和利用的方法、小学美术教材的运用等。第四章小学美术教学法之研究（一），内容包括欣赏教学法（欣赏教学的目的、欣赏教学的课程）等。第五章小学美术教学法之研究（二），内容包括发表教学法（发表教学的目的、发表教学的方法）等。第六章小学美术教学法之研究（三），内容包括研究教学法（研究教学的目的、研究教学的方法、研究教学的过程、研究教学的实例）等。第七章小学美术成绩考查问题，内容包括欣赏成绩考查的方法、发表成绩考查的方法、研究成绩考查的方法等。第八章小学美术科的设备问题。

此外，书后附录中还提供了一些研究问题，如：小学美术科的乡土教材怎样搜集，调查一个小学校儿童欢喜欣赏、欢喜发表的材料，做一个写生画教学的方案，怎样搜集儿童欣赏的材料，怎样保存儿童的发表成绩，怎样训练儿童的观察力，怎样训练儿童发表时的清洁，怎样引起儿童学习美术的兴趣，怎样教低年级儿童学习美术，怎样搜集废物并利用为教材，等等。

（九）形象艺术社编辑出版的美术教科书

（1）《新美术画帖》

图 4-2-41　朱凤竹编绘《新美术画帖》，上海形象艺术社，1936年第6版

《新美术画帖》初版时间不详，至1936年（民国二十五年）2月已发行第6版，共4册，有22幅图，64开，供小学校学生使用。

此书第一至三册内容不详。第四册主要教授的内容有：橘、瓷坛、马、胡瓜、皮鞋洋伞、竹、蟹菊、萱花、垂钓、虎耳草、茶壶茶杯、葡萄、青菜锅、樱桃、螳螂、积雪、骡、连续图案、汽船、群雀、冬笋、秋海棠、负担等。

（2）《学生蜡笔画》

 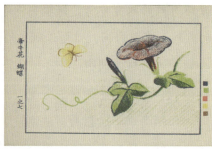

图 4-2-42　朱凤竹编绘《学生蜡笔画》，上海形象艺术社，1934年第2版

《学生蜡笔画》初版时间不详，1935年（民国二十四年）9月已发行第3版，共4册，每册有10幅图，64开，供小学生使用。

本书提出书中图画可以"改用彩色铅笔来画"，且此书"编辑大意"介绍：

你若学过水彩画的把平涂来代线条，本书又可作为一部极好的水彩画范本。

本书每幅所用的色笔，少的只有三种，多的也仅五种，而变化使用，仿佛有无数的颜色，这是本书的特点。

此书主要教授的内容如下。

第一册：国旗、折扇、扫叶、兰花、兔子、杨梅、藕、牵牛花、蝴蝶、茅亭、石榴与香蕉、帆船等。

第二册：老鼠偷油、枫林、兔灯、萝卜瓦钵、溪桥、扑萤、切瓜、伞、鹦鹉、归去等。

第三册：香炉苹果、鲣鱼、促织黄瓜、老翁、鸡啼、黄鱼枇杷、江轮、猫蝶、书菊、夜月等。

第四册：砚盂、金鱼、花盆喷壶、飞机、旭日、玉米、北瓜、菜蔬、柿葡萄、汽车等。

（3）《儿童图案剪贴集》

图 4-2-43　周吉士编著《儿童图案剪贴集》，上海形象艺术社，1934 年

《儿童图案剪贴集》于1934年（民国二十三年）12月初版，共4册，32开，供儿童学习图案剪贴自习使用，也可供教师参考。

此书"例言"介绍：

本书全系图案的剪贴，因图案大都平涂，故将剪贴来替代平涂作图案，是异常便利的。

本书编制，以图案本身为中心，由简入繁，内有平面图案、立体图案、混合图案三种。在形式上，又可分单独模样、带状模样、连续模样、散点模样、广告、织物、图案文字等，凡普遍图案，大都编入。

本书系编者创作，并经本人在苏女师小实地试用过，结果十分圆满，可说在美术上之新贡献。

此书主要教授的内容如下。

第一册：花盆（单独模样）、正方形变化（单独模样）、正方形的带状模样、小房子（风景图案）、三个正方形（散点模样）、旁皮鱼（点散模样）、燕子（方形变化）、水仙花（绘画图案）、天竹（带状模样）、小鸡觅食（带状模样）、松树（散点模样）、葡萄（绘画图案）、帆船和海岛（风景图案）、方形变化（散点模样）、六角形变化（单独模样）、蜻蜓（散点模样）、蝙蝠和月亮（绘画图案）、圆与弧的带模样、六角形的花、梅花（二种带模样）、明星（五角形变化）、六种蝴蝶（单独模样）、一朵花（三角形变化模样）等。

第二册：金鱼争食（六角形变化）、叶的图案（带状模样）、国旗（十二角形）、圆形中的三角形（三角形变化）、八角形的图案（散点模样）、大方小方（散点模样）、三角形的带状图案、四种杯的平视模样、玫瑰花（广告装饰图案）、碗上的装饰、六角形的图案（单独模样）、青蛙跳水（带状模样）、方与圆（散点模样）、叭儿狗（动物图案）、三角形和圆形的带模样、挽起手来做游戏（带状图案）、五角形的变化（单独模样）、萤火虫（不规则散点模样）、二种二角形的带模样、小孩与皮球（广告图案）、麻雀（连续模样）、飞机大检阅（四方连续）、准备杀敌（带状模样）、七巧板排成的图案等。

第三册：四种表情、花瓶衬纱（六角形变化）、鹿（织物图案）、菱形格子图案、角上的装饰、三角形的变化（四方连续）、花瓶上的装饰、鹭的接吻（带状模样）、飞艇（绘画图案）、长方和圆圈（连续模样）、黄昏时的猫头鹰、方形单独模样、落阳和瓶、小猫和老猫（动物图案）、叶和花的图案（连续模样）、枫叶（四方连续模样）、几何形折线图案、花的带模样、黑白卍字（四方连续）、四种瓶的轮廓模样、八角形的花（散点模样）、籐与影（连续模样）、叶和几何形的带模样、盒面装饰（直线和圆）等。

第四册：叶的带状模样、四种动物图案、穴中的小白兔（连续模样）、自由车比赛（带状图案）、电影（广告图案）、树（装饰图案）、书面的装饰、徒手操（连续模样）、鸟语（动物图案）、封面装饰（松鼠绵羊）、时代的车轮（圆形变化）、浮萍上的蛙（连续模样）、三种玻璃瓶的模样、逐鹿（装饰图案）、马车（人物图案）、鹅、菱形四方连续、条子衬花的图案、月下舞影（连续模样）、小朋友的肖像、秋天的叶（带状模样）、飞行军表演、两种曲线的花边、玫瑰装饰图案、四种可剪贴的文字图案等。

（4）《小学铅笔画》

4-2-44

图 4-2-44　朱凤竹编绘《小学铅笔画》，上海形象艺术社，1935 年

《小学铅笔画》于1935年（民国二十四年）5月初版，1936年（民国二十五年）1月发行第2版，册数不详，每册各有10幅图，64开，供小学学生学习铅笔画使用。

此书第一、二册主要教授的内容如下。

第一册：白菜、木马、香炉、归鸟、卧牛、竹篮萝卜、猫、麻雀、苹果热水瓶、积雪等。

第二册：西书、石桥、瓮、风炉和扇、亭子、蔷薇、鸭、老翁、渔家、驴等。

（5）《五彩剪贴画》

图 4-2-45 作者不详《五彩剪贴画》，上海形象艺术社，1936年第4版

《五彩剪贴画》初版时间不详，至1936年（民国二十五年）1月已发行第4版，共2册，每册有22至23幅图，32开，供小学生使用。

此书主要教授的内容如下。

上册：日上行舟、萝卜切刀、葫芦、牵牛花、鹦鹉、呢帽、双舟、鼠螂橄榄、菊花、牧童、石榴、洋伞雨伞、剪纸、茄子辣椒、书包石板、水桶扁担、红梅绿瓶、竹篮福橘、兵操、白鹅、气球、狗车、踢球等。

下册：跳舞、火车、骑兵、寺庙、人力车、洋鼓、洋烛火柴、蜻蜓、照镜、白兔红花、炉扇水吊、芦雁、西瓜、黄狗、牵牛鸣蝉、金鱼、折扇蕉扇、脚踏车、樱桃瓷坛、对鸡、墨水瓶吸水纸、苏武牧羊等。

（6）《剪形》

图 4-2-46 杨鸿仪编《剪形》，上海形象艺术社，1936年

《剪形》于1936年（民国二十五年）6月初版，共2册，每册有32幅图，32开，供小学生使用。

此书"剪形说明"指出：

本书各图皆属彩色的，因为印刷上的便利和经济起见，所以全用黑色印刷。图中各部分所画的横直线条，黑块细点等，都是表示颜色不同的记号，图旁皆有注明。至于记号上的1、2、3、4等数目字，是剪贴先后的顺序，教者学者都须注意。

此书主要教授的内容如下。

上册：帽、风车、手枪、锁钥、预备、觅食、钉钳、炮、凡哑林、课余、螳螂、哗叮叮、织布娘、菜刀、锯、扇、墨滚、锤、水仙花、象、鹦鹉、雪郊、牛、孤艇、奔兔、军舰、茶杯、游鱼、白头翁、双飞、姐姐、枫叶等。

下册：黄瓜、秋蝉、消暑、蟹、舞刀、鸵鸟、工作、牧童、夜行、扇帽、翠鸟、秋云、牙刷牙膏、瓶果、骆驼、蜻蜓、碗筷匙、刀和荸荠、鸟、枇杷、垂涎、萤火虫、水果、钓鱼、吐受鸡、月夜、石榴、梅花、小车、鸽、残冬、雪霁等。

（7）《我的水彩画》

 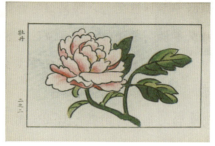

4-2-47

图 4-2-47　朱凤竹编绘《我的水彩画》，上海形象艺术社，1936 年

《我的水彩画》于1936年（民国二十五年）6月初版，册数不详，每册有10幅图，64开，供小学生使用。

此书第二至四册主要教授的内容如下。

第二册：盆松、牡丹、茶壶荸荠、红梅、鹰、麻雀、书包、双鸭、文具、雄鸡等。

第三册：莱菔青菜、石桥、篮橘双鱼、渔舟、梅花鹿、蔷薇、庙门、携手、桃花水盂、农家等。

第四册：小孩、小军人、毛笔墨汁、小猫、竹篮萝卜、烹茶、双鸽、乡村、画具、月夜泊舟等。

（8）《学生毛笔画》

 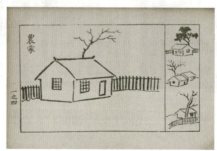

4-2-48

图 4-2-48　朱凤竹编绘《学生毛笔画》，上海形象艺术社，1936 年第 2 版

《学生毛笔画》初版时间不详，1936年（民国二十五年）9月发行第2版，共4册，每册有10幅图，64开，供小学生使用。

此书主要教授的内容如下。

第一册：鸭舌帽、石榴、瓦钵铁铲、农家、猫、松月、笔筒、鼠、船、文具等。

第二册：萝卜、煤油灯、茶杯荸荠、鱼、藕莲蓬、蜻蜓、瓶杯纸盒、菊花水盂、狗、翠鸟芦花等。

第三册：洋烛书本、麻雀、水仙、酒瓮火腿、枇杷、飞机、篮梨子、剪刀洋线、鸡、溪桥等。

第四册：花盆玲珑石、佛手金柑、皮鞋、风景、孔雀、玻盆葡萄、休息、栀子花、鹿、骑木马等。

（9）《学生水彩画》

图4-2-49　朱凤竹编《学生水彩画》，上海形象艺术社，1936年第10版

《学生水彩画》初版时间不详，至1936年（民国二十五年）11月已发行第10版，共4册，每册有10幅图，64开，供小学生使用。

此书主要教授的内容如下。

第一册：石榴、茶具、毽子、香蕉苹果、小狗、西瓜、青蛙、风帆、鹦鹉、足球等。

第二册：山茶、板凳花盆、莱菔、麻雀、台球、秋葵、金鱼、村舍、奔马、弄猴等。

第三册：玉米、玩具、梅花、笔洗、小鸭、猫、蝴蝶、八仙、溪桥、洗衣等。

第四册：兔、蔷薇、扯铃、促织、炊烟、枇杷、热水瓶和画册、鸡、菊、休息等。

（10）《平涂水彩画：剪贴范本》

图4-2-50　鲍叔良编著《平涂水彩画：剪贴范本》，上海形象艺术社，出版时间不详

《平涂水彩画：剪贴范本》出版时间不详，版次不详，共4册，每册有10幅图，32开，供小学生使用。

此书"例言"介绍：

平涂的画法，适合于练习广告图案等用之处，初习彩色画的人，用此方法作画，比较容易成功，因此能发生艺术上的兴趣。

本书每种彩色，无分浓淡阴阳，故若能配齐相当彩色的蜡纸，兼可充作绝好剪贴手工范本之用。

女学校有刺绣科者，此中各图大半皆可采用，因各图颜色既皆明鲜，格局亦极新颖，无配色斟酌之劳。

此书主要教授的内容如下。

第一册：玉蜀黍、痰盂、小犬、腊梅、月夜、狗头、栀子花、孙总理像、粉刷、双燕等。

第二册：石榴、玉兰、水碗、牛、马首、鸲鹆、江上风帆、麻雀、夹竹桃、国府主席林森[1]。

第三册：喷水壶、莲蓬、白鹭、大发明家爱迪生、蝴蝶花、蜡嘴、古庙、芙蓉、毛笔墨壶、夕阳等。

第四册：墨索里尼[2]、山丹、鹦鹉、牡丹、翠鸟、杯和牙膏、芦雁、河滨之夜、白头翁、泊舟等。

（11）《学生钢笔画》

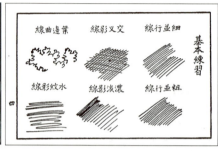

图4-2-51　作者不详《学生钢笔画》，上海形象艺术社，出版时间不详

《学生钢笔画》于1940年（民国二十九年）4月初版，共4册，每册有10幅图，32开，供中小学学生使用。

此书"编辑大意"介绍：

> 钢笔画是西洋画法中最切实用的一种画法。与中国的毛笔画功用相同，而考究写实，注重光暗，能以单色的墨水，层叠的线条来表示一切的凹凸的物体，维妙维肖，这是他的所长。单色的画，容易制版。于经济及时间上，多所节省，所以现代社会之商业文化所实用的图画都采用钢笔画了。

> 本书是应时代的需要，供中小学校实习应用。

> 本书所选的材料，尽为吾人习见的东西，凡器具、风景、飞潜动植物无不具备，而每幅各有独立的兴趣，必受学者的欢迎。

此书主要教授的内容如下。

第一册：立方体、山茶、运动帽棒球、枇杷、卧牛、帆船、果盘、坛金柑、赛跑、鸡犬相闻等。

第二册：圆柱体、百合花、跑鞋藤包、香蕉秋梨、牛首、吠声、风箱风炉、白鹭、小贩、秋

---

[1] 1931年11月推选为民国政府代主席，1932年元旦宣誓就职"中华民国国民政府"主席，任职12年，1943年8月去世。

[2] 1922—1943年任意大利王国首相。

林等。

第三册：石榴百合、麻雀、钓叟、洋伞提箱、月季、古松、鱼碟虾、梅花鹿、携儿、买糖等。

第四册：花盆、萝卜、牧牛、鲤鱼、樵夫、乳钵排笔、绣球、鸡、驴、市梢等。

（12）《形象水彩画》

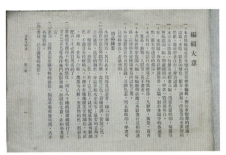

4-2-52

图 4-2-52　朱凤竹编绘，颜文樑校订《形象水彩画》（第二册），上海形象艺术社，1933 年

《形象水彩画》于 1933 年（民国二十二年）2 月初版，共 4 册，每册有 8 幅水彩画图，16 开，供中学生使用。

此书"编辑大意"介绍：

每一水彩图，各有详细说明书一大篇，对于本图中的各重要点，都有很透切的指示。

本书取材，均以日常所见之物为标准，凡静物，风景，花卉，果品，动物，人体等，莫不尽有。

本书每册附参考图八幅，每幅都与前面之水彩画有互相的连络，以便学者发挥个性自由设色之用。

此书每册卷首皆有"用品录要"，其中关于颜色（颜料）、画纸及画笔的建议如下：

颜色分盒装与锡管两种，盒装之色，质硬难调，管装之色，质软适用。需要的颜色，分最要和次要两等；最要的是西洋红，柠檬黄，普蓝三色，有了这三色，就可配成无论何种颜色，不过没有经验的人，不能不多备几种次要的颜色，朱红，赭，紫，金黄，白粉，黑墨等六种，至其他的色，都容易配合，不必再买现成的了。

画纸须毛面而不化水的为佳，用七八十磅的图画纸就行了，WHATMAN 等西洋专门水彩画纸，则价目太贵，非初学者所宜。

画笔宜择其当有弹力性的为佳，狼毫羊毫亦皆可用，大小各备数枝。

画碟以白瓷制的为佳。

此书第三、四册内容不详，其他分册主要教授的内容如下。

第一册：色彩学、画法说明、轮廓画法等；另有晓雾、静物、夕阳归帆、飞鹰、花果、蔬菜、乐器、秋锦等图。

第二册：色彩学、画法说明、轮廓画法等；另有秾艳、蔷薇、猎狗、瓷坛苹果、老农、踏雪、双鸭、月色等图。

（十）天马书店编辑出版的美术教科书

1932年底，韩振业和楼炜春共同筹集经费创办天马书店。天马书店成立后，即策划出版名作家自选集十种，由楼炜春堂兄楼适夷分别向鲁迅、茅盾、郁达夫、丁玲、郭沫若、舒舍予（老舍）、叶绍钧等作家约稿。可惜书店成立不久，楼适夷便被捕入狱，其后由韩振业负责约稿，并邀请当时在南京中央大学任教的同乡陈之佛为出版的图书做装帧设计。陈之佛不但为书店设计了标志、统一的书籍环衬图案及扉页，还几乎包揽了天马书店创办之初书籍的装帧设计。同时，天马书店也为陈之佛投资出版了多种著作，如《表号图案》《影绘》《图案教材》和《中学图案活叶（页）教材》等。

《中学图案活叶（页）教材》

《中学图案活叶（页）教材》于1935年（民国二十四年）1月初版，1935年（民国二十四年）4月发行第2版，共4册，32开，供中学生使用，也适用于师范学校、职业学校及广告画家、工厂技术人员。

1931年，陈之佛应徐悲鸿之邀在南京任国立中央大学图案系主任教授，此书正是编写于该时期，"将其历年来研究心得，删繁就简，辑为是书"。

此书介绍：

4-2-53

图 4-2-53 陈之佛编《中学图案活叶（页）教材》，上海天马书店，1935年

> 书中关于图案的理论，构图的方法，题材的应用，均有系统的叙述。附图一百二十版，共七百八十余幅，实为近年来研究图案艺术唯一巨著。

此书主要教授的内容如下。

第一册：植物的模样化、动物的模样化、人物的模样化、均齐的模样、平衡的模样、适合的模样、填充的模样等。

第二册：边模样、角模样、二方连续模样、四方连续模样（散点法）、四方连续模样（连缀法）、四方连续模样（重叠法）、四方连续模样（以一单位排列变化的方法）等。

第三册：几何形的单独及二方连续模样、几何形的四方连续模样、地与纹同形的二方连续模样、风景资料的图案、各种表号图案、标章图案、中国文字的图案化、西洋文字的图案化、小品装饰等。

第四册：小品装饰、题饰、新闻杂志小广告用图案、封面图案、剪纸图案、壁纸图案、纸盒面图案、刺绣图案、桌毯椅垫图案、染织物图案、陶瓷器图案、花玻璃图案等。

（十一）徐进画室编辑出版的美术教科书

徐进画室是由水彩画家和漫画家、丙寅美术社成员徐进创建的。徐进，生卒年不详。曾参加中国漫画史上第一个民间漫画团体"漫画会"，是《东方漫画》《今代漫画选》杂志作者之一。编绘过《小学铅笔画》《黑板广告画》《彩色广告图案画》《水彩风景画》《中学水彩画》等中小学教科书。

（1）《小学剪贴画》

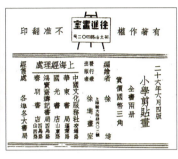

4-2-54

图 4-2-54　徐进编绘《小学剪贴画》，上海徐进画室，1937年第4版

《小学剪贴画》初版时间不详，至1937年（民国二十六年）6月已发行第4版，共2册，每册有15幅图，32开，供小学生使用。

此书主要教授的内容如下。

上册：桃、马、飞机、萝卜、牛、月季、鸭、犬、佛手、狮、蛙、猴、黑猫、蜡烛、夜读等。

下册：雀、象、鹦鹉、鹿、孔雀、鹅、汽轮、鸡、枭、虎、倒影、军舰、米鼠、冲锋、古寺等。

（2）《小学铅笔画》

4-2-55

图 4-2-55　徐进编绘《小学铅笔画》，上海徐进画室，1939年第5版

《小学铅笔画》初版时间不详，至1939年（民国二十八年）1月已发行第5版，共4册，每册有15幅图，64开，供小学生使用。

此书"本书特点"介绍：

本书装订共分四册，精巧玲珑，携带便利。

本书编绘由浅入深，适合小学程度。

本书取材轮廓、光线透视数者并重。

此书主要教授的内容如下。

第一册：铅笔象皮、铃、笔洗、梨、壶杯、鸡、蚕桑叶、蟹、鸵鸟、飞机等。

第二册：不倒翁摇鼓、黄瓜蚱蜢、莲花、奔马、西瓜、石膏像、牛、百合花、狗、跳栏等。

第三册：苹果茶杯、轮船、野鸭、插秧、驴、鲫鱼、村舍、鹤、猫、雪景等。

第四册：深秋、渔翁、游泳、休息、月季花、静物、鹰、帆影、狮、城楼等。

（3）《小学水彩画》

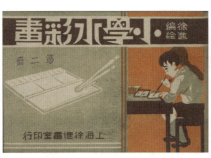

4-2-56

图4-2-56　徐进编绘《小学水彩画》，上海徐进画室，1939年第7版

《小学水彩画》初版时间不详，至1939年（民国二十八年）1月已发行第7版，共4册，每册有10幅图，64开，供小学生使用。

此书主要教授的内容如下。

第一册：橘、茶壶、苹果梨、兔、蜻蜓、莲蓬藕、山羊、画具、骆驼、山茶等。

第二册：蝴蝶、南瓜、飞机、黑熊、青菜、飞船、萝卜、金鱼、渡船、青蛙等。

第三册：狮、虾、鸭、笋、鹿、农家、鸡、足球、电话机、荷锄等。

第四册：驰马、军舰、豹、鲤、鸥、枪弹、葡萄、坦克车、火车、风雨归舟等。

（十二）艺术书店编辑出版的美术教科书

《儿童画册》

4-2-57

图4-2-57　郑川谷著，陈抱一、丰子恺校订《儿童画册》，上海艺术书店，1936年

《儿童画册》于1936年（民国二十五年）2月至8月初版，共2册，每册有16幅图，32开，供幼稚园及初级小学低年级学生使用。

郑川谷（1910—1938），原名永瑞，字忠诚（钟琴），笔名川谷。浙江宁波人。1924年在世界书局印刷厂当学徒，学习石版画。1931年8月，参加鲁迅主办的木刻讲习会。后进入国立西湖杭州艺术专科学校就读。1933年毕业后到上海生活书店，从事书籍装帧设计工作，后兼任上海杂志公司的书籍装帧设计师。1936年春，前往日本考察美术装潢设计。1936年秋，在澄衷中学教授美术。1937年11月，在汉口生活书店和上海杂志公司汉口分公司从事装帧设计工作。著有《应用图案讲话》《抗战图画手册》《现代学校美术教本：蜡笔画册》《现代学校美术教本：水彩画册》等。

此书"编辑大意"介绍：

本书取材新颖，切合儿童心理，编制完善，冶鉴赏、涂色、临摹、创作于一炉。

本书分为十六个单元，每单元含单色轮廓图一幅，单色参考图四幅，供教学一周之用。

教学时，第一次先可使欣赏彩色参考图，然后在单色轮廓图上用蜡笔使其参照涂色；第二次在单色参考图上使其意象涂色；第三次就单色参考图使其临摹，并意象涂色；第四次任其自由创作。

此书主要教授的内容如下。

第一册：我们的国旗、苹果和枇杷、小小狗、我的家、小花猫、提灯会、洋囡囡、红的花、小白兔吃萝卜、一盆花、小娃娃、好风景、大轮船、金鱼、弟弟骑木马、公共汽车等。

第二册：飞机来了；牛大哥；老公鸡；桥和船；放学了；美丽的蝴蝶；山茶花；猫头鹰（九）；青蛙；一盆水果；黄老虎；钓着一条大鱼；睡莲；灯塔；电灯；摇摇摇，摇到外婆桥等。

（十三）黎明书局编辑出版的美术教科书

1929年，复旦大学的孙寒冰、伍蠡甫、章益等教授一起发起创办黎明书局，旨在及时向社会介绍当时最新的世界名著。黎明书局曾编写出版《黎明师范教本》（6册）、"黎明乡村教育丛书"（13种）和"透明乡村小学丛书"（14种）等。1939年，黎明书局迁至重庆。

《黎明幼稚园低级小学画集》

图 4-2-58　罗绳武编辑，钟敬之绘画《黎明幼稚园低级小学画集》，上海黎明书局，1937年

《黎明幼稚园低级小学画集》于1937年（民国二十六年）1月至2月初版，共10册，大32开，供幼稚园及低年级小学生使用。

钟敬之（1910—1998），中国电影事业家、电影教育家。浙江嵊县人。1925年到上海中华书局当学徒。1928年参加业余进步戏剧活动。1934年，先后在上海戏剧生活社、上海业余剧人协会等团体参加左翼戏剧运动，担任舞台美术工作。1938年2月赴延安，在鲁迅艺术学院担任戏剧系教师、实验剧团及美术工场创作室负责人。1946年被任命为延安电影制片厂负责人。1947年与程默、凌子风等组建西北电影工学队，并与成荫带领一批文艺青年赴东北筹建东北电影制片厂，任该厂艺术处副处长。1949年参加接管南京和上海地区的电影产业和机构，组建上海电影制片厂并担任副厂长。1953年调中央文化部电影局。1955年，与章泯、吴印咸负责筹建北京电影学院，任副院长。1985年当选中国电影家协会第五届主席团委员。著有《大众文库电影》《延安鲁艺》《延安十年戏剧图集》《人民电影初程纪迹》等。

此书介绍：

本书集合各幅画图的立意、画法与作风，务求合于儿童的心理。其一般原则为单纯、明显和生动，且力避参加成人趣味。

本画集对于欣赏、涂色、临摹、创作四者，都注意及之，但尤致意于自由欣赏、自由发表或创作。所有图样，并不只在供给临摹的示范，譬如涂色，不必让儿童"依样画葫芦"，他可以把他自己的观察、思想或美感，自由涂画色彩，如此便含有发表甚至创作的意味了。

儿童绘画活动，仅使之临摹，自然不对，但完全放任，也不能达到欣赏艺术和创作艺术的目的；最重要的是辅导。

本画集题材大都依时令，接近儿童日常生活之事物，儿童之年龄与兴趣等标准编辑；对于儿童活泼而富于创造性的想象力，尤为致意。

幼稚生或低级小学生尚不能完全自由控制其细微筋肉，如握管涂画等，同时他也缺乏表达它的意想的适当方法。因而他的作画或是筋肉自发的活动，或是无声语言之表示的形式，而非艺术表现的形式且往往反复自动乱涂，不能自拔。教师不要过于干涉，或以为他的工作粗忽错谬而攻击他，要鼓舞他，指导他，增进他自由制造的勇气；因为儿童这个时期活动之主要方式，在筋肉与思想之自由使用与发表。

此书第一册供第一年二月份使用，主要教授的内容有：小鼓、 狗、猴子和桃、水果、女孩和偶人、滑雪的人、鹰、大路、木兵、小狗熊等。

第二册供第一年三月份使用，主要教授的内容有：学校、轻气球、电灯、鹿、兔儿灯、水仙花、象、三只熊（故事）、龟和兔（故事）、荡秋千等。

第三册供第一年八九月份使用，主要教授的内容有：苹果、柿子、铃、兔子和红萝卜、瓶花、松鼠和栗子、黄瓜和豆角、甘薯、石榴、帆船等。

第四册供第一年十月份使用，主要教授的内容有：彩灯、扫帚和畚箕、姐姐和弟弟、枫叶、耕牛、锄耙、菊、开汽车、皮球和毽子、帆船和海岛等。

第五册供第一年十一月份使用，主要教授的内容有：猫咪咪、风车、蜗牛、月和猫头鹰、米老鼠（故事）、日出鸡啼、老鼠吃蜡烛、小屋、地牛、狗等。

第六册供第二年二月份使用，主要教授的内容有：童子军、铜鼓和喇叭、小提箱和伞、骑马游戏、雪橇、燕子、唐克车、堆雪人、鼠和狮子（故事）、三只船等。

第七册供第二年三月份使用，主要教授的内容有：桃花和杨柳、提灯、书包、木马、梅花、面具、山、传信鸽、鞋、飞机和潜水艇等。

第八册供第二年八九月份使用，主要教授的内容有：月和兔（故事）、葡萄、月和蝙蝠、风景、向日葵、梨和小刀、秋蝉、蚱蜢和蟋蟀、白菜和蒜、藕和莲蓬等。

第九册供第二年十月份使用，主要教授的内容有：国庆、三只小猪（故事）、茶坛、火车、钉和钉锤、蒲公英、螃蟹、剪刀和新衣、蛛网和枫叶、蚂蚁和秋蝉（故事）等。

第十册供第二年十一月份使用，主要教授的内容有：兵士、公共汽车、剪子和线球、做人家、渡船、书、飞机和军舰、锁和钥匙、猫和金鱼、群雁等。

（十四）综合出版社编辑出版的美术教科书

《最新小学图画练习本》

4-2-59

图4-2-59 综合出版社编绘《最新小学图画练习本》，上海综合出版社，1939年

《最新小学图画练习本》于1939年（民国二十八年）1月初版，共4册，每册有20项学习内容，32开，供小学五六年级美术课二年使用。

此书"编辑大纲"介绍：

本书所选题材由浅入深，循序渐进以能适合儿童程度为原则。

本书取材注重实际生活与自然趣味，以期引起儿童之兴趣。

本书范作对于线条、形体、阴阳及透视均特别注重，期使儿童逐渐养成绘画之基础。

本书大概分填色与临摹二类，填色可就范本所印之轮廓着以蜡笔或水彩颜料，临摹则另附白画纸，无需另行置备。

此书主要教授的内容如下。

第一册：小鸟（运笔练习）、动与静的美、由圆圈变化的小狗、小猪、兔子与松鼠、美丽的昆虫（图案）、线的运用、水果的画法、胡桃花生栗子、准确与合理的画法（运笔练习）、小孩拖玩具（色彩练习）、新年（色彩练习）、台灯（色彩练习）、瓷器（色彩练习）、西瓜（色彩练习）、面包与牛油（色彩练习）、喇叭与鼓（色彩练习）、红蓝墨水（色彩练习）、行装（色彩练习）、水仙（色彩练习）等。

第二册：简单的配合一（运笔练习）、简单的配合二（运笔练习）、美的花（运笔练习）、花之变化（刺绣图案）（运笔练习）、树的画法（运笔练习）、风景画的初步（运笔练习）、鼎（色彩练习）、老祖母（色彩练习）、负重（色彩练习）、蔬菜（色彩练习）、街头一角（色彩练习）、破屋（色彩练习）、由圆圈脱胎的一幅图案（图案）、叶之变化（图案）、牛乳与饼干（铅笔画）、茶具（铅笔画）、椅子（铅笔画）、静物（铅笔画）、玻璃器皿（铅笔画）、猎犬（铅笔画）等。

第三册：鱼（色彩练习）、农家（色彩练习）、围炉取暖（色彩练习）、月夜图案（色彩练习）、石桥（钢笔画）、菊花（钢笔画）、图案二式（图案）、雪景（剪贴）、金鱼（剪贴）、静物（剪贴）、窗前小坐（剪贴）、鸡（剪贴）、白鹦鹉（铅笔画）、书与铅笔（铅笔画）、古树（铅笔画）、棕（蜡笔画）、兔（蜡笔画）、飞机（蜡笔画）、萝卜（蜡笔画）、透视浅说（自由画）等。

第四册：石榴（色彩练习）、游园（色彩练习）、钟楼（色彩练习）、老者（色彩练习）、鸭（钢笔画）、垂钓（钢笔画）、替小妹妹着一身好看的衣服（自由画）、以此图为底随意添加树木人物或船只（自由画）、青蛙（剪贴）、迎春（剪贴）、雉鸡（剪贴）、归舟（剪贴）、山径（铅笔画）、人像（铅笔画）、力的表现（铅笔画）、哭与笑（铅笔画）、漱洗用具（蜡笔画）、河边（蜡笔画）、马（蜡笔画）、猫（蜡笔画）等。

（十五）春秋书社编辑出版的美术教科书

《蜡笔画练习簿》

 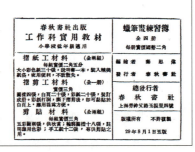

4-2-60

图 4-2-60　秦思伟编绘《蜡笔画练习簿》，上海春秋书社，1940 年第 5 版

《蜡笔画练习簿》初版时间不详，至1940年（民国二十九年）8月已发行第5版，共4册，小32开，供小学低年级学生使用。

此书"说明"介绍：

本书每册共二十叶。轮廓图二十，白页二十。轮廓图备儿童练习绘画设色；白页则由儿童自由发表。足敷一学期之用。

设色方法，及应用色彩，可由教师指导之。本书系供儿童应用，故不备列。间令儿童依自己之观念，自行设色，亦无不可。

轮廓图切合时令，并参考各种教科书，力求与其教材相吻合，俾采用时可与各科联络。

此书主要教授的内容如下。

第一册：国旗、上学、书包、书和笔、藕和莲蓬、苹果香蕉、看月亮、灯笼、蟹、金鱼、滚铁环、狗、猫捉老鼠、风景、茶壶茶杯、帆船、鸟、雄鸡、萝卜、堆雪人等。

第二册：陀螺、早操、骑木马、拍球、马、野景、桃花、牛、远足、轮船、汽车、荡船、冒雨上学、开窗睡觉、草帽、枇杷、扑灭蚊蝇、乘凉、游泳、荷花等。

第三册：小孩、葡萄苹果、兵舰、鸡吃米、兔子、看月、风景、庆祝国庆、鱼、枫和鸟、郊游、山上、小猫、看飞机、坦克车、小狗和球、体操、村庄、跳绳、踢毽子等。

第四册：玩具、梅花、文具、狗、小孩和狗、鸭、杨柳燕子、远足、开步走、渔翁、村舍、静物、金鱼、到校、夜景、野外写生、浇水、虎、农家、夏夜等。

（十六）上海艺术研究社编辑出版的美术教科书

《风景铅笔画集》

4-2-61

图 4-2-61　冉熙绘《风景铅笔画集》，上海艺术研究社，1941 年

《风景铅笔画集》于1941年（民国三十年）4月初版，共2册，16开，每册有12幅图。

冉熙（1912—1989），四川南川（今属重庆市）人。擅长水彩画。1935年毕业于上海新华艺术专科学校。1943年在南京中央大学任教。1947年在上海美术专科学校任教，后由校长刘海粟推荐兼任训导主任。新中国建立后，曾在上海多所中学和师范学校任教。著有《冉熙水彩画选》等。

此书主要教授的内容如下。

第一册：待渡、村户、溪流、砥柱、浮图、土祠、枯槎、沉静、晨兴、古刹、归云、负重。

第二册：春初小景、江村归帆、斜阳江城、雁荡晴崖、淡溪道院、富春江上、松下翠村、秋林村舍、云山古塔、临水人家、南陵山居、苏州北寺塔。

二、高中美术教科书

1932年国民政府教育部正式颁发了第一部《高级中学图画课程标准》。1934年北新书局《高中美术教本》（倪贻德编）、1934年商务印书馆《图画》（王济远编），都是依据当时颁布的《高级中学图画课程标准》编写的。倪贻德曾留学日本，对中西绘画理论都有深刻的研究，王济远曾赴欧洲考察西洋美术，并多次赴日考察，所以他们编写的高中美术教科书不仅系统地介绍了西洋画的表现技法，而且注重对中外美术作品的欣赏。

（一）北新书局编辑出版的高中美术教科书

1925年4月，北新书局在鲁迅支持下于北京成立，次年春在上海设分销处。1927年，北京军阀张作霖查封北新书局。自此，上海分销处成为总局。鲁迅早期的著译大多由该局出版。

《高中美术教本》

《高中美术教本》于1934年（民国二十三年）7月初版，共1册，大32开，是我国最早为高级中学学生编写的图画教科书之一。

倪贻德（1901—1970），中国现代油画家、美术评论家。毕业于上海美术专科学校并留校任教。1927年秋东渡日本留学。1928年回国后，先后在广州市立艺术专科学校、武昌艺术专科学校、上海艺术专科学校任教。抗日战争爆发后，在国立西南联合大学、国立英士大学、国立北平艺术专科学校等任教。抗战胜利后回杭州，自办西湖艺术研究所。1949年后，历任中央美术学院华东分院副院长、中国美术家协会常务理事、浙江美术家协会副主席、《美术》杂志主编等职。他对中西绘画理论有深刻的研究，对引进欧洲绘画理论、绘画技法和发展我国的油画事业起到推进作用。

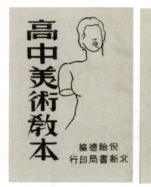

图 4-2-62　倪贻德编《高中美术教本》，上海北新书局，1934 年

此书共分七章。第一章西洋画的基础知识，内容包括：在西洋画上的空间构成、视觉构成的诸要素等。第二章素描，内容包括：素描的意义、木炭画、石膏像写生、素描技巧、明暗法与立体、明暗之强弱、线描、定着、素描与材料等。第三章水彩画，内容包括：水彩画总论、材料与用具、水彩画法、水彩写生的顺序、水彩杂话等。第四章静物画，内容包括：静物画的意义、静物画的题材、形和调子、量和物质感、构图、背景和地等。第五章风景画，内容包括：风景画法概述、旅行写生等。第六章艺术的鉴赏，内容包括：鉴赏西画须知、如何鉴赏雕刻、裸体画之美等。第七章世界名作解释，内容包括：静物名作解释、风景名作解释、人物名作解释等。书后还附有多位外国名画家所创作的静物、风景、人物作品44幅。

（二）商务印书馆编辑出版的高中图画教科书

《复兴高级中学教科书图画》

图 4-2-63　王济远编绘《复兴高级中学教科书图画》，上海商务印书馆，1934 年

《复兴高级中学教科书图画》于1934年（民国二十三年）10月初版，共3册，16开，是我国民国时期最早编写的高中图画教科书之一。

此书"编辑大意"介绍：

本书取材，务切实际，以期美化人生，使学者了解艺术与国民及其与工业之关系。而于中西绘画之技巧与原则，以及民族文化之特质，尤相互阐发，使融会而沟通之。

本书最注意于实用技能，以符生产教育之本旨。故凡于工业、商业、农业与建筑雕刻种种工作设计应用图画，无不尽量收入。并附详细说明，企图灌输各种知识，而免流入空想之弊。

本书所收入之练习图，均为创作，可供学者研究参考之用。以之临写，也极适宜。各欣赏图，尤为中西画哲杰作，用作鉴赏，使学者得认知绘画之极致。并不涉及派别习气，只以表现为准则，庶免发生鄙狭之偏见，而阻碍天才之发育。

本书包含国画、洋画，以及图案、几何应用图、工作设计图等各种画法。凡构图、透视、色彩诸绘画技能，均由浅入深，联络贯通，使学者容易领悟，以培养其自动创作能力。

此书第二、三册内容不详。第一册主要教授的内容有：静物（铅笔画），风景（铅笔画），瓷马（唐代模型）（铅笔画），单模样九种（几何画），黑白图案两种（用器画），工艺图案（水粉画），应用图案（水粉画），昭陵六马之一（石刻画），水仙（国画），鸟菊（国画），山水（名作欣赏沈石田作）（国画）、静物（水彩画），风景（水彩画），童子军（水彩画），牧羊女（名作欣赏 米勒作 Millet）（木炭画），石膏模型写生（木炭画），动物（木刻画）、动物（铜版画），花（色粉画），人物（色粉画），印染图案（水粉画），染织图案二种（水粉画），静物写生（水彩画），夏景（水粉画），北平风景（水粉画），风景（名作欣赏 新觉克作 Signac）（水彩画）、静物（名作欣赏 蓬那作 Bonnard）（油画），形象美学浅说等。

三、中小学劳作教科书

1932年起，国民政府教育部颁布小学及初中课程标准，将"手工"科改称"劳作"科。这时期，劳作教科书的编写具有以下几个特点。

首先，强调学习真知识、真技能。如1933年6月上海商务印书馆出版的《复兴劳作教本》（熊翥高编著），此书横向分校事、家事、农事、工艺等四大类作业要项，纵向运用调查、研究、计划、创造、实习、操作等方法来实施教学。其中调查和研究，旨在鼓励学生对本地特产、周边环境进行调研，并将其作为课程资源；计划和操作，则要求学生按照事前的计划进行操作，务使儿童"方法、时间和所用材料等，都经济而有效"。总之，强调学习日常生活中的真知识，通过实践和操作习得真技能，是这时期劳作教科书编写的特点之一。

其次，注重学科之间的联络。如1933年6月至1934年3月上海商务印书馆出版、供初级小学学生使用的《复兴劳作教本》（宗亮寰编著）。针对劳作科涉及题材范围广的特点，此书采用设计教学法，将劳作科中衣、食、住、行和农工业各方面的问题作为教学设计的中心，课程标准中的其他学科如社会、自然、美术、音乐等科从劳作教学出发或和劳作打成一片，即不分科目的设计教学法。此书指出："凡有需要联络的事项，在可能范围内尽量实施联络教学，以收相互为用的功效。"总之，强调以劳作中有关衣、食、住、行和农工业方面的问题，并与其他学科进行联络，是这时期劳作教科书编写的特点之一。

再次，按不同劳作类别编写教科书。这时期的课程标准先是将初中劳作分为工艺、农业、家事三种，后又将工艺、农业合并为一种，并规定学生第一学年学习木工，第二学年学习金工（男女生共同学习），第三学年男生从金木工、竹工、土工及农业畜养四组中任选一组进行学习，女生则以家事为主要学习内容。为适应课程标准，这时期劳作教科书大都按照不同劳作类别来编写。如1933年至1935年上海中华书局就分别编写了《初中劳作工艺篇：土工》（徐小涛编）、《初中劳作工艺篇：藤竹工》（王隐秋编）、《初中劳作工艺篇：木工》（朱稣典编）、《初中劳作工艺篇：金工》（姜丹书、王隐秋编）、《初中劳作：家事》（何明斋编）等劳作教科书。

（一）商务印书馆编辑出版的劳作教科书

（1）《复兴劳作教本》

4-2-64

图4-2-64　宗亮寰编著《复兴劳作教本》，上海商务印书馆，1933-1934年

《复兴劳作教本》于1933年（民国二十二年）6月至1934年（民国二十三年）3月初版，共8册，32开，供小学校劳作科教师及师范科的教师、学生教学参考使用。此书是1932年1月商务印书馆被日军轰炸后，重新组织人员编写的劳作教科书。

此书"编辑大意"介绍：

本书都用大单元的设计组织，把劳作科有关系的各种作业，依着自然的需要和机会联络起来，使它成为整个的有机的结合，以求精神一贯而免不相统属和漫无目的的弊病。

劳作一科，包括衣食住行和农工业各方面的问题，在整个的设计教学中（即各科联络的设计），实占重要的位置，所以把它作为设计教学的中心，最为相宜，课程标准中如"社会""自然""美术""音乐"等科都有"应从劳作教学出发"或"和劳作打成一片"等的规定，就是这个意思。本书除劳作科自身多作大单元的联络设计外，对于别科的联络，也很注意。

此书每册均有总说明、索引、本学期的工作月历、附录等。此书第四册内容不详，其他分册主要教授的内容如下。

第一册：初步的工作、装饰教室设计、种花设计、农作设计、养兔设计、玩偶设计、玩具展览会设计、过年设计、冬景模型设计、假期作业设计等。

第二册：教室的整洁设计、教室的装饰设计、种花设计、农作设计、养鱼设计、养蚕设计、玩偶设计、大扫除设计、自制玩具设计、土产展览会设计、过夏设计、假期作业设计等。

第三册：装饰教室设计、国庆纪念设计、种花设计、农作设计、养羊设计、玩偶过生日设计、自制玩具设计、米的碾磨设计、过年设计、冷地人生活模型设计、家庭作业设计等。

第五册：养秋虫设计、种花设计、农作设计、国庆纪念设计、养鹅鸭设计、自制玩具设计、过冬设计、过年设计、原始人生活模型设计、假期作业设计等。

第六册：假期作业的研究和展览设计、放纸鸢设计、种花设计、农作设计、栽桑和养蚕设计、自制用具设计、织带设计、新村模型设计、便饭的烹调设计、农具的调查研究设计、假期作业设计等。

第七册：改进校事设计、种花设计、农作设计、养猪设计、庆祝双十节设计、模范家庭模型设计、家具的研究和管理设计、自制玩具设计、吃寿面设计、过新年设计、衣服的洗刷和补缀设计、假期作业设计等。

第八册：教室和用具的刷新设计、种花设计、农作设计、养鱼设计、养蚕和制丝设计、自制用具及衣着设计、制作公园模型设计、建造毕业纪念物设计、调制点心设计、过夏设计、成绩展览会设计等。

（2）《复兴劳作教本》

4—2—65

图 4—2—65　熊鬘高编著，王云五校订《复兴劳作教本》，
上海商务印书馆，1933—1934年

《复兴劳作教本》于1933年（民国二十二年）6月至1934年（民国二十三年）8月初版，共4册，32开，供高级小学教师教学劳作科使用。

此书"编辑大意"介绍：

> 本书的取材目标，作业设施，教学方法，都是根据教育部颁布的小学课程标准劳作科课程编辑的。
>
> 本书所备教材，搜集丰富，使环境、地位、设备、经济……不同的各个学校，得活动选用。
>
> 本书教材的分配，知识和技能并重，研究和实习并进，以期学生得到真知识真技能，能应用于实地，并能进展改良。
>
> 本书和前八册初级教本，一贯衔接，使用时当前后照顾。

此书主要教授的内容如下。

第一册：处理上届五年级移交工作的办法设计、一般工艺问题的研究设计、校舍的装饰布置设计、小花园的管理设计、农作物的试验设计、饲养动物的设计、造假动物园设计、腌饯食物的设计、制作陶瓷器设计、学习木工的设计、学习金工的设计、学习纸工的设计、学习竹工的设计、废物利用的设计、制作杂用物件的设计、结束本学期工作的设计。

第二册：继续上学期未结束工作的办法设计、全校整洁的设计、衣服清洁整理的设计、衣服色彩的研究设计、酿酒的设计、制酱的设计、模范市的建设设计、小花园的管理设计、农作物的试验设计、养鸡的设计、堆沙的设计、学习木工的设计、学习金工的设计、学习藤工的设计、制作幻术用具的设计、结束本学期工作的设计等。

第三册：处理上届六年级移交工作的办法设计、校舍校具的修理设计、自造洋娃娃的设计、面粉工艺的研究设计、家庭布置设计、经营蔬菜园的设计、农作物的试验设计、农民生活的改善设计、饲养动物的设计、学习石膏工的设计、学习木工的设计、学习金工的设计、学习藤工的设计、本地特产工业的研究设计、结束本学期工作的设计等。

第四册：处理上学期未结束工作的办法设计、举办学艺会的设计、纺织工艺的研究设计、烹调家常便菜的设计、组织家庭的设计、经营蔬菜园的设计、农作物的试验设计、畜养动物的设计、世界农业状况的研究设计、学习木工的设计、学习金工的设计、水泥的研究设计、学习藤工的设计、科学玩具的制作设计、日用科学小技艺的设计、水手应用的结绳法研究设计、未结束工作转移办法的设计等。

（3）《活叶（页）工艺新教材》

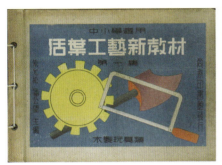 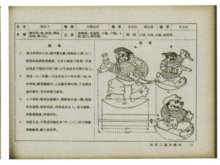

4-2-66

图 4-2-66　朱允松、潘公望主编《活叶（页）工艺新教材》，上海商务印书馆，1937—1940 年

《活叶（页）工艺新教材》于1937年（民国二十六年）1月至1940年（民国二十九年）2月初版，共3册，16开，活页，中小学均适用。

朱允松，生卒年不详。上海艺术专科师范学校教师。1936年中华艺术教育社成立，朱允松担任该社理事。

潘公望，生卒年不详。中华艺术教育社社员。

此书"例言"介绍：

本教材，是专门供给中小学校学生和工艺教师用的。

本教材，为了便利教学起见，采用活页装订。

本教材，共分玩具、教具、实用品大种；每种再分木、金、藤、竹、泥、纸等类；每类各订成一册，需要那一类教材，就可采购那一种，很为合用。

每类教材程度，有深有浅，制作的人，可以循序渐进。

每幅教材，载明应用的工具和材料，制作的人，可以事前准备。

制法一项，说明很详细，如果按步骤做去，定可成功。

工作图样，有平面图、侧面图、正面图、展开图、切断图、写生图等，应有尽有，很是清楚。

每幅图样，都注明尺寸。

此书主要教授的内容如下。

第一集（册）木制玩具类，内容包括：七巧板、排色板、舞蹈、滑稽人、面孔、赛跑、骑马、摇鸭、推轮、狗面人、小鸟、黄牛、活鸟、活动人、游鱼、活猫、鸡和鸽、活鸭、摇头狗、飞艇、汽车、长颈鹿、河马、飞机、蚂蚱、轮船、公鸡、母鸡、孔雀、米老鼠、划船、鱼匣、绵羊、大象、建筑积木、动物积木、军事积木、幼稚积木、陀螺等。

第二集（册）木制实用品类（上），内容包括：笔盒、文具盒、笔架、笔筒、墨床、墨水瓶盘、信插、取景框、调色板、三角板、画箱、书架、书夹、表架、壁挂、台球拍、钟座、相框、镜框、毛巾架、衣挂、衣架、衣钩等。

第三集（册）木制实用品类（下），内容包括：三角盘、果物匣、钉匣、方盘、木船、文具盘、小花盒、果盘、圆盆、印盒、珠宝盒、肥皂盒、铅笔盒、针盒、储蓄匣、果物桶、文具橱、线板、木扇子、植物名牌、畚箕、提篮、筷笼、盥洗架、杂物架、肥皂匣、印章盘、工具架、什物架、皮鞋架、花盆架、小台子、小桌子、花瓶、花盆、壁挂架、电灯罩、矮凳、圆木椅、折叠凳、椅子、办公桌、书箱、书架、犬舍等。

（4）《小学劳作科教材和教法》

图 4-2-67　袁壁编著《小学劳作科教材和教法》，长沙商务印书馆，1939 年

《小学劳作科教材和教法》于1939年（民国二十八年）6月初版，共1册，32开，供小学教师进修及师范生参考使用。此书属于商务印书馆小学教师丛书之一。

此书"编辑大意"介绍：

本书根据1936年7月教育部修正幼稚园小学课程标准编辑。

本书理论和实际并重，读者可以由此作更进一步的研究。

本书插入低年级工作一章，便于读者研究工作科和劳作科联络沟通的资料。

此书共有十章：第一章劳作教学的目标，第二章劳作教材的范围，第三章劳作教材的性质，第四章劳作教材的选择，第五章劳作材料的组织，第六章劳作教学的心理，第七章劳作教学的方法，第八章工作教材和教法，第九章劳作成绩的考查，第十章劳作教学的设备。

（5）《复兴初级中学教科书工艺》

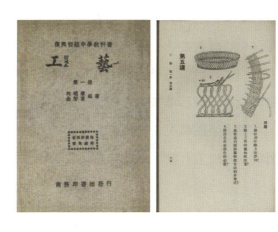

图4-2-68　何明斋、余彤甫、徐康民、陆松安编著《复兴初级中学教科书工艺》，上海商务印书馆，1934年

《复兴初级中学教科书工艺》于1934年（民国二十三年）3月至11月初版，同年多次再版，共6册，32开，供初中学生使用。

余彤甫（1897—1973），江苏苏州人。别名彤父、昌炜，字彤甫、彤夫。江苏省国画院首批聘任画师之一。历任江苏省国画院正画师，苏州女子职业中学、江苏省立松江中学教师，上海美术专科学校教授，上海商务印书馆特约美术编辑，苏州市美术家协会副主席。

徐康民，生卒年不详。曾任安徽滁县劳作师范学校校长，后任安徽省童子军督学。与何明斋编著《复兴初级中学教科书工艺》等。

陆松安，生卒年不详。曾任浙江省立嘉兴中学劳作科教师，后任嘉兴师范学校总务主任。编著有《儿童实用竹工》《儿童实用纸工》《儿童泥工玩具》《儿童实用金工》《革新的劳作教学法》等。

此书"编辑大意"介绍：

本书完全依照教育部最新颁布的初中劳作科工艺课程标准编辑。

本书共分六册：第一册为藤竹工及其他编物，第二册为土工，第三第四册为金工，第五第六册为木工，每学期用一册，适供初中三学年六学期之用。

本书第一第五第六册均为二十四课，第二第三第四册均为十六课。每课各分讲演、工作及问题研究三项。讲演项叙述关于劳作上工艺上的种种问题，以及工具材料和工作法的说明，或由教师讲解，或由学生自习，均可随意。

本书各册末了，有假期作业一项，由学生在假期中工作，至下学期开学时，把成绩呈缴教师评阅，或公开展览。

此书主要教授的内容如下。

第一册：劳作的意义和必要、本学期所用工具的认识用法保管和修理；藤工的价值、藤材工艺的概况和应行改良事项；藤材的种类及性质、藤材的产地、藤材的优劣；藤材的漂白法、藤材的染色、藤材编物时应注意事项、圆形藤器的起首编法；器物形状与用途的关系、方形藤器的起首及收口；藤器漆饰法、涂饰时应注意事项；恒静实验器、重心实验器、黏土工用匙篦、黏土工用压篦；竹材的性质和产地、劈法、刮法、削法、剜法；竹材的用途、竹材的种类；竹器的防裂、竹器的防腐和防蛀、竹材的弯曲法；竹材雕刻法、竹材榫接法、竹材包接法；翻黄的意义、翻黄工艺的概况；整竿长竹的劈法、竹丝竹篾的劈法；竹材的染色法、竹器涂饰的利益、我国竹材编物急待提倡改良；绳与线的用途、绳的种类、绳的制法；草绳的染色法、脚踏草绳机的用法；草类的利用；草类的选择法、草秆的精练法；草类工艺的价值、我国草席工艺的概况；麦秆工艺的价值、麦秆的种类；麦秆的选择、麦秆的漂白、麦秆的染色法；麦秆的筛别、麦秆的压平及劈剖、吾国草帽工艺的概况；线的种类、线类工艺的概况；编法的种类等。

第二册：青年应以平民化的精神深切自励、窑货与水泥对于食住行的关系、国产陶瓷所受舶来品的影响；黏土的特性、黏土的采取、土质优劣检定法；土质的淘汰、土质的补救、黏土的贮藏、圆筒形的膨大或缩小；土器边缘的制法、土器内部的修整法、方形土器的手制法及制作时的注意点；陶瓷器脚形的种类、陶瓷器耳形的种类；陶瓷器盖子构造的种类、陶瓷器制法的种类；陶瓷器注出口制作时应注意事项、陶瓷器把手的种类及制作时应注意事项、器物形式的美丑；塑造的意义及种类、塑造用的工具、塑造的材料、塑造的方法、我国及外国塑造美术的概况；型造法的价值、制型的材料、型的种类、型造与造型；器物的基形、型造法的种类、土制洋囡囡或其他玩具；生石膏与烧石膏的区别、烧石膏的方法、烧石膏粉良否的鉴别、烧石膏的特性、失性石膏的调法；水门汀的制法、水门汀的鉴别法、水门汀的性质和用途、三和土的制法、型造用的木型；雕刻的种类、吾国雕刻技术急宜注意研究与提创、雕刻用的材料、雕刻用的工具；素烧的意义、素烧时应知的要件、素烧用的工具；釉烧的意义、制釉法、着釉法、制釉原料的性质；关于道路方面应注意建设的事项等。

第三册：金工的意义及种类、关于金工的中外比较观、金属薄片的剪切法；折曲的用具及方法、小焊的用具及方法；金属的种类、新金属的发明、小焊时应注意的事项；白镴的成分、媒介剂的制法、单金属的通性；金属工艺的接合法、搭接的方法、搭接时应注意的事项；铁器防锈法、叶铁制器时工作上应注意事项、叶铁器皿涂饰法、涂饰时应注意事项；入骨法的意义及效用、骨法的用具、入骨的方法；金属穿孔的方法、弹簧的制法；金属器物表面的装饰法、用打凿凿花的方法、用打凿凿花时应注意事项；锌铁皮的制法、制作金属管应用的器具；叶铁厚薄的分别、马口铁的制法、使用叶铁器物应注意事项；吾国叶铁制造业急宜设法振兴、最通用的金属板；锻铁的特性、钢铁的特性、铸铁的特性；打凿的种类和用法、金属槌展用的器具；吾国的槌展业、铜的展性；刮刀的种类和用法、磨擦的顺序、杯形及臼形内部的磨光法。

第四册：蚀雕的意义、金工用锉刀的种类；阴纹蚀刻的方法、使用金工锉刀时应注意事项；劳动与生产、锤展时应注意事项；电镀意义、电镀的用具、渡液的调合法、硝酸电池的制法；金属线的种类及用途、吾国所用金属线的来源；吾国线金工艺的概况、金属丝的切断法；金属丝的伸直及屈曲；圆形网文的起首编法、圆形网文编组时的添线法；火作的意义、锻接性、锻工用必要的器具；铁与钢的区别、钢与铁的普通识别法；钢火、酸化色、接钢法；修理刀类的器具；钳床的意义及用途、螺丝旋的制法；优良锥头必须的条件、金工中所用的锥头、手摇锥床的构造法及用法；金工用车床的种类；翻砂的意义、翻砂用的材料、翻砂用的工具等。

第五册：职业平等观、木工和人生的关系、木工工具的种类；劳动者的地位、木工的种类；锯之种类使用及修理、平刨的使用及修理；木材的种类；木材的组织、年轮与木理、圆刨的种类和修理；木材磨光法、涂目科、油漆的种类、漆饰时须注意事项；木材的优劣、木材的伸缩性、木材的歪扭、薄凿的用途；木材的腐朽和虫蛀、圆沟的制法；吾国钉业概况、钉之种类；砖瓦和猪血的调法、油假漆使用法、凡力司调成各种彩漆法；木材干燥法、木理的顺逆；木材接合法的种类、取用木材法；木材的强弱、钉接时应注意事项；木器涂饰的必要、堆花及雕漆；锥之种类、锥头的种类；木材穿孔时应注意事项、木材上孔壁修光法；新式家具制作及修理的便利、螺钉的使用法；凳面绷布的优点、弹簧的制法、弹簧椅的制法；制作家具时应注意事项、能折器具的优点；打凿的用法、卷刨的用法；工具仿制及创制的必要；工作图的意义、画工作图所用的器具、工作图所用的图线、工作图所用的图面；工作图所用的记号、寸法的记入法、切断图；展开图、配景图等。

第六册：胶的种类、胶质优劣的判断、胶之用法、胶接时的用具；胶接时应注意事项、胶接的固着力、胶盘的用法及构造；漆之种类；漆工用的颜料、漆坯涂目用的材料；焦画的意义和用途、焦画器的用法、焦画器的代用品、焦画着色法；木材弯曲的意义和用途、木材弯曲的用具、木材弯曲的方法；学校适用木工的种类、凿之种类、榫眼之阳榫的制法；榫之种类、吾国木工之缺点及其改良问题；木工用的主要机械；花线刨的种类；薄板贴附的意义及用途、薄板贴附的用具、贴附的方法；寄木及象嵌的意义；透雕的意义及用途、透雕锯的种类；弓弦锯的制法；雕刻的种类、凹雕的意义及用途、凹雕的用具；刺雕的意义及用途、刺雕的用具、刺雕用的木材；浮雕的意义、浮雕的用具、吾国的木材浮雕业；圆雕的意义、圆雕的用具、圆雕用的材料；车床的构造、车床的使用法、车刀；测径器；比例规、本国旧式车床；木型制作的重要、木型的制法、模型的组织法；木型工艺的将来、工业发达与机械、世界的发明家；无业游民为人类之大蠹、青年的投身职业问题等。

（二）中华书局编辑出版的劳作教科书

自1929年颁布的《小学课程暂行标准》和《初中课程暂行标准》试行三年后，1932年10月国民政府教育部正式颁布了小学和初中课程标准，并将小学工作科、初中工艺科易名为劳作科。1933年，中华书局遵照新颁布的小学及初中劳作课程标准，编写出版了小学劳作，初中藤竹工、土工、金工、木工和家事等教科书。

1. 根据1932年课程标准编写的教科书

（1）《小学劳作指导书》

图 4—2—69　尹柏丞、袁永生、周鼎夏、郑汝霖编，姜丹书、朱稣典校《小学劳作指导书》，上海中华书局，1934—1937 年

《小学劳作指导书》于1934年（民国二十三年）7月至1937年（民国二十六年）1月初版，共8册，供初级小学劳作教员使用。

此书"编辑大意"介绍：

> 本书根据课程标准，搜集关于劳作科的有效教材，组织大单元设计，使儿童作有目的有计划的活动，教师为合作标准的指导。

> 本书所编设计单元和每单元中所备教材，特别加多，以便各地各种情形不同的小学采用时，得自由伸缩，酌量抉择。

> 本书为谋用书者的便利计，对于每单元的教材、准备、教学方法以及实施时的注意点等等，均有详细的说明或图解。

> 本书各单元对于社会、自然、美术等科，均有联络，颇符课程标准的规定。

> 本书各册册首，将设备及采用本书的种种方法，详加叙述，以供参考。

此书第七册、第八册内容不详，其他分册主要教授的内容如下。

第一册：领导上工、装饰教室设计、农作设计、庆祝国庆设计、替玩偶建筑住宅设计、替玩偶制作家具设计、玩具展览会设计、调制米粉食品设计、过冬设计、假期作业设计等。

第二册：整洁教室设计、装饰教室设计、放纸鸢设计、种花设计、过儿童节设计、养鸭设计、农作设计、自制玩具设计、替玩偶造动物园设计、灭蝇运动设计、假期作业设计等。

第三册：继续上学期作业设计、装饰教室设计、养兔设计、制作舟车进化模型设计、种花设计、农作设计、替玩偶做生日设计、自制玩具设计、制作农人生活模型设计、过新年设计、开成绩展览会设计、休假前后的作业设计等。

第四册：继续上学期作业设计、研究粮食和衣料设计、装饰教室设计、种花设计、农作设计、养鸡设计、自制玩具设计、制作屋的进化模型设计、制作新村模型设计、养金鱼设计、土产展览会设计、恳亲会设计、休假前后的作用设计等。

第五册：继续上学期作业设计、劳作用具的修理和保护设计、养猪设计、种花设计、自制玩具设计、自制用具设计、大扫除设计、纸料的调查研究设计、竹器的调查研究设计、制作爱司克莫人生活模型设计、休假前后的作业设计等。

第六册：继续上学期作业设计、种花设计、远足会设计、农作设计、养鸽设计、自制玩具设计、制作原始人生活模型设计、自制用具设计、实习发酵油酥和饯醉设计、制作热地人生活模型设计、过夏设计、休假前后的作业设计等。

（2）《废物利用工艺新教材》

4-2-70

图 4-2-70　顾赓甫编《废物利用工艺新教材》，上海中华书局，1935 年

《废物利用工艺新教材》于1935年（民国二十四年）9月初版，共1册，大32开，可作为师范学校的教本，也可作为小学校工艺教材。

顾赓甫，生卒年不详。曾在江苏省立淮阴师范学校担任劳作科教师。此书根据其多年教学经验编写而成。

此书"例言"介绍：

> 本书以利用废物为原则，遇必要时，得采用价值低廉的材料，如附篇中的豆米等，以增加制作者的兴趣。
>
> 本书教材的种类，以儿童玩具为主，兼及学校校舍的布置，教便物的制造法。
>
> 本书需要的工具，力求简单合用易于置备。
>
> 本书的教材，注意于生产的技能，及欣赏的价值，制品除供自己欣赏外，并可推行市上。
>
> 本书希望能利用课余时间，使学生制作，并使学生随时设计改良，以养成创作的能力。

本书主要教授了二十九种废物利用法，利用的材料包括：蛋壳、稻草、喷雾法、贝壳、麦秆、果核、碎玻璃、植物叶、禽羽、兽毛、瓜子壳、花生壳、麻、香烟罐、灯草、火柴棒、棉絮、扎草、失性石膏、笋壳、芦秫杆、竹节竹鞭、葫芦、鱼鳞、玻璃管、蚕茧、针刺术、麻花、火柴匣等。此外，附篇有用芝麻、豆、米做的装饰品、裱褙工等。

（3）《小学劳作教学法及教材》

4-2-71

图4-2-71　吴守谦、吴文鸣合编《小学劳作教学法及教材》，上海中华书局，1935年

《小学劳作教学法及教材》于1935年（民国二十四年）12月初版，共1册，大32开，此书初稿曾作为杭州师范附属小学教育函授班的讲义。

此书作者介绍：

本书除提供若干教学方法以外，还介绍了百余种日常可用的教材，如自然物的利用，废物的利用以及自制学用品，自制日用品，自制科学玩具等等。

此书共有二十章，内容包括：第一章从手工科说起，第二章劳作科的教学目标，第三章做有兴趣的劳作，第四章利用环境和实地操作，第五章劳作时的秩序问题，第六章家庭劳作的指导，第七章劳作科和他科的联络，第八章常用的劳作教学过程，第九章劳作教材的新途径，第十章自然物的利用，第十一章废物的利用，第十二章幼稚生和低年级儿童的劳作，第十三章中年级儿童的劳作，第十四章高年级儿童的劳作，第十五章自制学用品，第十六章自制日用品，第十七章自制科学玩具，第十八章经济合用的设备，第十九章劳作科教具与表格，第二十章劳作科成绩考查法。

（4）《初中劳作工艺篇：藤竹工》

4-2-72

图4-2-72　王隐秋编，朱稣典、姜丹书校《初中劳作工艺篇：藤竹工》，上海中华书局，1933年

《初中劳作工艺篇：藤竹工》于1933年（民国二十二年）8月初版，同年9月发行第2版，共1册，大32开，供初中学生使用。

此书"编例"介绍：

本书藤竹工的编制，除原藤制器，藤心、藤皮编物，竹筒、竹片制器，竹篾编物外：并有草秆、麦秆的制器和编物，以及绳类、线类的编物和结网等基本工作多种，以便各地方依采取材料的便利，酌量选习一二种。至于线金编物法，因分量较多，工作较难，故仍归入金工中。

此书主要教授的内容有：劳作的意义及必要、藤工的理论、原藤弯曲练习、藤材劈削练习、藤心编方形物练习、藤心编圆形物练习、藤心藤皮合编练习、竹骨藤材编物练习、竹工的理论、圆竹锯断刮削琢磨着色练习、竹材劈刮削钻练习、竹材雕刻胶合练习、竹篾剖割及编物练习、草绳编物练习、草秆编物练习、麦秆编物练习、绳线编物练习等。

（5）《初中劳作工艺篇：土工》

4-2-73

图4-2-73　徐小涛编，朱稣典、姜丹书校《初中劳作工艺篇：土工》，上海中华书局，1933年

《初中劳作工艺篇：土工》于1933年（民国二十二年）8月初版，同年10月发行第2版，共1册，大32开，供初中劳作科学习使用。

此书"编例"介绍：

本书各种工作的分量，均照课程标准中所规定的时间支配，以每学期用一册为原则。先后的顺序，除依课程标准作业大纲所规定外，兼可因设备、时令及其他种种特殊情形，变通采用。

本书的编制，完全依据课程标准的教材大纲，知识和技能并重，每册有关于劳动、职业及材料工具等的讲述，有工作理论及方法等的详细说明。而处处顾到实际的情形，留有自由活用的余地。

本书每册设有代表的工作一二十题，以供技能上的习练。每题有工作目标、工具、材料、工作方法、工作时的注意、备考、附录等各项说明，及详细的工作图样，以便实习。

本书土工的编制，以工作法为经，形体的部分为纬，符合实际制陶的系统，以引起工业的兴趣。并有石膏工作、模型浇造法、雕刻法及水泥工作法等理论和实习，和普通的黏土工不同。

此书主要教授的内容有：青年应以平民化的精神深切自励、窑货与水泥对于食住行的关系、国产陶瓷所受舶来品的影响、黏土的采取及练制、手造法、雕塑法、塑造法、型造法、素烧法、釉烧法、辘轳成坯法等。

（6）《初中劳作工艺篇：金工》

4-2-74

图4-2-74　姜丹书、王隐秋编，朱稣典校《初中劳作工艺篇：金工》，上海中华书局，1934—1935年

《初中劳作工艺篇：金工》于1934年（民国二十三年）10月至1935年（民国二十四年）7月初版，共2册，大32开，供初中学生使用。

此书"编例"介绍：

本书的金工分为上下两册。技能方面：上册有板金的锤展、穿孔、曲折、錾凿、锉削、雕刻、焊接以及涂饰、着色等工作法；下册除继续上册的各项工作外，有蚀雕、抛光、电镀、铸造、锻造以及线金编物、制作螺旋等工作法；都设有最切实用的工作题，以资习练。知识方面，除关于劳动、职业、生产等讲演外，上册有金工工具概论、材料概论，下册有金工机械简说等；使学者获得金工的基本知识，发生研究的兴趣，为引进投身工业的梯阶。

此书主要教授的内容如下。

上册：关于金工上之中外比较观、金工工具概论、金工材料概论、板金锤展练习、板金穿孔雕刻练习、板金弯曲练习、金属錾凿练习、金属面涂饰油漆练习、金属锉削练习、金属雕刻练习、金属小焊焊接练习、金属大焊焊接练习、金属着色练习等。

下册：劳动与生活、金属腐蚀练习、金属抛光练习、金属电镀练习、劳动与健康、线金弯曲练习、线金编穿练习、锻铁锤展练习、锻铁附钢练习、刃物淬火练习、劳动与生产、金属熔铸练习、螺丝制作练习、金工机械工作的常识等。

（7）《初中劳作工艺篇：木工》

4-2-75

图4-2-75　朱稣典编，姜丹书校《初中劳作工艺篇:木工》，上海中华书局，1933—1934年

《初中劳作工艺篇：木工》于1933年（民国二十二年）12月至1934年（民国二十三年）11月初版，共2册，大32开，供初中学生使用。

此书"编例"介绍：

    本书的木工分为上下两册。技能方面：上册有刨锯的基本工作、钉接、榫接、胶接、油漆、装饰、制图及制作简易木器等的工作法；下册除继续上册的各项工作外，有线锯法、简易雕刻法及镟木工作等；都有最切实用的工作题，以便习练。知识方面：除关于劳动、职业的讲演外，上册有木工工具概论、木工材料概论，下册有原动力大意、木工机械简说等；范围较广，叙述较详，以供知识方面的研究，为促进木工工业的进步，改良我国木器的缺点，所万可不少的基础知识。

此书主要教授的内容如下。

上册：木工和人生的关系及我国木工的分业、木工工具概论、木工材料概论、刨锯的基本工作法、工作图法概要、钉接法练习、职业平等观、榫接法练习、现代劳动者的地位、胶接法练习、油漆法和装饰法练习、我国木器的缺点及其改良问题、简易木器制作练习等。

下册：世界工学界模范人物的轶事、线锯法练习、无业游民为人类的大蠹、续榫接法练习、续油漆法练习、共同制作简单家具及圆木工作法、简易雕刻法练习、青年的投身职业问题、原动力大意、镟木工作练习、木工机械简说等。

（8）《初中劳作：家事》

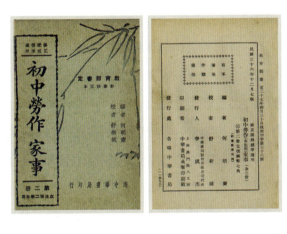

图4-2-76　何明斋编，舒新城校《初中劳作：家事》，上海中华书局，1934—1935年

《初中劳作：家事》于1934年（民国二十三年）11月至1935年（民国二十四年）12月初版，后又多次再版，共3册，大32开，供初中第一学年至第三学年女生使用。

此书"编例"介绍：

    本书的编制，完全依照部颁修正初中劳作家事课程标准，即纲目次第，亦悉照部定教材大纲。

    本书共分三册，每册分二十课，约以二星期教学一课，每学年用一册，适合初中三学年之用。

本书每课分讲演与工作二要项，讲演之后，即继以与讲演有关的工作指导，以期研究与工作打成一片。

本书每课课末，列有问题数则，使学生对于所学得的知识经验，加以整理。

本书实习所用的材料，以价廉易得者为主，实际教学时，教师不妨视学校环境及经济状况，酌量变通。

此书主要教授的内容如下。

第一册：第一课，家事的意义、家事的重要、家庭的价值；第二课，家庭的组织、家庭生活的内容；第三课，衣服与个人外表的关系、个人外表的修饰；第四课，衣服与人健康的关系；第五课，衣服服用时应注意的事项；第六课，寻常衣服的裁法、普通衣料的量算法；第七课，衣料的种类、织物组织的种类、购买衣料时应注意事项；第八课，衣料优劣的鉴别法；第九课，衣料优劣的鉴别法、裁缝用具的种类；第十课，衣服保藏法；第十一课，关于衣的家庭工艺；第十二课，个人卧室的布置和整理；第十三课，如何帮助家长整理住所；第十四课，衣服的洗涤法；第十五课，洗涤衣服应注意事项、衣服去污渍法；第十六课，衣服修补法；第十七课，衣服的保温作用、衣服的通气度、衣服色质与吸收温暖的关系；第十八课，各种军用衣服的名称、军用衣服图式、练习制作及修补军衣的必要；第十九课，饮食卫生的要点、人生所需的营养素、食物的危险、食物消化时间；第二十课，食物烹调与卫生的关系、食物的各种主要烹调法。

第二册：第一课，食物中各种成分与人体营养的关系、食物及饮料的选择与健康的关系；第二课，调味料的种类；第三课，食前的准备、会食时为礼貌、食具的洗涤；第四课，研究烹调的重要、厨房及烹调用具的注意、中西烹调用具的比较、燃料的种类；第五课，饮水的种类、水的优劣鉴别法、水的澄清和消毒法；第六课，家常适当食物的选择、五品家常饭菜的支配；第七课，食物优劣的鉴别法、四盆五碗客菜的支配；第八课，食物的预备；第九课，食物久藏法；第十课，关于食品的家庭工艺；第十一课，个人用款的预算、个人用款的审查；第十二课，家庭理财法；第十三课，个人卧室的布置、个人卧室的整理；第十四课，住所的位置、住所的构造、住所的布置；第十五课，住所的点缀、庭园的布置；第十六课，花卉园艺法；第十七课，蔬菜园艺法；第十八课，家庭的功用、优良家庭的造成；第十九课，个人对于家庭的贡献；第二十课，家庭中的职务应如何分工合作。

第三册：第一课，家庭的卫生、疾病预防法；第二课，疾病诊断法、最普通的疾病常识；第三课，急救法；第四课，传染病预防法；第五课，家庭及社会卫生与健康之关系；第六课，病人的看护、家庭应备的医药用品；第七课，受胎的征象、妊娠的期间、妊娠期内的卫生；第八课，助产的准备、分娩的征象、临盆；第九课，产后的卫生、流产后的卫生、堕胎的危险；第十课，小儿卫生常识、婴儿保育法；第十一课，乳儿身体发育的状况、乳儿智力发育的状况、幼儿身体发育的状况、幼儿智力发育的状况、儿童身体及智力发育的障碍；第十二课，儿童身心与遗传之关系、儿童身心发育与环境之关系；第十三课，儿童每日的需要；第十四课，儿童教育法；第十五课，中学生对于协助养育儿童的责任；第十六课，家庭经济的预算、家庭的簿记；第十七课，户口异动登记、印花税、违警事项；第十八课，各种主要契约的格式、各种主要的柬帖、请客知单的应付、收据及回单的格式；第十九课，交际的意义、交际的种类、交际的方法、交际时应行注意的事项；第二十课，宴会常识。

2. 根据1936年课程标准编写的教科书

1932年课程标准颁行之后，各地学校对教学总时数过多及课程繁重等问题提出颇多意见。1936年7月，国民政府教育部颁布了修正后的小学和初中劳作课程标准。中华书局遵照该劳作课程标准编写了《新编初中劳作》教科书一套。

（1）《新编初中劳作：木工》

图 4-2-77　朱稣典编《新编初中劳作：木工》，上海中华书局，1934 年

《新编初中劳作：木工》于1934年（民国二十三年）11月初版。1936年新课程标准颁布后，1937年7月此书经修订再版，至1940年3月，已发行第3版，共1册，32开，供初中第一学年学生使用。

此书"编例"介绍：

> 本书遵照民国二十五年六月教育部颁修正颁行之初级中学劳作（男生）课程标准编辑，分为木工、金工、金木工、竹工、土工及农艺畜养等六册。供第一二学年及第三学年各组，分别采用。

> 本书的木工，知识方面：有关于劳作、职业问题等的讨论、木工业的重要及改良，工具材料的概说等的研究。技能方面：有锯、刨、钻、凿等基本工作，及线锯法、钉接法、胶接法、榫接法、油漆法、雕刻法、装饰法、制图法等的实习。

此书主要教授的内容有：劳作的意义与必要、木工业的重要、木工工具概说、木工材料概说、练习锯刨钻的基本工作法、工作图的看读法、练习钉接法、练习线锯法、练习凿的基本工作法、练习油漆法、关于我国木工业应注意之点、练习胶接法、练习制图法、练习榫接法、练习装饰法、练习简易雕刻法、练习制作简易木器及军用品模型、青年的从事木工职业问题等。

（2）《新编初中劳作：金工》

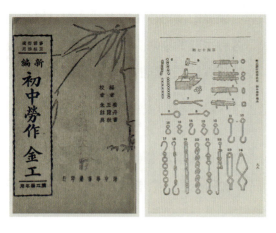

4-2-78

图4-2-78 姜丹书、王隐秋编，朱
稣典校《新编初中劳作：金工》，上
海中华书局，1937年

《新编初中劳作：金工》于1937年（民国二十六年）7月初版，至1940年（民国二十九年）3月已发行第3版，共1册，大32开，供初中第二学年学生使用。

此书"编例"介绍：

本书遵照民国二十五年六月教育部修正颁行之初级中学劳作（男生）课程标准编辑。

本书的金工，知识方面：有金属工艺的重要，金工对于国防上的重要，我国金属工业应注意之点，青年的从事金工职业问题，及金工工具概说，金工材料概说等的研究和讨论。技能方面：有板金锤展、弯曲、錾凿、锉削、焊接、锻铁、附钢，及金属的涂饰油漆、腐蚀、雕刻等实习，注意于制作简易板金器具、军用品，及简易锻铁器具等，至于铸金工、金属着色、电镀及金工机械等，均编入金木工书中，以便继续学习。

此书主要教授的内容有：金属工艺的重要、金属工具概说、金工材料概说、练习板金锤展剪切法、练习板金弯曲法、练习金属錾凿法、练习金属锉削法、练习金属小焊接法、练习金属大焊焊接法、练习锻铁锤展法、金工对于国防上的重要、练习锻铁附钢法、练习螺丝制作法、我国金属工业应注意之点、练习板金穿孔雕刻法、练习金属腐蚀法、练习金属雕刻法、青年的从事金工职业问题等。

（3）《新编初中劳作：金木工》

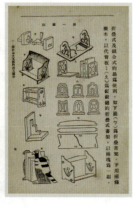

4-2-79

图4-2-79 朱稣典编，姜丹书校《新
编初中劳作：金木工》，上海中华书局，
1937年

《新编初中劳作：金木工》于1937年（民国二十六年）7月初版，至1940年（民国二十九年）3月已发行第3版，共1册，大32开，供初中第三学年学生使用。

此书"编例"介绍：

> 本书的金木工，知识方面：有金木工相互的关系，金木工艺的产业概况，简易军用品的学理与结构，手工艺在工业上的地位，原动力大意，金木工机械简说，简易金木工场的设备及布置等的研究和讨论。技能方面：有金属抛光、着色、电镀、铸金、车床工作等实习。注意于金木工的综合工作，练习自由作业和共同制作，制作金木日用品、军用品，及物理器械等。

此书主要教授的内容有：关于金木工艺的相互关系、金木工艺的产业概况、练习金属抛光法、练习金属着色法、练习金属电镀法、练习自由作业和共同制作、简易军用品之学理与结构、练习物理器械的制作、练习铸金工、手工艺在工业上的地位、原动力大意、练习车木工作、金木工机械简说、简易金木工场的设备及布置等。

（4）《新编初中劳作：农艺畜养》

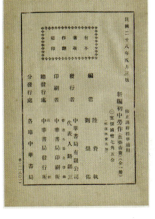

图4-2-80　陆费执、刘崇佑编《新编初中劳作：农艺畜养》，上海中华书局，1937年

《新编初中劳作：农艺畜养》于1937年（民国二十六年）8月初版，至1939年（民国二十八年）5月已发行第3版，共1册，大32开，供初中第三学年学生使用。

陆费执（1892—？），字叔辰。浙江桐乡人。历任国立北京农业专门学校教授兼园艺系主任、北京高等师范学校教授兼生物系主任、浙江省第一中学主任、上海中华书局总编辑、南通农科大学教务主任。著有《热带果品之研究》《中等果艺学》《高中生物学》等。

此书"编例"介绍：

> 本书目的：在灌输农艺畜养上之实用学识，使读者有种植和畜养之技能，并得兼事简易之农产制造；同时更使实地操作，养成其勤劳之习惯及培养其劳作之兴趣，与习得从事职业之基础训练。此外，并使明了农艺与工艺之关系，以及我国农艺及畜养之概况，可作初中劳作（男子）农艺畜养组教本之用。
>
> 本书内容：根据部颁初级中学修正课程标准分全书为五编：第一编农艺大意。分述栽培、

畜养之技能及简易农产制造之方法。第二编农艺与工艺之关系。分述农艺工艺之性质与连锁。第三编我国农艺及畜养概况。略述我国农业之起源及沿革以及地形、气候、土壤，与近年来之植畜生产概况。第四编兽医常识，先述兽医之范围性质及重要，后述家畜普通疾病之防治方法。第五编青年从事农业职业问题。对于农业职业之重要以及分类、选择与从事者必需之要素等，均有详细之叙述。

本书各节之后附有问题数则，使读者于每节终了，有复习之机会。如视为需要实习，于问题后，更附有实习，使读者可以实地试做。

此书主要教授的内容有：第一编农艺大意，其中第一章总说，第二章栽培大意，第三章畜养大意，第四章农业制造；第二编农艺与工艺之间关系，其中第一章农艺的性质，第二章工艺的性质，第三章农艺与工艺的连锁；第三编我国农艺及畜养概况，其中第一章我国农业的起源和沿革，第二章我国的地形气候土壤，第三章我国的农户田地，第四章作物和园艺的生产概况，第五章畜牧和渔业蚕桑的生产概况，第六章经营方法；第四编兽医常识，其中第一章绪论，第二章病原，第三章诊断，第四章家畜卫生要则，第五章家畜疾病的种类病因病状和防治法；第五编青年从事农业职业问题，其中第一章农业职业的重要和优点，第二章农业职业的分类和选择，第三章从事农业职业必需的要素，第四章农业职业效能的增进。

（5）《新编初中劳作：土工》

4-2-81

图 4-2-81　徐小涛编，朱稣典校《新编初中劳作：土工》，上海中华书局，1939 年

《新编初中劳作：土工》于1939年（民国二十八年）3月初版，1940年（民国二十九年）2月发行第2版，共1册，大32开，供初中第三学年学生使用。

此书"编例"介绍：

本书的土工，知识方面：有土工的价值，土工工具材料概说，青年从事陶瓷工职业问题等的研究和讨论。技能方面：有塑造法，石膏阴型制法，黏土玩具制法，土坯着色法，陶瓷制坯法，素烧法，釉烧法，以及简易水泥工作等实习。

此书主要教授的内容有：土工的价值、土工工具材料概说（一）、练习初步塑造法、练习石膏阴型制法、练习黏土玩具制法、练习土坯着色法、国产陶瓷所受舶来品的影响、土工工具材料概说

（二）、练习简易陶瓷器制坯法、练习水泥工作法、战壕及地窖的理论与结构、练习素烧及釉烧法、陶瓷水泥工业概况、青年的从事陶瓷工职业问题等。

（6）《新编初中劳作：竹工》

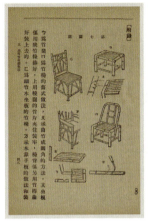

4—2—82

图4—2—82　朱稣典编，姜丹书校《新编初中劳作：竹工》，上海中华书局，1939年

《新编初中劳作：竹工》于1939年（民国二十八年）10月初版，1941年（民国三十年）6月发行第3版，共1册，大32开，供初中第三学年学生使用。

此书"编例"介绍：

本书的竹工，知识方面，有：竹材工艺的价值，我国竹材工艺概况，青年的从事竹工职业问题，及竹工工具概说，竹工材料概说等的研究和讨论。技能方面，有：简易竹杆制器法，竹材着色法，翻簧制器法，简易竹篾制器法等实习，供第三学年竹工组学习之用。

此书主要教授的内容有：竹材工艺的价值，竹工工具概说，竹工材料概说，练习简易竹杆制器法，练习竹材着色法，练习翻簧笔筒，我国竹材工艺概况，练习竹篾的剖割及编物，青年的从事竹工职业问题等。

（三）正中书局编辑出版的劳作教科书

正中书局创办于1931年10月10日，是国民党党营的出版机构。叶楚伧为董事长，陈立夫等为副董事长，吴大钧为总经理。正中书局的总局设在南京，上海、北京、天津、汉口、杭州等城市设有分局、发行所。正中书局建立初期以编辑中学教科书及课外读物为主，后来随着业务的发展逐渐扩大出书范围。当时，正中书局凭借其官办背景优势，在教科书的出版上很快形成与商务印书馆、中华书局、世界书局、大东书局、开明书店五大书局并立的格局。

1937年11月，正中书局随国民政府一起西迁汉口，后迁往重庆。抗战时期，国民政府加强文化控制，强化官办书局的力量。这时期的民营出版机构的业务相对萎缩，但正中书局的业务不降反升。[1] 1943年，正中书局遵照国民政府教育部1941年至1942年修正的课程标准，开始编辑出版"新

[1] 吴永贵. 民国出版史[M]. 福州：福建人民出版社，2011：138-139.

中国教科书"系列。该套教科书于1943年初版，至1947年仍再版使用。

抗战胜利后，正中书局迁回南京，另在上海设分处。1949年，正中书局迁往台湾。

"新中国教科书"系列

（1）《初级中学劳作：木工篇》

图 4—2—83　孙一青、赵擎环编著《初级中学劳作：木工篇》，重庆正中书局，1944 年

《初级中学劳作：木工篇》于1944年（民国三十三年）12月初版，1945年（民国三十四年）12月在上海发行第8版，1947年（民国三十六年）6月在上海发行第16版，共1册，32开，供初中第一学年学生使用。

此书"编辑大意"介绍：

本书系遵照民国三十一年一月部颁修正初级中学劳作课程标准编著而成。

本书根据民国二十九年二月修正公布初级中学课程标准说明第八条之规定，每课实习时间，得延长一小时半或二小时。

劳作教学，注重学生自我活动，故本书于实习段内，除详述基本练习应注意事项外，并令学生自动计划，希望学生于其自我活动中，以达课程标准之目标。

本书理论部分，多根据总理遗教，总裁言论，现代劳作教育理论，及有关劳作之参考书籍。

本书实习教材，系根据编者教学经验，尽量适应目前设备困难之环境，及学生工作能力与兴趣。

此书主要教授的内容有：参观木工工场、木工工用具的装配、识字玩具的制造、制图用具的制造、铅笔盒的制造、制图箱的制造、本学期工作的检讨及木材标本的搜集、整理木材标本、曲尺的制造、台钩的制造、书档的制造、小凳的制造、航空玩具的制造、工作成绩的展览、总检讨及整理工具用具等。

（2）《初级中学劳作：农业篇》

图 4-2-84　冒兴汉、孙一青编著《初级中学劳作：农业篇》，重庆正中书局，1945 年

《初级中学劳作：农业篇》于1945年（民国三十四年）8月初版，1947年（民国三十六年）10月在上海发行第34版，共1册，32开，供初中第三学年学生使用。

冒兴汉，生卒年不详，江苏如皋人。农学家。曾任国立广西大学农学院园艺系代主任、广西农学院教授。

此书主要教授的内容有：苗床的设置、苗床的播种、苗床的管理、整地、移植、选种、直接播种、施肥、栽植、农业调查、中耕、防害、修剪、收获及储藏、造园计划、家畜的鉴别、饲料的调制、校园的施工、植树、无性繁殖法、孵卵、榨乳、察看蜂群、育雏、食物防腐、冬季作物的收获、蜜蜂分封的处理、农业展览会、家畜的健康检查、养鱼等。

（3）《初级中学劳作：土工篇》

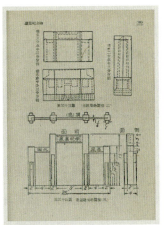

图 4-2-85　魏同仁编著《初级中学劳作：土工篇》，重庆正中书局，1945 年

《初级中学劳作：土工篇》于1945年（民国三十四年）10月初版，1946年（民国三十五年）6月在上海发行第1版，共1册，32开，供初中第三学年学生使用。

魏同仁，生卒年不详。民国时期曾在国立重庆师范学校担任美劳师范科主任、训导主任，后在国立西北师范学院美劳专修科任教。

此书主要教授的内容有：搜集和调查、标本的制作、工具用具的整理及制作、黏土的采掘和鉴别、泥土的淘练、平片器物的塑造、简易立体器物的塑造、附属物的塑造、石膏的煅烧、模型的制造、翻制石膏及雕刻石膏、模型印坯、辘轳制坯、玩具的制作、土坯的着色、总检讨及假期作业、整理假期作业、陶瓷制坯、素烧、调制釉药、装潢陶瓷、釉烧、建筑纪念物、做基础、采择石料及砖瓦、选择沙及粗粒料、调制泥灰及水泥胶沙、调制三合土、筑路、筑防空壕及防空洞、展览成绩等。

（4）《初级中学劳作：藤竹工篇》

4-2-86

图 4-2-86　魏同仁编著《初级中学劳作：藤竹工篇》，南京正中书局，1946 年

《初级中学劳作：藤竹工篇》于1946年（民国三十五年）8月初版，共1册，32开，供初中第三学年学生使用。

此书"编辑大意"介绍：

本书系遵照民国三十一年一月部颁修正初级中学劳作课程标准编著而成。

本书藤工教材，系根据编者教学经验，尽量适应目前设备困难之环境及学生工作能力与兴趣。

本书藤竹工篇，为求合于全国各地普遍之应用，实习所需之材料，多列有代用品，可因地选择，以免教学困难。

此书主要教授的内容有：购置材料、整理用具及工具、手杖的制造、衣架的制造、手巾架的制造、笛或萧的制造、胡琴或南胡的制造、刷子或蝇拍的制造、救护床的制造、竹凳的制造、量角器的制造、小船的制造、翻簧扇子的制造、相片架的制造、文具匣的制造、计划假期作业、整理假期作业、方筐的编制、圆筐的编制、簾的编织、字纸篓的编制、笠帽的编制、提包的编制、花插的编制、篮的编制、烘炉罩的编制、席的编制、箱的编制、筹备观摩会等。

（四）世界书局编辑出版的劳作教科书

（1）《新课程标准初小劳作教本》

4-2-87

图 4-2-87　倪祝华编著《新课程标准初小劳作教本》，上海世界书局，1933—1934 年

《新课程标准初小劳作教本》于1933年（民国二十二年）7月至1934年（民国二十三年）8月初版，共8册，32开，供初级小学劳作教师及师范科的教师、学生使用。

此书"编辑大意"介绍：

本书取材的目标，及作业设施，教学方法等完全根据劳作课程标准编辑。

本书所备教材，搜集丰富，使环境、地位、设备、经济等不同的各个学校，都可自由采用。

本书各册，都采用大单元的设计组织，并根据课程标准作业类别，校事、家事、农事、工艺四项，分别编列，以便教师参酌活用。但每册前附有各单元内容一览，本学期教授支配月历，以备检查而便教学。凡不用设计教学的学校，及按照劳作中校事、家事、农事、工艺分开担任的，可依照各项分类教学，使用上甚为便利。

本书对于各单元的动机的目的，以及各单元的教学设计方法，都详细叙述。关于各种工作方面的设备方法，管理方法，以及材料置备法和支配法工具修理法和改良法等，都详为说明。

本书每册中插图极多，对于各种材料的支配及制作法等，都有详细的解释，以便教师一目了然，按图指导，增进作业的效率。

此书第四册内容不详，其他分册主要教授的内容如下。

第一册：校事，包括入学指导设计、装饰教室设计、玩具展览会设计、种菜设计、过年设计；农事，包括农作设计、种菜设计、管理花卉设计、养鸡设计；工艺，包括装饰教室设计、玩偶生活设计、玩具展览会设计、过年设计、校舍模型设计。

第二册：校事，包括整洁教室设计、装饰教室设计、过夏设计、成绩展览会设计；家事，包括种菜设计、农作设计、玩偶生活设计、过夏设计；农事，包括种菜设计、种花设计、养蚕设计、农作设计；工艺，包括整洁教室设计、装饰教室设计、种花设计、养蚕设计、玩偶生活设计、自制玩具设计、过夏设计、成绩展览会设计。

第三册：校事，包括开学工作设计、本地特产品展览会设计、过年设计、假期作业设计；家事，包括种菜设计、农作设计、养鸭设计、玩偶生活设计、过年设计；农事，包括种花设计、种菜设计、农作设计、养鸭设计；工艺，包括开学工作设计、装饰教室设计、种花设计、养鸭设计、本地特产品展览会设计、玩偶生活设计、过年设计、假期作业设计。

第五册：校事，包括校事设计、假期作业设计；家事，包括农作设计、过冬设计；农事，包括种花设计、农作设计、养羊设计；工艺，包括捕养秋虫设计、庆祝双十节设计、种花设计、养羊设计、自制活动玩具设计、原人生活模型设计、假期作业设计。

第六册：校事，包括继续上学期的作业设计、过夏设计、假期作业设计；家事，包括农作设计、过夏设计、制甜酱及酱油设计；农事，包括种花设计、农作设计、养鹅设计；工艺，包括模范住宅模型设计、种花设计、庆祝儿童节设计、过夏设计、自制用具设计、假期作业设计。

第七册：校事，包括继续上学期的作业设计、假期作业设计；家事，包括继续上学期的作业设计、过冬设计、过年设计；农事，包括种花设计、农作设计、养兔设计、过冬设计；工艺，包括种花设计、庆祝双十节设计、模范村模型设计、养兔设计、自制用具设计、过年设计、假期作业设计。

第八册：校事，包括继续上学期的作业设计、成绩展览会设计；家事，包括农作设计、自制用具及衣着设计、蜜饯糖果设计；农事，包括种花设计、农作设计、养蜂设计；工艺，包括种花设计、本地特产品的研究设计、自制用具及衣着设计、自制活动玩具设计、建造毕业纪念物设计、成绩展览会设计。

（2）《新课程标准高小劳作教本》

图 4-2-88　倪祝华编著《新课程标准高小劳作教本》，上海世界书局，1934—1935 年

《新课程标准高小劳作教本》于1934年（民国二十三年）10月至1935年（民国二十四年）5月初版，共4册，32开，供高等小学劳作教师及师范科的教师、学生使用。

此书"编辑大意"介绍：

本书取材的目标，及作业设施、教学方法等，完全根据劳作课程标准编辑。

本书所备教材，搜集丰富，使环境、地位、设备、经济等不同的各个学校，都可自由采用。

本书各册都用大单元的设计组织，并根据课程标准作业类别，校事、家事、农事、工艺四项，分别编列，但内容互相联络，以便教师参酌活用。每册前附有各单元内容一览表、本学期教授支配月历表，以备检查而便教学。凡不用设计教学的学校，及按照劳作中校事、家事、农事、工艺分开担任的，可依照各项分类教学，使用上甚为便利。

本书对于各单元的动机的目的，以及各单元的教学设计方法，都详细叙述。

关于各种工作方面的设备方法，管理方法，以及材料置备法和支配法，工具使用法和修理法改良法等，都详为说明。

本书每册中插图极多，对于各种材料的支配及制作法等，都有详细的解释，以便教师一目了然，按图指导，增进作业的效率。

本书和前八册初级劳作教本，一贯衔接，各册所取的教材前后都照顾，使用时只须按照内容实施。

此书主要教授的内容如下。

第一册：校事，包括入学指导设计、学期结束设计；家事，包括农作设计、制作旅行用品设计、养牛设计；农事，包括农作设计、种花设计、养牛设计；工艺，包括装饰教室设计、种花设计、养牛设计、制作竹的用具设计、制作简易木的用具设计、制作简易板金工的用具设计。

第二册：校事，包括继续上学期的作业设计、校舍的装饰布置设计、学年结束设计；家事，包括农作设计、自制糖果设计、缝制夏季用品设计；农事，包括农作设计、种花设计、养猪设计；工艺，包括种花设计、养猪设计、自制活动玩具设计、自制用具设计。

第三册：校事，包括继续上学期的作业设计；家事，包括农作设计、过冬设计；农事，包括农作设计、种花设计、养马设计；工艺，包括种花设计、编竹设计、制作简易木器设计、制作简易展铜工的用品设计、制作水泥用具设计、制作简易化学工艺品设计。

第四册：校事，包括继续上学期的作业设计、举行毕业纪念会设计；家事，包括农作设计、举行毕业纪念会设计；农事，包括农作设计、种花设计、养驴和骡设计；工艺，包括种花设计、竹制用品设计、制作简易木器设计、制作简易铁器设计、制作地图模型设计、制造油漆设计、举行毕业成绩纪念会设计。

（五）形象艺术社编辑出版的劳作教科书

（1）《剪贴工艺教材》

图 4-2-89　杨鸿仪编《剪贴工艺教材》，上海形象艺术社，1936 年第 3 版

《剪贴工艺教材》初版时间不详，1936 年（民国二十五年）7 月已发行第 3 版，共 2 册，32 开，供小学生使用。

此书"编辑大意"介绍：

本书是现代小学的实验教材，用意精密，编制适当，取材新颖，指导详细，实为剪贴教本中的别开生面的编制。

本书每图有颜色分解的说明表，每册又有铜版精印的彩色名目表，使教者学者都能一目了然。

本书每图都有剪贴顺序的说明，学者循序工作，有条不紊，决无茫无头绪之苦。

本书材料丰富，凡人物，风景，动物，植物，静物等，共有七十五图之多。

此书主要教授的内容如下。

上册：狐、水壶、蜗牛、母鸡、读书、美孚灯、葫芦、眼镜、剪刀、书案、渔翁、骑士、鸳鸯、狩猎、鼠、蝙蝠、呢帽、花瓶、书包、飞燕、茄子、桅灯、鸟、归途、飞机、童子军、鹅、途中、洋装书、归宿、水壶、花盆、别墅、夜景、铅吊、铅桶拖粪、钢笔水墨瓶等。

下册：骆驼、义勇军、工作、人力车、郊外、湖畔、小公园、飞机场、花、十字花、汽车、月兔、月影、黄雀、梨苹、归程、虞美人、耕田、灯、洗衣、挺进、猎狗、喂猫、雨鞋、烛、洋狗、茶杯、公鸡、黄牛、壶杯、水果、瓶碗、鹅、雪郊、秋、期待、雪中古城、鸭子等。

（2）《彩色剪贴教材》

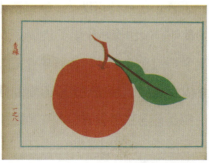

图 4-2-90　作者不详《彩色剪贴教材》，上海形象艺术社，1936 年

《彩色剪贴教材》约于1936年（民国二十五年）出版，版次不详，共3册，32开，供给初高级小学生使用。

此书"编辑大意"介绍：

> 本书每册分三类：第一册为器具、瓜果、花卉；第二册为昆虫、水族、飞禽；第三册为走兽、人物、风景；每类有彩图五六幅，配色美丽，趣味浓厚，以备学生依样剪贴之用，每类各有墨色补充材料一幅，搜罗丰富，任意选择，以备学生自由创作参考之用。

此书主要教授的内容如下。

第一册：国旗、眼镜、地黄牛、火柴、喇叭、柠檬香蕉、香橼、葫芦、冬瓜、枇杷、葡萄、梅花、山茶、黄菊、兰花、紫藤等。

第二册：黄蜂、黑蜂、青蛙、蝌蚪、蚱蜢、蝉、柳、蜻蜓、蝴蝶、蚌、蛤、青鱼、鲤、金鱼、蟹、稻、鸥鹠、鹦鹉、鹭、孔雀、鹊、钟楼等。

第三册：黄牛、狮、鼠、月饼、狗、骆驼、走兽、老翁看书、农夫、田野、渔人、樵夫、柳阴、松月、帆船、山塔、城垣、古庙、汽车道等。

（六）新亚书店编辑出版的劳作教科书

（1）《剪纸手工范本》

图 4-2-91 蔡忱毅编绘，沈士秋校订《剪纸手工范本》，上海新亚书店，1936年

《剪纸手工范本》于1936年（民国二十五年）9月初版，共2册，32开，供小学中年级和低年级学生使用。

此书编者认为，剪纸在促进儿童的思想和智慧的训练上有很大帮助，能在无形中引导儿童进一步认识日常生活的事物。此书"编者话"介绍：

> 复兴民族，因先从教育着手。儿童教育又是任何教育的基础。虽然劳作科是儿童教育上的一小部分，当然我们也不能因小而就忽视。

> 本书目的，在供给小学劳作教材。取容易引起儿童欣赏兴趣而又日常所见的事物，绘成彩色图样，使儿童按图剪贴，以培养其灵活的手和敏捷的脑。

此书主要教授的内容如下。

第一册：飞机、晨曦、鸡冠花、奔鹿、烛、滑梯、颜色匣、胡琴、马、战、口琴、村舍、步哨、乡妇、兵舰、拍萤火虫等。

第二册：别墅、整容、海鸥、瓶花、酒和樱花、山居、图画书、火油灯、吃烟人、前门、高射炮、饭桶、鹿、军旗、热水瓶、操等。

（2）《劳作科折纸教本》

4-2-92

图4-2-92　田云青编绘，沈士秋校订《劳作科折纸教本》，上海新亚书店，1936年第2版

《劳作科折纸教本》初版年代不详，1936年（民国二十五年）9月发行第2版，共4册，32开。

此书主要教授的内容如下。

第一册：茶杯、风车、鸽、蚱蜢、屋、飞鸠、鸭、双连船、飞行机、黄莺、提灯、升等。

第二册：灯、传书鸽、鼎、皮夹、帆船、椅子、纸炮、箕、玫瑰花、鸣蝉、裤、箱等。

第三册：企鹅、飞机、猪、小鸭、桌、海驴、蝉、龟、猴、飞鸟、扯鸟、猪头等。

第四册：风泡、帽、虫笼、仙鹤、船、母鸡、公鸡、货船、燕、纸花、马、朝鲜船等。

（七）黎明书局编辑出版的劳作教科书

1929年7月，复旦大学教授孙寒冰、伍蠡甫、章益，以及上海《国际贸易导报》主编侯厚培、南京中央政治学校王世颖等一起发起创办黎明书局，主要出版当时最新的世界名著。书局初设在上海市南成都路（今成都北路）大德里，后迁至福州路254号。

《劳作教学实例》

4-2-93

图4-2-93　杨俊如编，刘百川校《劳作教学实例》，上海黎明书局，1935年

《劳作教学实例》属于"黎明乡村小学"丛书之一，此书于1935年（民国二十四年）9月初版，1937年（民国二十六年）2月发行第2版，共1册，32开，供乡村小学教师、乡村师范学校学生使用。

此书"自序"介绍：

劳作教育的意义，年来国内学者极端呈现出不同的见解，甚有认为《劳作教育》即是"生产教育"，殊与小学教育目标不合，并违背儿童身心状态。本书于开宗明义章中，采取国内教育专家陶行知先生的主张，阐明"劳作教育的真谛"乃为"从劳力上劳心的教育"，亦即"做学教合一"，以"做"为出发点的"由做而学"的教育。全书虽有言及"生产教育"的，但绝不使"劳作教育"，与之混为一谈，此其要点一。

劳作教育的实施，绝非仅为设一"劳作科目"，所能达其目的或竟其全功，此已为国内外学者所公认，故其教材的组织，应尽量融合全部课程而作大单元的设计组织。本书于第三章教材实例中，对劳作教材的组织，虽仍存劳作科的形式，但其组织的精神，则已全部采取大单元联络教学的方式。此其要点二。

劳作教育之在乡村小学，所以不能普遍发展的，固有其他重要原因，但劳作设备之无方法和设备之不完全，确是主要原因。本书于第四章设备实例中，尽量陈述设备的方法，并多举设备的参考，务期乡村小学，得以解除此项困难。此其要点三。

劳作教学的材料，尤其是工艺的材料，近来提倡利用废物及自然物的主张，已成普遍的趋势，确是劳作教育的新生命。本书于第四章材料应用中，特别搜集自然物和废物利用的实例，以助长劳作教育的新生命。此其要点四。

劳作教育的教学做，应以劳作为核心，由劳作出发而至各科的教学做。……本书于第六章劳作中心的设计教学做实例中，详纪以劳作为中心的活动状况，以显示劳作中心教学做的历程。此其要点五。

本书于第七章以下，校事，家事，农事，工艺等教学做实例中，对教学做过程及实际活动，均尽量显示其设计精神。此其要点六。

此书共有十章：第一章劳作教育的概说，第二章劳作教育的课程，第三章劳作教材的实例，第四章劳作设备的实例，第五章劳作材料应用的实例，第六章劳作中心的设计教学做实例，第七章校事的教学做实例，第八章家事的教学做实例，第九章农事的教学做实例，第十章工艺的教学做实例。

（八）其他的劳作教科书

《小学劳作教学法》

图 4-2-94 吴守谦、吴文鸣合编《小学劳作教学法》，出版者不详，1934 年

《小学劳作教学法》于1934年（民国二十三年）1月印刷，共1册，大32开，是为杭州师范附属小学教育函授班编写的讲义。

此书编者介绍：

本书共分二十节，每节讨论一个中心问题。各节的形式是这样的：（一）讨论资料；（二）指定工作；（三）自由研究。"讨论资料"是供诸位参考的；"指定工作"中的问题，是必须要诸位作答的；至于"自由研究"中的问题，做不做可随便。

此书主要教授的内容有：从手工科说起、劳作科的教学目标、劳作科教师必备的本领、使儿童做有趣的劳作、多方利用环境、注重实地操作、怎样使操作时的秩序会好、指导儿童在家庭内劳作、怎样和他科联络教学、通常应用的教学过程、劳作教材的新途径、怎样利用自然物、怎样利用废物、儿童可做的科学玩具、幼稚生和低年级儿童可做的劳作、中年级儿童可做的劳作、高年级儿童可做的劳作、经济合用的设备、介绍几种自制教具、劳作科成绩考察法等。

第三节
解放战争时期的美术、劳作教科书
（1945—1949）

1945年8月15日，日本帝国主义宣布投降，中国经过多年艰苦卓绝的抗战，终于取得了反法西斯战争的胜利。

日本帝国主义宣布投降的当日，国民政府教育部部长朱家骅向收复区教育界播发通告，希望收复区各教育机关"暂维现状，听候接收"[1]。同日颁布《战区各省市教育复员紧急办理事项》14条，要求各省市教育厅局迅速遵照执行。

1945年9月20—26日，国民政府教育部在重庆召开全国教育善后复员会议，其主要议题有四个方面：（1）如何利用各级学校复员之机会，使各级学校在地域上作一相当合理之分布，俾全国教育得平衡之发展；（2）如何肃清收复区、光复区内敌伪奴化教育之流毒，及如何逐渐恢复正常教育；（3）后方各校若干教职员，来自沿江沿海一带者，如何使其仍能安心工作，不至影响校务；（4）前方后方直接间接参加抗日工作及因战事影响而失学之青年，人数甚众，如何予以救济鼓励，使其获得复学之机会。[2]

1946年5月5日，国民政府还都南京，重庆作为战时首都的历史使命随之结束。1946年6月26日，国民党在完成各项军事部署后，公然撕毁停战协定和政协决议，向解放区发动全面进攻，挑起了中国历史上空前规模的内战，中国人民解放军同国民党军队进行战略决战。1949年10月1日，在中国人民解放军向全国进军途中，中华人民共和国在北京宣告成立。

1948年9至12月，国民政府教育部颁发《小学中高年级美术课程标准》和《修订初级中学美术课程标准》。其中《小学中高年级美术课程标准》在培养目标方面，强调了"指导儿童对于我国固有艺术的认识和欣赏"[3]；在各学年作业要项的"欣赏""发表"和"研究"的具体内容方面，都做了调整。《初级中学美术课程标准》在学科名称上，将"图画"改称"美术"；在培养目标方面，

[1] 教育部教育年鉴编制委员会.第二次中国教育年鉴：第一编[G].上海：商务印书馆，1948：14.
[2] 教育部教育年鉴编制委员会.第二次中国教育年鉴：第一编[G].上海：商务印书馆，1948：15.
[3] 课程教材研究所.20世纪中国中小学课程标准·教学大纲汇编：音乐·美术·劳技卷[G].北京：人民教育出版社，2001：236.

强调了"训练绘画及切合生活需要各项作图之能力；灌输美术常识使于人物自然形态有精确之观察；指示欣赏各类美术作品使有爱美之兴趣与习惯；鼓励休闲时习作各种美术以涵养优良品性"；在教材大纲方面，增加了"特产工艺之设计及改进"及"美术浅说"等方面的内容；在实施方法中，强调了"参观各种美术展览，及各地特产工艺工场""选择有关启导学生思想技能之画家工艺家评传，随时讲演，以促进学生之向上心""对于环境应使养成审美之敏感与改进之能力"等[1]。

1948年，国民政府教育部颁发《修订高级中学美术课程标准》。其中，在学科名称上将"图画"改称"美术"；在培养目标方面，强调"训练绘画及切合生活需要各项作图之能力并求其精进；灌输美术理论使知美之构成因素；供给欣赏各项美术作品之机会提高爱美之兴趣；使能于休闲时自动创作各项美术以涵养优美品格"；在教材大纲方面，强调商业图案、工艺装饰图案、工艺庭园建筑之立体或平面设计、标本图及统计图的制作，中国美术史概说、西洋美术史概说的学习；在实施方法方面，强调"图案制作，须切合民生最需要方面，提高其美的结构能力，并充分与劳作科联络""利用课外时间组织关于美术各项之研究会或活动""指导及介绍学生阅读关于美术各项之图书杂志"，以及"鼓励学生利用假期自动的作野外写生"等。[2]

1948年9月，国民政府教育部公布了《小学低年级工作课程标准》《小学中高年级劳作课程标准》，以及《修订初级中学劳作课程标准》《修订初级中学女生家事课程标准》。其中，小学低年级的美术与劳作科又合并为以混合教学为原则的工作科。作业类别包括有关儿童生活或故事的图片、各种自然景物等的欣赏和观察，蔬菜花果的栽培、家禽家畜饲养、玩具制作等的实习和发表。小学中高年级劳作作业类别包括日用器具和原料、农具和农作情形、衣服的颜色式样、各种建筑物和交通器具等的观察，有关工艺、农事、家事方面的实习。初中劳作第一学年男女生共同学习竹土工；第二学年男生学木工、金工，女生学服装裁剪修补、食物简易烹调法、房屋庭园的布置及管理等；第三学年男生分特产工艺组、玩具组、文具组、一般工艺组，学习金木工，女生学习育儿、护理等方面的知识与技能。

1948年，国民政府教育部颁发了《修订高级中学劳作课程标准》和《修订高级中学女生家事课程标准》。其中《高级中学劳作课程标准》在培养目标方面，强调"练习生活环境中必需之实用技艺有设计制作之兴趣和能力；训练手脑并用有准确迅速勤恳忍耐精进等习惯；激发劳动生产及创业之兴趣"；在教材大纲方面，要求"高中劳作教材不以木工金工等为分野"，每校可从特产工艺组、家具组、制版印刷组、型造组、化学工艺组、航空模型组、庭园建筑组、学校仪器组、机件修理组中选设一组或二组。《女生家事课程标准》在培养目标方面，强调"培养学生对于家政有较完备之知识较熟练之技能及浓厚之兴趣与改进之志愿；训练学生能用科学原理及艺术法则以促进家庭

[1] 课程教材研究所. 20世纪中国中小学课程标准·教学大纲汇编：音乐·美术·劳技卷[G]. 北京：人民教育出版社，2001：238-239.

[2] 课程教材研究所. 20世纪中国中小学课程标准·教学大纲汇编：音乐·美术·劳技卷[G]. 北京：人民教育出版社，2001：240-241.

人、事、地、物、时各方面之合理化并有设计能力；获得选择配偶教养儿童有正确之见解发挥女性母性之特长与美德"等。[1]

一、中小学美术教科书

1942年，国民政府教育部为推行国定本教科书，成立国定本中小学教科书七家联合供应处，由商务印书馆、中华书局、正中书局、世界书局、大东书局、开明书店和交通书局七家出版社联合供应教科书。

抗战胜利后，国立编译馆主要采取三种方式来选定部编教科书：（1）酌选坊间特优课文，收用版权，加以修订，作为部编教科书；（2）指定优良学校自编实验教材，经试教适用后，送部审查合格者，再经修订作为部编教材；（3）登报征求依照课程标准新编教材，经审查合格后略作修改，采为部编教材。不管采取何种方式，部编教科书的每一种稿本，均须经过许多人编辑、校阅、审查、批评、修改或实验教学，才能被定为标准教材。[2]1947年7月1日，开始施行《印行国定教科书暂行办法》及《实施细则》，各种教科书的意识形态内容受到官方的严格控制，而且版面、装订、纸质、字体、插图都必须遵循统一标准。

这时期，许多出版社纷纷迁回上海，但由于遭逢国民党发动全面内战，国家经济崩溃，物价飞速上涨，中国的出版业仍遭遇着巨大困难。因此，这时期中小学美术教科书编写与出版基本处于停顿和衰败阶段。

从现在仅存的几套中小学美术教科书来看，这时期教科书有的是抗战时期出版过，抗战结束后再版的；有的基本沿袭传统的编写方式，并无多大新意，如1946年大中国图书局的《图画范本》（都冰如编绘）等，其编写方式仍与清末民初时期的习画帖相类似，每册提供若干幅图，供学生临摹学习。

（一）大中国图书局编辑出版的美术教科书

《图画范本》

4-3-1

图4-3-1　都冰如编绘《图画范本》，上海大中国图书局，1946年

---

[1] 课程教材研究所. 20世纪中国中小学课程标准·教学大纲汇编：音乐·美术·劳技卷[G]. 北京：人民教育出版社，2001：428-434.

[2] 李华兴. 民国教育史[M]. 上海：上海教育出版社，1997：493.

《图画范本》于1946年（民国三十五年）10月初版，共2册，每册有50幅图，64开，供小学生使用。

都冰如（1903—1987），字能，别署九五客，浙江海宁人。现代装饰美术家。毕业于上海艺术专科师范学校。1927年进入上海商务印书馆，从事书籍装帧、广告设计工作。历任商务印书馆香港分馆《东方画报》《健与力》等刊物美术编辑，重庆国立劳作师范学校美术教师，上海市市北中学教师、上海文史馆馆员。曾为上海中华书局出版的"小学生丛书"第一至三十册创作插图和封面。

此书主要教授的内容如下。

上册：伞、蜘蛛、锣鼓、墨砚、月季花、苹果、锅和刀、果筐、蝴蝶、蛋、塔、黄瓜、碗和筷、菊花、鹅、橘子、梨、牙刷和牙膏、白菜和萝卜、烛台、小鸡、风景、蜻蜓、板羽球、钟、凳和椅、笔、鱼、脸盆和肥皂、跳舞、飞机、猪、小鸟在唱歌、帽、书、木梳和篦箕、树、蚕、猴、荸荠、笋、电灯、骆驼、镜、藕、泥娃娃、洋娃娃、剪尺线、鹤、象等。

下册：国旗、月亮、太阳、圆和方、帆船、牛、祖父和祖母、茶壶、推车、花瓶、蛙、皮鞋、熊、风筝、火柴、金鱼、船、花盆、手、提灯、柳燕、西瓜、滚铁环、马、屋、猫头鹰、喜怒、哀乐、鸡、亭、瓶和杯、驴、扫帚和畚箕、小鸭、航空母舰、鼠、枇杷、刀、虾、兵舰等。

（二）万叶书店编辑出版的美术教科书

1937年抗日战争爆发后，上海沦为"孤岛"，各书局奉命疏散或内迁。万叶书店就是在这一时期由艺术家钱君匋和教育家李楚材等人创办，书店主要出版算术、美术、音乐方面的教材与文艺书籍。

《中国画册》

4-3-2

图4-3-2 翁之琴著《中国画册》，上海万叶书店，1947年第3版

《中国画册》初版时间不详，1939年（民国二十八年）1月再版，1947年（民国三十六年）发行第3版，共1册，有22幅图，28开，供中学生使用。

翁之琴，生卒年不详。近代画家、美术教育家。擅长书画、诗词、音乐。1936年2月，与丰子恺、陈抱一、钱君匋、苗天瑞、沈秉廉、程懋筠、陈恭则、郑川谷、顾晓初等创办艺术教育书店，曾出版《儿童画册》等幼儿读物。

此书主要教授的内容有：竹子、牡丹、葡萄、鱼、篮子和白菜、梅花、补衲、山水、萝卜与笋、女子、学习画轮廓（一）、学习画轮廓（二）、水仙与山茶花、猫、春江绿泛、花卉、虾、菊花、母鸡、听松观瀑、小鸡、骑驴等。

（三）世界书局编辑出版的美术教科书

《美术工艺混合课本》

4-3-3

图 4-3-3　虞哲光编绘《美术工艺混合课本》，上海世界书局，1948 年第 2 版

《美术工艺混合课本》初版时间不详，1948年（民国三十七年）9月发行第2版，共4册，32开。此书将美术、工艺两科结合在一起，供初级小学校学生使用。

虞哲光（1906—1991），笔名于执。江苏无锡人。曾任教于上海幼儿师范学校，后创办木偶剧团，又任上海美术电影制片厂导演、中国美术家协会会员、中国木偶皮影艺术学会名誉会长。擅长电影美术、木偶皮影。作品有美术电影《掌中戏》《崂山道士》等。

此书"编辑大意"介绍：

本书注重儿童美的欣赏，以日常所见的事物为材料。方法力求变化，以期适合儿童心理，增加儿童工作兴味。

本书编辑，依据时令由浅而深，每册中可以连络的材料编成连续单元，使儿童有系统的自动去做。教师若能利用蜡纸油印，分发儿童自由着色剪制，更觉简易有趣。

本书内容：美术方面包含构图、着色、平涂、剪贴等；工艺方面包含纸工、金工、竹工、泥塑、纸浆、缝纫等。

此书主要教授的内容如下。

第一册：美术方面的内容包括蜡笔涂色（国旗、苹果、葡萄、花篮、牛、羊、贺年卡）、添画并着色（捉灯会、堆雪人）、剪贴（白兔、金鱼、金鱼缸、月雁、秋菊、花瓶、小狗、黑猫）等；工艺方面的内容包括玩具制作（小鸡、小鸭、风车）、折纸（鹅）等；欣赏方面的内容包括《小艺术家》等。

第二册：美术方面的内容包括蜡笔着色（月季花、花、鸟、百合花、西瓜、茄子）、自由画（飞机）、剪贴（燕子、老虎、柳堤、火车、飞机、轮船、蝴蝶、鹦鹉、狮子、团扇）等；工艺方面的内容包括玩具制作（洋娃娃的圆台、蜻蜓、鹤、人力车、洋娃娃、陆地行船）、折纸（公鸡）、撕纸（杯、刷）等；欣赏方面的内容包括《姊姊弟弟》等。

第三册：美术方面的内容包括平涂（鸭和黄狗谈话）、水彩着色（秋果）、自由画（飞鸟、走兽）、对称图案、剪贴（月下洋楼、洋娃娃的台凳、洋娃娃的衣橱、饼图案、雪景）等；工艺方面的内容包括玩具制作（圆篮、灯、滑稽人、竹马、洋娃娃的摇床）、厚纸剪折（小屋）、实物制作（黑猫月历）、十字绣（鸟、花、狗、水仙花、兽）等；欣赏方面的内容包括《乘凉》等。

第四册：美术方面的内容包括画法临摹（人的动作）、水彩着色（枇杷、桃子、春景）、自由画（花蝶、花、虫、鱼、农夫、花果图案、虫鱼图案）、泥塑（农夫耕种、匣子、洋柿）等；工艺方面的内容包括玩具制作（小运动员、打架、倒影箱、幻术箱、蛋壳、金鱼）、纸浆工（小鸡、小鹅、龟兔竞走）、实物制作（皱纸花）等；欣赏方面的内容包括《饲鹅》等。

二、中小学劳作教科书

抗战胜利后，新的中小学劳作教科书的编写基本还处于停顿状态，不少学校使用再版的抗战时期编写的劳作教科书。如正中书局根据1942年的劳作课程标准编写的"新中国教科书初级劳作"系列，在这时反复再版以供学校使用。商务印书馆和中华书局在这时期则出版了供教师使用的劳作科教学参考书。

（一）商务印书馆编辑出版的劳作教科书

《革新的劳作教学法》

4-3-4

图 4-3-4 陆嵩安编纂《革新的劳作教学法》，上海商务印书馆，1948 年

《革新的劳作教学法》属于"国民教育文库"之一，此书于1948年（民国三十七年）4月初版，同年8月发行第3版，共1册，32开，供小学教师进修及师范生参考使用。

此书共四章：第一章劳作教育的革新，包括劳作的起源、劳作教学的革新；第二章劳作的意义，包括劳作的解释、近代教育家对于劳作教育之学说、劳作科的价值；第三章劳作科一般的教学法，包括工场的设备、工具的管理、材料的管理、教具设备的搜集与自制、教材的种类、教材的选择、教材的排列、教学的方法、教学的过程、订正及指导的注意、成绩考查；第四章劳作科各种主要工艺的教学法，包括纸工的教学法、土属工艺的教学法、藤材工艺的教学法、竹材工艺的教学法、木材工艺的教学法、金属工艺的教学法、家事的教学法、农艺的教学法。

（二）中华书局编辑出版的劳作教科书

《小学劳作教师手册》

4—3—5

图 4—3—5　余礼海编《小学劳作教师手册》，上海中华书局，1949 年

《小学劳作教师手册》是"中华文库"中的"小学教师用书第一集"，此书于1949年（民国三十八年）2月初版，共1册，32开，供小学劳作教师教学参考使用。

此书共六章：第一章关于课程标准的，包括劳作科沿革、现行标准、目标的解释、纲要的分析；第二章关于教材的，包括劳作科教材的种类、教材选择的原则、劳作教材的搜集支配和排列、各学年适用教材举例；第三章关于教学方法的，包括本科学习心理、本科教学法所依据的重要原则、本科各种教学方式、劳作科的教学过程和教学实例、课外活动指导法、特殊儿童指导法、成绩考查法、各科联络法；第四章关于设备的，包括教室布置法、工具教具施用法、图表制作法；第五章关于教师进修的，包括教师的基本素养、实习教学时注意点、劳作教师主要参考书目；第六章各种备应用检查的参考资料及图表。

1927年南京国民政府成立后，教育行政委员会制定了《学校施行党化教育草案》，试图在全国推行党化教育，强化国民党对学校教育的统治，规定中小学教科书"以不背党的主义、党纲及精神，并适合教育目的、学科程度及教科体裁者，为合格"，要求学校的教育以及教科书的编写都要服从"党义"，符合"三民主义"教育宗旨。

1931年"九一八事变"后，日本侵占了我国东北三省。为了达到奴化东北人民的目的，日伪政府非常重视教育和教科书的编写。当时所编写的各科教科书，都充斥着美化宣传日本侵略的内容，灌输所谓"王道主义"与"惟神之道"，突显了思想奴化教育的意图。

1927—1937年，是民国国民经济快速发展时期。这时期，中小学课程标准经过了几次修订，小学"形象艺术"易名为"美术"，手工科从"工用艺术""工作"易名为"劳作"。课程标准的不断修订，促进了教科书的不断修改和更新。当时，除商务印书馆和中华书局以外，世界书局、开明书店、正中书局也开始积极编写中小学教科书。此外，还有许多民间和私人新成立的出版机构纷纷乘势参与了教科书编写与出版工作，打破了民国初期商务印书馆和中华书局垄断教科书市场的局面。这时期，也是中国中小学美术、劳作教科书出版业最兴旺和最繁荣的时期。

在这一阶段，商务印书馆出版的"新时代教科书"系列（1927）、"基本教科书"系列（1931）、"复兴教科书"系列（1932），中华书局出版的"新中华教科书"系列（1931），以及根据1932年和1936年课程标准编写的美术、劳作教科书，都是这时期最有影响力、使用最广泛的教科书。当时，一些新成立的民间和私人出版机构，则以编写供学生在美术、劳作课堂内外使用的教学辅助类书为主。

1937年卢沟桥事变之后，中国进入了全面抗战时期。受日本帝国主义侵略的影响，原本非常发达的上海印刷出版业一落千丈，业务急剧萎缩，处境艰难，不少出版社开始向内地转移，导致教科书供不应求。自此，教科书的出版由盛而衰。

1942年，商务印书馆、中华书局、正中书局、世界书局、大东书局、开明书店、交通书局七家出版机构成立国定本中小学教科书七家联合供应处，负责印刷发行中小学各科教科书，以此来解决后方书荒问题。这时期，正中书局依据1942年初中劳作课程标准编写的"新中国教科书初中劳作"系列在当时影响很大，抗战结束后仍在出版和再版。

1945年抗战胜利后，由于国民党发动全面内战，国家经济崩溃，物价飞速上涨，中国出版业的恢复与发展仍蒙受着巨大阴影。这时期中小学美术、劳作教科书的编写与出版，基本处于停滞和衰退阶段。在这时期出版的仅有几套美术、劳作教科书，且基本是再版以前出版的教科书，或是沿袭抗战之前的编写方式，并无多大新意。

附　录

中国近代图画、手工教科书发展年表

年代	历史背景	科目	教科书
1904—1912年	1904年1月，清政府颁布《奏定学堂章程》，史称"癸卯学制"，中小学开始设置图画科。 新式学堂兴起之后，一些民间出版机构，如商务印书馆、文明书局和彪蒙书室等，纷纷编写出版教科书。 这时的图画教科书，有的由我国学者自行编绘，有的直接聘请日本教员绘制或根据日本教科书改编而成。用器画类教科书，则以翻译日本的为主。 1905年12月，清政府设立学部，统辖全国教育事宜，并下设编译图书局来管理和编辑教材。	绘画	●1904年，〔日〕广田藤治绘画，丁宝书编辑《铅笔习画帖》，上海文明书局出版，是"癸卯学制"颁布之后，最早编写出版供初等小学堂学生使用的美术教科书。 ●1905年，施崇恩编《绘图蒙学习画实在易》，上海彪蒙书室出版，是我国最早用白话文编写的图画教科书。 ●1905年，丁宝书编《小学分类简单画》，上海文明书局出版。 ●1905年，金石编绘《初等小学习画帖》（学生用），上海商务印书馆出版。 ●1905年，金石编绘《初等小学校习画帖》（教员用），上海商务印书馆出版。 ●1905年，〔日〕尾竹竹坡、徐永清编著《铅笔习画帖》，上海商务印书馆出版。 ●1906年，丁宝书编辑《高等毛笔习画帖》，上海文明书局出版。 ●1906年，商务印书馆编译所编绘《毛笔习画范本》（初等小学校学生用），上海商务印书馆出版。 ●1906年，商务印书馆编译所编绘《毛笔习画范本》（初等小学校教员用），上海商务印书馆出版。 ●1906年，商务印书馆编译所编辑《中学铅笔习画帖》，上海商务印书馆出版。 ●1907年，张在恭编辑《初等小学图画范本》，上海中国图书公司出版。 ●1907年，商务印书馆编译所编绘《新撰中学画学临本》，上海商务印书馆出版。 ●1907年，商务印书馆编译所编辑《黑板图画教科书》（师范学堂用），上海商务印书馆出版。 ●1908年，商务印书馆编译所编辑《铅笔习画帖》（初等小学堂用），上海商务印书馆出版。 ●1909年，学部编译图书局编纂《高等小学图画教科书》，南京两江南洋官书局出版，是我国第一次由政府组织编写的"国定本"图画教科书。 ●1910年，学部编译图书局编纂《初等小学图画教科书》，南京两江南洋官书局出版。

续表

年代	历史背景	科目	教科书
		用器画	●1905年，日本建筑书院原著，张景良编译《小学几何画教科书》，上海文明书局出版，是我国较早翻译引进的几何画教科书。 ●1908年，〔日〕白滨徵原著，吴应机译绘《用器画教本》，北京旅京江苏学堂出版，是我国较早翻译引进的用器画教科书。 ●1908年，〔日〕竹下富次郎原著，阎永辉编译《新式中学用器画》，北京德兴堂印。
1904—1912年	1904年《奏定学堂章程》规定，初等小学和高等小学手工，均作为随意科。 这时期的手工教科书主要翻译自日本教科书。初等小学教科书主要有排纸、刺豆、抟土、折纸、捻纸、结纽、凿纸、钉书、糊纸等内容；高等小学教科书主要有竹工、木工、金工、铸工等内容。 1909年，清政府颁布《学部奏变通中学堂课程分为文科实科折》，规定中学手工课只开设三个学年，以学木工为主。	手工	●1906年，日本文部省编纂，〔日〕上原六四郎、〔日〕冈山秀吉主稿，唐人杰、冯国鑫译《手工教科书》（小学校教师用），上海时中书局出版，是我国较早翻译引进的手工教科书。 ●1907—1910年，徐傅霖编辑，沈恩孚、夏日瑔校订《初等小学手工教授本》，上海中国图书公司出版，是我国较早自行编写的手工教科书。 ●1907年，学部编译图书局编译《初等小学手工教授书》，南京两江南洋官书局出版，是我国第一次由政府组织编写的"国定本"手工教科书。 ●1908年，商务印书馆编译所编纂《小学手工教科书：初（高）等小学之部》，上海商务印书馆出版。 ●1908年，黄守恒著《初等手工教范》（小学教科），上海集成图书公司出版。 ●1909—1910年，学部编译图书局编《高等小学手工教授书》，南京两江南洋官书局出版。
1912—1922年	1912年1月，中华民国成立。民国教育部发布《普通教育暂行办法》指出："凡各种教科书，务合乎共和民国宗旨，清学部颁行之教科书，一律禁用。"自此，教科书编写开始摒弃封建思想内容的影响，这标志着教科书革新的开始。 1912年1月，中华书局成立，并迅速推出"中华教科书"系列，这是民国第一套教科书。同年12月，中华书局又推出"新制中华教科书"。商务印书馆紧随其后，编写出版了"共和国教科书"，以适应新时代教育改革的需要。 1913年底，中华书局推出"新编中华教科书"系列。	图画	●1912年，中华书局编《中华初等小学习画帖》，上海中华书局出版。 ●1912年，李维纯、余翰绘画《新图画：国民学校用铅笔画帖》，上海商务印书馆出版。 ●1912年，汪洛年绘画《新图画：国民学校毛笔画教员用》上海商务印书馆出版。 ● 1913年，余翰绘《新制中华初等小学毛笔习画帖》，上海中华书局出版。 ●1913年，余翰绘《新制中华毛笔习画帖》（初等小学校教员用），上海中华书局出版。 ●1913年，余翰、金晨绘《新制中华初等小学铅笔习画帖》，上海中华书局出版。 ●1913年，蒋维翰绘《新制中华高等小学毛笔习画帖》，上海中华书局出版。 ●1913年，丁宝书编著《中华民国毛笔新画帖》，上海文明书局出版。

续表

年代	历史背景	科目	教科书
1912—1922年	1915年9月，以民主、科学为旗帜的新文化运动掀起。1916年1月，中华书局推出"新式教科书"系列。 1918—1919年，商务印书馆先后推出"新体教科书"系列、"新编教科书"系列。 1919年，爆发了震惊中外的"五四"反帝爱国运动。	图画	●1914年，中华书局编辑所编辑《新编中华初等小学毛笔习画帖》，上海中华书局出版。 ●1914年，汪洛年绘画《新图画：初（高）等小学用毛笔画帖》，上海商务印书馆出版。 ●1917年，张在恭编绘《新式国民学校毛笔习画帖》，上海中华书局出版。 ●1918年，王家明编纂《新图案》，上海商务印书馆出版，是我国最早为高等小学校编写的图案教科书。 ●1918年，王雅南编辑《新图画教科书图案》，京师第一监狱出版，是我国最早供中学生使用的图案教科书。 ●1918年，王雅南编纂《新体图画教科书》，上海商务印书馆出版。 ●1918年，王雅南编纂《新体图画教授书》，上海商务印书馆出版。 ●1918年，谢公展编纂《新体彩色写生记忆画解说》，上海商务印书馆出版。 ●1919—1920年，须戒己、熊翥高等编纂《新编图画课本》，上海商务印书馆出版。 ●1919—1921年，熊翥高编纂《新编图画教案》，上海商务印书馆出版。 ●1920年，须戒己编纂《新体写生水彩画》，上海商务印书馆出版。 ●1921年，〔英〕李区蒙、〔英〕利德尔著，孙鼕、王观仁编译《新体粉画写生法》，上海商务印书馆出版。 ●1921年，〔英〕卡利安著，潘履洁译述《新体油画解说》，上海商务印书馆出版。
	1912年，民国教育部颁布《小学校教则及课程表》，要求："初等小学校，宜授纸豆、纽结、黏土、麦秆等简易细工。高等小学首宜依前项教授，渐进授以竹木金属等细工。" 1912年，教育部颁布《中学校令施行规则》，要求："宜授以天然物之模造及简易日用器具、各科细工，并示以材料之性质及工具之保存法。女子中学校手工应以编物、刺绣、摘棉、造花等为主。"	手工	●1913年，华襄治编纂《中华民国新手工》，上海文明书局出版。 ●1913年，董玙、黄兆麟编《新制中华手工教科书》，上海中华书局出版。 ●1913年，黄兆麟、董玙编《新制中华手工教授书》，上海中华书局出版。 ●1914年，汪杰梁编《中华缝纫教科书》，上海中华书局出版。 ●1914年，赵传璧编纂《新手工》，上海商务印书馆出版。

续表

年代	历史背景	科目	教科书
1912—1922年	1915年，为适应实用主义思潮，商务印书馆推出"实用教科书"系列。 1916年，教育部颁布《国民学校令施行细则》，要求："宜授纸、丝、黏土、麦秆、竹木等简易制作。"	手工	●1914年，赵传璧编纂《新手工教授法》，上海商务印书馆出版。 ●1915年，汪家麟编纂《新缝纫》，上海商务印书馆出版。 ●1915年，赵传璧著《手工平面物标本》，上海商务印书馆出版。 ●1915年，赵传璧编纂《新编小学手工范本》，上海澄衷学校印书处发行。 ●1916—1918年，熊翥高编纂《实用手工参考书》，上海商务印书馆出版。 ●1920年，郭义泉编纂《手工教材玩具制作法》，上海中华书局出版。 ●1920年，丁谦编辑《剪贴手工教本》，上海新亚书店出版。
1922—1929年	1920年1月，民国教育部要求全国各学校自本年秋季起，先将一、二年级的国语课本改为语体文（白话文）。截止1922年冬季，凡原先使用文言所编的教科书一律废止，各种教材一律改为语体文。 1922年11月，新学制公布实施，新学制又称"壬戌学制"。 1923年，民国教育部颁布《小学形象艺术课程纲要》《初级中学图画课程纲要》，其中小学"图画"易名为"形象艺术"，中学仍称"图画"。 1923年2月起，商务印书馆陆续发行"新学制教科书"系列，号称是"商务"编写史上最完善、最进步之课本。几乎同时，中华书局也迅速推出适应新学制需求的"新小学教科书"系列和"新中学教科书"系列。 1927年，中华书局"新中华教科书"系列开始出版。 1927年，商务印书馆出版"新时代教科书"系列，该系列根据"三民主义"的教育宗旨而编写。	形象艺术/图画	●1923年，冯浩、冯干、冯彦编辑《新著小学美术教学法》，上海商务印书馆出版。 ●1924年，须戒己、熊翥高编纂《新著图画研究》，上海商务印书馆出版。 ●1924年，宗亮寰编纂《新学制形象艺术教科书》，上海商务印书馆出版。 ●1924年，周玲荪编《水彩风景画》，上海商务印书馆出版，是我国最早供高中学生选修水彩画的教科书。 ●1924—1925年，宗亮寰编纂《新学制形象艺术教授书》，上海商务印书馆出版。 ●1924—1926年，何元编《新中学图画课本》（初级中学用），上海中华书局出版。 ●1924—1930年，刘海粟编辑《新学制图画教科书》，上海商务印书馆出版。 ●1925年，宗亮寰编纂《新学制形象艺术教科书》（小学校高级用），上海商务印书馆出版。 ●1925—1926年，宗亮寰编纂《新学制形象艺术教授书》，上海商务印书馆出版。 ●1927—1930年，姜丹书、朱稣典编辑《新中华教科书形象艺术课本》，上海新国民图书社出版。 ●1927—1931年，姜丹书、朱稣典编辑《新中华教科书形象艺术课本教授书》，上海新国民图书社出版。

续表

年代	历史背景	科目	教科书
1922—1929年	1923年，民国教育部颁布《小学工用艺术课程纲要》《初级中学手工（男生）课程纲要》《初级中学手工（女生）课程纲要》，小学"手工"易名为"工用艺术"，归属于艺术科，兼属社会科；初中手工与图画、音乐归属艺术科，并被列为必修科目。学习内容强调让学生研究衣、食、住三方面所需要的工作技能。	工用艺术/手工	●1923年，张华瑨、李许频韵编《女子刺绣教科书》，上海商务印书馆出版。 ●1923年，何明斋编辑《初中手工教本》，上海泰东书局出版。 ●1924年，熊翥高、王欣渠编纂《新学制工用艺术教科书》（小学校初级用），上海商务印书馆出版。 ●1924—1926年，熊翥高编纂《新学制工用艺术教授书》，上海商务印书馆出版。 ●1925年，熊翥高、王欣渠编纂《新学制工用艺术教科书》（小学校高级用），上海商务印书馆出版。 ●1925年，熊翥高、王欣渠编纂《工艺科教学法》，上海商务印书馆出版。 ●1927—1929年，朱稣典、姜丹书、王隐秋编纂《新中华教科书工用艺术课本》，上海新国民图书社出版。 ●1927—1929年，朱稣典、姜丹书、王隐秋编辑《新中华工用艺术课本教授书》，上海新国民图书社出版。 ●1928年，阮达人编著《中等造花课本》，上海中华书局出版。 ●1928年，宗亮寰编辑《新时代工用艺术教科书》，上海商务印书馆出版。
1929—1932年	1929年，民国教育部颁布《小学课程暂行标准小学美术》《初级中学图画暂行课程标准》，其中小学"形象艺术"易名为"美术"，中学仍称"图画"。 　　1931年9月18日，日本关东军在沈阳发动"九一八事变"。 　　1931年，商务印书馆开始出版"基本教科书"系列，后总部遭到日本人的轰炸，损失惨重。	美术/图画	●1929年，葛成宏绘图《初级小学图画教本》，上海共和书局出版。 ●1929年，葛成宏绘图《图画教本》，上海中央书店出版。 ●1929年，蔡忱毅编绘《新派画范本》，上海新亚书店出版。 ●1930年，谢曼绘图《新时代图画范本》，上海新亚书店出版。 ●1930年，王济远编《中等学校教本水彩画》，上海大东书局出版。 ●1930年，朱凤竹编绘《学生画宝》，上海形象艺术社出版。 ●1930年，沈士秋编绘《美丽的画宝》，上海新亚书店出版。

续表

年代	历史背景	科目	教科书
1929—1932年		美术/图画	●1931年，宗亮寰编辑《基本教科书美术》，上海商务印书馆出版，是我国较早使用"美术"名称编写的小学美术教科书。 ●1931年，陈之佛著《儿童画本教授指要》，上海儿童书局出版。 ●出版时间不详，陈之佛绘编《儿童画本》，上海儿童书局出版。 ●1931年，陆尔强编绘《中学水彩画》，上海世界书局发行第3版。 ●1932年，沈士秋编绘《图画范本》，上海新亚书店发行第4版。 ●1932年，沈士秋编绘《活页习画贴》，上海新亚书店发行第4版。 ●1932年，王念航绘画，陈华编《新式画范本》，上海新亚书店发行第10版。
	1929年，民国教育部颁布《小学课程暂行标准小学工作》《初级中学农业暂行课程标准》《初级中学工业暂行课程标准》《初级中学家事暂行课程标准》。小学"工用艺术"易名为"工作"，学习类别包括校事、家事、农事、商情、工艺等五类。初级中学的"手工"改称"工艺"，包括农业、工业、家事三科，由各校自行择定一科。	工作/工艺	●1929年，汪畏之编《手工新教材》，上海中华书局出版。 ●1930年，宗亮寰、宗振寰编纂《新时代工用艺术教授书》，上海商务印书馆出版。 ●1930—1932年，姜丹书、朱稣典、王隐秋编辑《新中华工作课本》，上海中华书局出版。 ●1931年，宗亮寰、倪祝华编辑《基本初小劳作教本》，上海商务印书馆出版。 ●1931年，王隐秋、姜丹书、潘淡明编《新中华工作课本教授书》，上海新国民图书社出版。 ●1931年，陈鹤琴著《儿童活叶（页）手工教材》，上海儿童书局出版。
1932—1936年	1932年，民国教育部颁布《小学美术课程标准》《初级中学图画课程标准》。随后，中华书局编写出版了一套"新课程标准适用课本"；大东书局编写出版了"新生活教科书"系列；开明书店也出版了与新课标适用的"开明教科书"。 1932年1月29日，日本向商务印书馆总厂投下炸弹，损失惨重。同年8月，商务印书馆重新开业，编制各科中小学教科书，取名"复兴教科书"以纪念灾后复兴。	美术/图画（小学及初中）	●1932年，沈子丞编绘《亚细亚图画教本》，上海亚细亚书局出版。 ●1932年，叶元珪编《新生活教科书美术》，上海大东书局出版。 ●1932年，蔡忱毅编绘《彩色铅笔画》，上海新亚书店出版。 ●1932年，沈士秋绘图《现代图案画》，上海新亚书店出版。 ●1933年，蔡忱毅编绘《小学生蜡笔画》，上海新亚书店出版。 ●1933年，朱稣典、潘淡明编《小学美术课本》（小学初/高级），上海中华书局出版。

续表

年代	历史背景	科目	教科书
1932—1936年	这时，中小学图画、手工教科书的编写出版，开始打破商务印书馆和中华书局一统天下的局面，各种民间和私人出版机构，如共和书局、中央书店、新亚书店、大东书局、形象艺术社、儿童书局、世界书局等，纷纷编写出版供中小学生课内或课外学习美术的教学辅助类参考用书。 　　1935年5月，民国教育部设立中小学教科书编审委员会，编辑审定中小学各科标准教科书。 　　1936年7月，民国教育部成立教科图书编辑委员会，依据课程标准、教学大纲，编辑修订中小学教科用图书。	美术/图画（小学及初中）	●1933年，徐则安编绘《中学铅笔画》，上海世界书局发行第3版。 ●1933年，叶元珪编《新生活美术教材》，上海大东书局出版。 ●1933年，张慧雄编辑《墨影画》，上海新亚书店出版。 ●1933年，张慧雄编绘《钢笔画教本》，上海新亚书店出版。 ●1933年，张慧雄编绘《活页习画帖》，上海新亚书店出版。 ●1933年，朱凤竹编绘《形象水彩画》，上海形象艺术社出版。 ●1933年，俞寄凡编著《高中师范教本小学教师应用美术》，上海世界书局出版。 ●1933年，朱稣典、潘淡明编《小学美术课本》（小学初/高级），上海中华书局出版。 ●1933—1934年，朱稣典、潘淡明编《小学美术课本教学法》（小学初/高级），上海中华书局出版。 ●1933—1934年，王济远编著《复兴初中图画教科书》，上海商务印书馆出版。 ●1934年，丰子恺编《开明图画讲义》，上海开明书店出版。 ●1934年，朱凤竹编绘《学生蜡笔画》，上海形象艺术社发行第2版。 ●1934年，周吉士编著《儿童图案剪贴集》，上海形象艺术社出版。 ●1934年，蔡忱毅编辑《剪贴与图案》，上海新亚书店出版。 ●1934年，蔡忱毅编绘《小学涂色轮廓画》，上海新亚书店出版。 ●1934年，蔡忱毅编绘《小学生钢笔画》，上海新亚书店出版。

续表

年代	历史背景	科目	教科书
1932—1936年		美术/图画（小学及初中）	●1934年，吴中望编绘《复兴教科书美术》，上海商务印书馆出版。 ●1934—1937年，胡葆良、沈祖光编著《复兴美术教本》，上海商务印书馆出版。 ●1935年，陈之佛编《中学图案活叶（页）教材》，上海天马书店出版。 ●1935年，刘祉延编著《实际的小学美术教学法》，上海开华书局出版。 ●1935年，朱凤竹编绘《小学铅笔画》，上海形象艺术社出版。 ●1936年，吴中望编著《复兴美术教学法》，上海商务印书馆出版。
	1932年，民国教育部颁布《高级中学图画课程标准》，这是我国首次规定高中开设图画科。	图画（高中）	● 1934年，王济远编绘《复兴高级中学教科书图画》，上海商务印书馆出版，是我国最早的高中图画教科书之一。 ● 1934年，倪贻德编《高中美术教本》，上海北新书局出版，是我国最早的高中图画教科书之一。
	1932年，民国教育部颁布《小学劳作课程标准》《初级中学劳作（工艺）课程标准》《初级中学劳作（农业）课程标准》《初级中学劳作（家事）课程标准》，将小学"工作"科易名为"劳作"科，初中"工艺"科易名为"劳作"科，并增加每周教学时数。 　　1933年，中华书局根据新课程标准出版了"新课程标准适用课本"系列，其中包括"初中劳作"系列教科书。	劳作	●1933年，王隐秋编《初中劳作工艺篇：藤竹工》，上海中华书局出版。 ●1933年，徐小涛编《初中劳作工艺篇：土工》，上海中华书局出版。 ●1933—1934年，朱稣典编《初中劳作工艺篇：木工》，上海中华书局出版。 ●1933—1934年，宗亮寰编著《复兴劳作教本》，上海商务印书馆出版。 ●1933—1934年，熊翥高编著《复兴劳作教本》，上海商务印书馆出版。 ●1933—1934年，倪祝华编著《新课程标准初小劳作教本》，上海世界书局出版。 ●1934年，何明斋、余彤甫、徐康民、陆松安编著《复兴初级中学教科书工艺》，上海商务印书馆出版。 ●1934年，朱稣典编《新编初中劳作：木工》，上海中华书局出版。 ●1934—1935年，姜丹书、王隐秋编《初中劳作工艺篇：金工》，上海中华书局出版。

续表

年代	历史背景	科目	教科书
1932—1936年		劳作	●1934—1935年，何明斋编《初中劳作：家事》，上海中华书局出版。 ●1934—1935年，倪祝华编著《新课程标准高小劳作教本》，上海世界书局出版。 ●1934—1937年，尹柏丞、袁永生、周鼎夏、郑汝霖编《小学劳作指导书》，上海中华书局出版。 ●1935年，顾庚甫编《废物利用工艺新教材》，上海中华书局出版。 ●1935年，杨俊如编《劳作教学实例》，上海黎明书局出版。 ●1935年，吴守谦、吴文鸣合编《小学劳作教学法及教材》，上海中华书局出版。
1936—1945年	1936年，民国教育部颁布修订后的《小学中高年级美术课程标准》《初级中学图画课程标准》《高级中学图画课程标准》。 　　1937年7月，中国进入全面抗战时期。抗战期间，上海各书局奉命疏散或内迁，如商务印书馆将总管理处内迁至湖南长沙，后又迁往重庆；中华书局大批员工迁到重庆、成都，在当地设厂印刷。 　　1941年，民国教育部颁布《修正初级中学图画课程标准》《修正高级中学图画课程标准》《六年制中学图画课程标准草案》。 　　抗战结束，虽然各书局开始回迁，但美术教科书发行很少。 　　1942年，民国教育部颁布《小学图画科课程标准》，与1936年的课程标准相比，将"美术"科改名为"图画"科，删去了"手工"方面内容，强调"绘画"的教学。	美术/图画	●1936年，作者不详《五彩剪贴画》，上海形象艺术社发行第4版。 ●1936年，杨鸿仪编《剪形》，上海形象艺术社出版。 ●1936年，朱凤竹编绘《我的水彩画》，上海形象艺术社出版。 ●1936年，朱凤竹编绘《学生毛笔画》，上海形象艺术社发行第2版。 ●1936年，朱凤竹编《学生水彩画》，上海形象艺术社发行第10版。 ●出版时间不详，鲍叔良编著《平涂水彩画：剪贴范本》，上海形象艺术社出版。 ●出版时间不详，作者不详《学生钢笔画》，上海形象艺术社出版。 ●1936年，蔡忱毅编绘《小学生铅笔画》，上海新亚书店发行第8版。 ●1936年，蔡忱毅编绘《学生铅笔画》，上海新亚书店发行第10版。 ●1936年，蔡忱毅编绘《小学低年级蜡笔涂色轮廓画》，上海新亚书店出版。 ●1936年，蔡忱毅编绘《铅笔画教本》，上海新亚书店发行第11版。 ●1936年，沈士秋编绘《小学生水彩画》，上海新亚书店发行第10版。 ●1936年，作者不详《小学低年级蜡笔画范本》，上海新亚书店发行第2版。

续表

年代	历史背景	科目	教科书
		美术/ 图画	●1936年，作者不详《小学中（高）年级蜡笔画范本》，上海新亚书店出版。 ●1936年，王士林编《小学美术教材及教法》，上海新亚书店出版。 ●1936年，郑川谷著《儿童画册》，上海艺术书店出版。 ●1939年，温肇桐编著《小学美术科教材和教法》，长沙商务印书馆出版。 ●1941年，冉熙绘《风景铅笔画集》，上海艺术研究社出版。
1936— 1945年	1936年，民国教育部颁布《小学低年级工作课程标准》《小学中高年级劳作课程标准》《初级中学劳作（男生）课程标准》和《初级中学劳作（女生）课程标准》。此次修订将小学低年级的美术科、劳作科归并为工作科；中学劳作科将农业、工业并为一种，女生劳作科仍注重"家事"。 　1936年，民国教育部公布修正后的课程标准，中华书局据此编写出版了适用的教科书，其中包括《新编初中劳作》教科书一套。 　1941年，民国教育部颁布《修正初级中学劳作（男生）课程标准》《修正初级中学劳作（女生家事）课程标准》，与1936年的课程标准大体相似。 　1941年，民国教育部颁布《高级中学劳作（男生）课程标准》《高级中学劳作（女生）课程标准》。 　1942年，民国教育部颁布《小学劳作科课程标准》，将低年级"工作"称易名为"劳作"，劳作与美术分别教学。 　1943年，西迁到重庆的正中书局遵照民国教育部1941年至1942年修正的课程标准，开始编辑出版"新中国教科书"系列，其中包括"初级中学劳作"系列教科书。	工作/ 劳作	●1936年，杨鸿仪编《剪贴工艺教材》，上海形象艺术社发行第3版。 ●1936年，作者不详《彩色剪贴教材》，上海形象艺术社出版。 ●1936年，蔡忱毅编绘《剪纸手工教材》，上海新亚书店出版。 ●1936年，田云青编绘《劳作科折纸教本》，上海新亚书店发行第2版。 ●1937年，姜丹书、王隐秋编《新编初中劳作：金工》，上海中华书局出版。 ●1937年，朱稣典编《新编初中劳作：金木工》，上海中华书局出版。 ●1937年，陆费执、刘崇佑编《新编初中劳作：农艺畜养》，上海中华书局出版。 ●1937—1940年，朱允松、潘公望主编《活叶（页）工艺新教材》，上海商务印书馆出版。 ●1939年，袁壁编著《小学劳作科教材和教法》，长沙商务印书馆出版。 ●1939年，徐小涛编《新编初中劳作：土工》，上海中华书局出版。 ●1939年，朱稣典编《新编初中劳作：竹工》，上海中华书局出版。 ●1944年，孙一青、赵擎环编著《初级中学劳作：木工篇》，重庆正中书局出版。 ●1945年，冒兴汉、孙一青编著《初级中学劳作：农业篇》，重庆正中书局出版。 ●1945年，魏同仁编著《初级中学劳作：土工篇》，重庆正中书局出版。

续表

年代	历史背景	科目	教科书
1945—1949年	1945年8月，抗战结束。同年9月，民国教育部召开"全国教育善后复员会议"，并邀请专家着手修订各科的课程标准。 这时，出版业因战争蒙受巨大损失，中小学美术、劳作教科书的编写出版基本处于停顿状态。 1948年，民国教育部颁布《小学中高年级美术课程标准》《修订初级中学美术课程标准》《修订高级中学美术课程标准》，初中及高中将"图画"改称"美术"。	美术	●1946年，都冰如编绘《图画范本》，上海大中国图书局出版。 ●1947年，翁之琴著《中国画册》，上海万叶书店发行第3版。 ●1948年，虞哲光编绘《美术工艺混合课本》，上海世界书局发行第2版。
	1948年，教育部颁布《小学低年级工作课程标准》《小学中高年级劳作课程标准》《修订初级中学劳作课程标准》《修订初级中学女生家事课程标准》；《修订高级中学劳作课程标准》《修订高级中学女生家事课程标准》。其中，小学低年级的美术科与劳作科又合并为以混合教学为原则的工作科。	劳作	●1946年，魏同仁编著《初级中学劳作：藤竹工篇》，南京正中书局出版。 ●1948年，陆嵩安编纂《革新的劳作教学法》，上海商务印书馆出版。 ●1949年，余礼海编《小学劳作教师手册》，上海中华书局出版。

拓展延伸阅读

［1］胡知凡. 日本对我国清末时期中小学图画教育的影响［J］. 美育学刊，2013，4（4）：34-44.

［2］胡知凡. 清学部第一次编纂的小学手工教授书［J］. 美育学刊，2017，8（5）87-96.

［3］胡知凡. 从手工到劳作：谈近代中小学手工教育的演变［J］. 课程·教材·教法，2018，38（2）：124-133.

［4］胡知凡，陈春燕. 上海市徐汇中学所藏的近代图画教材［J］. 美育学刊，2018，9（3）：94-105.

［5］胡知凡. 民国初期中小学图案教学的开端［J］. 教育参考，2018（1）：74-85.

［6］胡知凡. 1922年的教育改革与中小学图画教科书［J］. 中国美术教育，2015（2）：8-14.

［7］胡知凡. 中华教育改进社美育组会议述略［J］. 美育学刊，2021，12（1）：16-26.

［8］胡知凡. 20世纪20年代的中小学美术欣赏教育［J］. 美育学刊，2017，8（1）：92-102.

［9］胡知凡. 20世纪30年代的中小学美术欣赏教育研究［J］. 教育参考，2017（6）：5-13，30.

［10］胡知凡. 中国百年教科书史美术卷［M］. 北京：人民教育出版社，2022.

后　记

早在2000年，我萌发了对我国中小学美术教科书历史进行研究的想法。当时，我正在主持编写人民教育出版社的中小学美术教科书，很想了解我国历年来中小学美术教科书编写的特点与变化。

2010年12月，人民教育出版社获批国家社科基金重大项目"中国百年教科书整理与研究"课题立项，并成立"百年中小学美术教科书的变迁研究"子课题小组，我与人民教育出版社美术室主任刘冬辉共同担任该项目子课题的负责人。与此同时，上海辞书出版社也正筹划编写"中国近代中小学教科书汇编"丛书。上海辞书出版社图书馆的前身是中华书局图书馆，拥有丰富的近代中小学各学科教科书馆藏，馆长王有朋邀请我参与图画、手工等教科书的选编工作。在参与这两项课题的研究过程中，我有机会从上海辞书出版社和人民教育出版社的图书馆里，见到从1903年至1949年期间出版的近代中小学图画教科书109套（包括学生用书和教师用书），以及中小学手工教科书66套（包括学生用书和教师用书）。

2015年5月，我在北京参加教育部普通高中课程标准修订会议，其间遇见了首都师范大学教育学部主任石鸥教授，相谈中得知他正在策划编写《百年中国教科书图文史：1840—1949》（13册）丛书，石鸥教授力邀我参与该套丛书美术卷的编写工作，我欣然接受了他的邀请。

2016年暑假，经过一年的努力，我完成了美术卷的初稿。后经石鸥教授的审阅，我在2017年和2018年又对全书文稿做了进一步的修改与完善。因此，本书能得以顺利完成，离不开石鸥教授的指导和帮助，在此向他表示衷心的感谢！

中国近代中小学教科书是顺应近代新式学堂的出现而编写出版的。特别是1904年1月清政府颁布《奏定学堂章程》，将图画和手工科列为普通中小学校的课程之后，图画和手工教科书的编写才提上了日程。当时，中小学开设的图画、手工科受洋务运动实业教育影响很大，主要培养学生"绘地图、机器图，及讲求各项实业之初基"，以及"制作简易的物品，以养成好勤耐劳之习"。由于清末编写图画、手工教科书的经验不足，所以当时以模仿和翻译日本明治时期的图画和手工教科书为主。

1912年1月中华民国成立，之后又经历了新文化运动的洗礼，西方先进的教育理论、教育方法被大量引进，这促使我国中小学图画、手工科的培养目标发生变革。图画科强调"增进美的欣赏和识别的程度，陶冶美的发表和创造的能力"，手工科则强调"研究衣、食、住三方面所需用的工作技能"。1923年起，小学"图画"改称"形象艺术"，"手工"改称"工用艺术"；1929年，小学"形象艺术"改称"美术"，"工用艺术"改称"工作"；1932年起，中小学"手工"改称"劳作"。这时期，中小学图画、手工教科书的编写，开始重视儿童本位，强调激发儿童学习的兴趣，注重联系儿童的生活经验。

1937年7月卢沟桥事变后，日本帝国主义发动了全面侵华战争，阻碍了自近代以来中国教育向现代化发展的进程。这时期中小学图画、手工教科书的出版基本处于停顿状态，即便抗战结束后仍无多大起色，大多是对抗战之前的版本进行重印或经修订后再版。

近年来，我除了完成人民教育出版社和上海辞书出版社的两项课题外，还陆续撰写、发表了一系列有关近代中小学美术教科书研究方面的论文和专著，其中包括：《日本对我国清末时期中小学图画教育的影响》（《美育学刊》2013年第4期），《1922年的教育改革与中小学图画教科书》（《中国美术教育》2015年第2期），《20世纪20年代的中小学美术欣赏教育》（《美育学刊》2017年第1期），《清学部第一次编纂的小学手工教授书》（《美育学刊》2017年第5期），《20世纪30年代的中小学美术欣赏教育研究》（《教育参考》2017年第6期），《民国初期中小学图案教学的开端》（《教育参考》2018年第1期），《从手工到劳作：谈近代中小学手工教育的演变》（《课程·教材·教法》2018年第2期），《上海市徐汇中学所藏的近代图画教材》（《美育学刊》2018年第3期），《中华教育改进社美育组会议述略》（《美育学刊》2021年第1期）。2018年上海辞书出版社出版了由我选编的《中国近代中小学教科书汇编·清末卷：美术、手工、家事》（全三册），书中影印了1903年至1911年间出版的清末图画教科书23种、手工教科书8种、家事教科书6种。2021年人民教育出版社出版了由我和刘冬辉主编的《中国百年教科书专题研究 美术卷》，2022年人民教育出版社出版了由我主编的《中国百年教科书史 美术卷》。以上这些论文和著作，可为读者进一步了解与研究我国近代中小学美术教科书的发展历史提供参考。

多年来，石鸥教授在搜集、研究我国中小学教科书方面颇有建树，他带教的博士和硕士研究生团队在教科书研究方面所取得的成果也令人敬佩。正是有石鸥教授这样坚持在专业领域内深耕细作的人，才使得我国以往很少有人问津的教科书研究，成为现在热门的研究话题。我这本专著的出版，如能为教科书的研究起到添砖加瓦的作用，就感到十分荣幸了。

2024年10月 于上海

（胡知凡，上海师范大学教育学部教授，2024版人民教育出版社《艺术·美术》教材主编）